개정 누리과정에 기초한

영유아교사인성론

개정 누리과정에 기초한

영유아교사 인성론

김정희·이용주·원혜경 공저

dm 동문사

머리말

우리나라 영유아의 교육 및 보육기관 취원율 통계를 살펴보면, 2017년 어린이집에 취원 중인 영아의 비율은 52.6%이다. 어린이집 또는 유치원에 취원 중인 유아의 비율은 취원 중인 영아의 비율보다 훨씬 높은 90.7%로 나타나고 있다(김인경, 2018). 이는 영유아교육·보육기관에서 교사와 함께 생활하는 영유아가 가정에서만 생활하는 영유아보다 훨씬 많으며, 부모보다 교사와 더 많이 낮 동안의 생활을 함께 하고 있음을 의미하는 것이다. 이러한 이유로 교사의 인성은 영유아들에게 직·간접적인 영향을 미칠 수밖에 없다. 우리가 교사의 인성을 중시하고 주목하는 가장 중요한 이유이다. 영유아교사가 갖추어야 하는 인성은 일반인의 인성과 다른 특성을 지닌다. 영유아교사가 갖추어야 하는 인성은 초·중·고등학교 교사가 갖추어야 하는 교직인성보다 더 세밀하고 민감하다. 최근 유치원교사 자격을 위해 인·적성 검사가 강화되었으며, 보육교사 자격을 위해 인성론을 필수 이수로 의무화한 이유일 것이다. 따라서 영유아교사의 인성 수준을 점검하고 증진시키기 위한 방안을 고민하는 것은 좋은 교사가 되기 위한 전제라 할 수 있다.

이 책은 영유아교사가 갖추어야 하는 인성과 역량이 무엇인지 파악하기 위해 노력하였다. 또한 영유아교사가 인성과 역량을 현장에서 효율적으로 실천하기 위한 방안들을 제안하기 위해 노력하였다. 이러한 노력의 선상에서 개정 시행되는 누리과정을 살펴보고, 영유아교육·보육기관에서의 실천적 방안들을 제안하려 하였다. 한 학기의 강의계획에 맞추어 진행할 수 있도록 총 3부, 12장으로 목차를 구성하였으며, 1부에서는 영유아교사의 인성과 관련된 개념을 살펴보고, 영유아교사가 갖추어야 하는 인성을 전문인으로서, 공동체 구성원으로서, 교육 실천가로서의 측면에서 살펴보았다. 2부에서는 영유아교사의 역량과 관련된 개념을 살펴보고, 이를 증진시키기 위한 방법을 예비교사양성과정과 현직교육의 측면에서 살펴보았다. 3부에서는 영유아교사가 인성과 역량을 현장에서 효율적으로 실천하기 위한 방법을 조직문화, 인간관계, 교수학습, 놀이 상호작용 측면에서 살펴보고 개정 누리과정에서의 교사 역할을 심층적으로 다루었다. 12장에서는 영유아교사의 윤리와 교권 및 교권 침해에 대하여 살펴보고 발전방안을 제시하였다.

이 책이 출간되기까지 동문사 이중수 사장님을 비롯한 관계자 분들의 노고에 진심으로 감사드린다. 또한, 부족한 시간의 한계에도 수고로움을 마다하지 않은 공저자들의 성실함에 늘 미안하고 고마운 마음이 가득하다.

2020년 8월

저자 일동

차 례

Part 2 ● 영유아교사의 역량

Part 3 ● 영유아교사의 실천

PART 01

영유아교사의 인성

Chapter 01

영유아교사직에 대한 이해

배울내용 교육의 질은 교사의 질을 넘을 수 없다는 말이 있을 정도로 교사는 교육의 성패를 가늠하는 중요한 척도이며, 학습자에게 미치는 영향이 상당하다. 이에 본 장에서는 교직의 개념 및 영유아교사직의 본질과 의미, 더불어 영유아교사의 역할에 대해 살펴보고자 한다.

학습목표

1. 교직의 개념을 이해한다.
2. 영유아교사직의 본질과 의미를 이해한다.
3. 영유아교사의 역할을 알아보고, 교직에 대한 이미지를 구축한다.

1 교직과 교직관

역동적으로 변화하고 있는 현대사회에서 교육의 현장과 학습자의 특성도 사회적·심리적 변화와 함께 급변하여 예측하기 어려운 상황에 이르고 있다. 이처럼 급격하게 변화하는 교육현장에서 능동적이고 적극적으로 대응할 수 있는 교육자의 능력이 크게 중시될 수밖에 없는 상황이다. 즉, 교사와 예비교사가 교육현장의 변화를 주도할 수 있는 역동적인 능력자가 되기 위해서는 변화하는 교사, 역동적으로 대응하는 교사, 도전적이고 적극적인 교사로 교육의 발전을 이끌어가야 한다. 이에 교육자로서 교직의 의미를 분명히 하고 미래사회에 대응해 가는 교직의 방향성을 알아보고자 한다.

1) 교직의 개념

교직이란 교사가 담당하는 직무의 총칭으로, 미성숙자를 대상으로 하여 그의 바람직한 이상적인 인간으로서의 성장·발달을 조성하고, 국가와 민족의 중흥을 기하여 인류사회의 진보발전을 이룩할 수 있는 전인적이고 봉사적이며 공적인 직업을 의미한다(김봉수, 1989). 따라서 교직에 종사하는 사람들은 그 직무수행에 있어서 전문적 소양과 고도의 지적능력과 기술이 필요하며, 교육자로서 사회와 국가발전에 기여하고자 하는 봉사의식과 특별한 사명감이 기본이 되어야 한다.

교사가 스스로 교직의 중요성을 인식하고 자신의 역할에 대한 긍정적 신념을 갖기 위해서는 교직이 다른 직업과 구분되는 사회적 가치와 전문성을 분명히 하는 것이 필요할 것이다. 교직은 다음과 같은 측면에서 일반 직업과 구분된다(강기수, 2002; 곽영우 외, 1997).

첫째, 교직은 인간을 대상으로 하는 직업이다. 교직 이외에도 인간을 대상으로 하는 직업은 많으나 교직을 제외한 그 어떤 직업도 인간을 총체적으로 다루지는 않는다. 교직은 단순한 지식전달뿐만 아니라 학습자의 전인적인 성장도 중요시하는 전문직이다.

둘째, 교직은 미성숙자를 대상으로 하는 직업이다. 교사는 아직 성장하지 않은 인간을 대상으로 하는 직업이다. 여기서 미성숙의 의미는 부족함보다는 앞으로의 성장 가능성이 더 크다는 의미로 이해되어야 한다.

셋째, 봉사직이다. 교직은 교육전문성을 갖는 전문직이라는 특성과 함께 전통적으로 봉사직이라는 의미를 함께 갖는다. 이는 교직이란 가르치는 직업이면서 가르치는 과정에서 타인에 대한 배려가 앞서는 봉사직이기 때문이며, 영리나 물질적 보상만을 우선된 가치와 목적으로 삼지 않는 것에 기인한다.

넷째, 교직은 국가와 민족에 큰 영향을 미치는 공적 직업이다. 교직은 학습자를 대상으로 국가와 민족의 정체성을 내면화시켜 구성원으로서 소속감을 느끼고 민주시민으로 성장해 나가는데 밑거름을 제공하기에 국가와 민족의 공영과 밀접한 관계가 있는 직업이라 할 수 있다.

다섯째, 교직은 사회진보에 중대한 역할을 하는 직업이다. 사회는 끊임없이 변화되고 발전되어 가는데 이러한 변화 과정에서 교사는 사회발전에 선도적 역할을 담당하게 된다.

여섯째, 교직은 인류공영에 이바지하는 직업이다. 교육의 중요기능은 인류가 쌓아온 문화유산을 보존하고 계승하여 새로운 문화유산을 창출하는 것이다. 특히 현대사회의 다양한 커뮤니케이션의 발달로 인하여 다양한 문화가 혼합되고 문화로 인한 갈등을 겪기도 하기에 교사는 국제사회가 당면하고 있는 다양한 문제에 대한 다양한 시각이 요구되며 올바른 가치와 문화교육을 담당해야 하는 직업이다.

한편 김종서(1982)는 전문직으로서의 교직의 특성을 다음과 같이 설명하고 있다.

첫째, 교직은 지적능력이 필요하기에 이를 수행하기 위해서는 계속해서 연구해야 한다.
둘째, 교원이 되기 위해서는 장기간의 준비교육이 필요하며, 교원이 된 이후에도 자기 성장을 위해 부단히 노력해야 한다.
셋째, 교원은 봉사 지향적이어야 하며, 사회적 책임을 이행한다.
넷째, 교원들은 스스로 지켜야 할 윤리강령을 가지고 있다.
다섯째, 교원들은 자율권을 가지고 단체교섭권을 위한 자치적인 단체를 조직한다.

정리하면 교직은 미성숙자를 대상으로 하여 이상적인 인간으로서의 성장, 발달을 조성하고 국가와 민족의 번영과 인류사회의 진보에 기여하는 전문적이고 봉사적인 공적 직업이며, 교사는 이러한 직무를 수행하는 사람이다. 따라서 교사는 스스로 사회와 국가발전에 중요한 근간이 되는 교직의 중요성을 인식하고 사회적 가치를 인정하며 자신의 역할에 대한 긍정적 신념을 갖는 것이 중요하다. 더불어 교직의 전문성 신장을 위한 지속적인 노력이 필요할 것이다.

2) 교직관 및 교직의 방향성

교직관이란 교사로서의 교육활동에 관한 인식, 개인적·전문적 자질에 대한 인식, 교사의 사회·경제적 지위에 관한 인식, 교육 문제에 관한 인식 등 교직이라는 직업의 본질과 기본적인 성격을 어떻게 지각하고 있는가를 가늠할 수 있는 중요한 척도로써 교직에 관해 지닌 자신의 견해를 의미한다.

교사 스스로 교사직에 대해 인식하는 것은 교육의 질적 수준의 성장을 위하는 것이며, 교직 전문성에 대한 교사의 인식 정도는 전문성 발달의 정도를 결정하는 데 중요한 요인이 된다(Spodek, Saracho & Petters, 1998; Zeichner, 1986). 이는 교원의 직무가 무엇이냐에 따라 요구되는 교원으로서의 조건이 다를 것이며, 교원으로서 조건을 결정하는 것은 교직관이기 때문이다(Spodek & Saracho, 1993). 긍정적인 관점의 교직관을 가진 교사들은 그들의 교직 생활이 보람되고 즐거운 삶 자체가 되겠지만, 부정적인 관점의 교직관을 가진 교사들은 교직에 대해 항상 불만스럽게 생각되고, 권태와 무기력한 생활 속에서 자신은 물론이고, 그들이 맡은 아동들을 불행하게 만드는 중대한 과오를 저지르게 될 수도 있다.

그렇다면 현대사회에서 교사들은 어떠한 교직관을 갖고 살아가야 하는가? 또한, 실제로 교사들은 긍정적인 교직관으로 오늘을 살아가고 있는가? 교사가 접하는 실천 상황은 불확실성, 불안정성, 특수성, 가치갈등을 내포하고 있기에 실천 과정에서 교사가 가진 전문지식을 적절하게 다루는 데 한계가 있으며, 기술적 합리성을 토대로 한 교사교육이나 연수를 통해 교사가 양적으로 지식과 기술을 확장한다 할지라도 여전히 전문성의 위기를 느끼고 실제와 간극을 느끼는 것이 현실이다. 또한, 새로운 교육적 지식이나 아이디어에 대해 교사 스스로 유의미하고 유관한 것으로 판단하기 전에는 교사의 실천에 영향을 미치지 못한다. 즉, 교사의 변화는 교육활동의 주체인 교사 스스로 반성적 성찰을 발휘할 때 시작되고, 진정한 변화는 교사 스스로 자신의 생각이나 신념을 바꾸어 교수 실제가 변화될 때 일어난다.

이러한 맥락에서 교직 적성·인성을 연구한 김정환 등(2012)은 급격하게 변화하는 교육현장에서 교사가 스스로 적절한 변화를 인식·수용하고, 변화를 적절한 방법으로 구현해내는 것이 교사 전문성 계발에 있어 중요한 부분이라 지적하며, 특별히 교사의 '변화능력'을 강조하였다. 즉, 교직의 전문성과 교사의 적절한 발달과 변화를 위해서는 교사가 변화를 충분히 수용하고 의미를 부여할 때 실제 맥락에서 나타나기 때문에 현실에 대한 반성 및 깨달음, 교사 내부의 신념 변화, 변화에 대한 의지의 발현, 변화 방법에 대한 탐색과 실천 등을 포함한 변화능력이 급변하는 현대사회의 교직에 무엇보다 중요하다는 것이다.

'변화능력'이란 교사 스스로 바람직한 변화를 만들어나가려는 목표를 토대로 실제 변화를 일궈내기까지의 과정을 이끌어가는 교사의 능력을 의미한다. 여기서 교사는 변화의 주체로 인식되며 교사의 자발성 및 능동성이 변화능력의 중요한 특성으로 강조되는데, 변화능력의 구체적인 의미와 의의를 정리하면 다음과 같다(김정환 외, 2012).

첫째, 변화능력은 현재를 되돌아볼 수 있는 반성능력이다. 교사에게 반성이란 자신의 실천뿐만 아니라 실천 기저에 있는 지식과 가치를 표면화해서 비판적으로 검토하고 대안적 실천안을 마련하고 유용성을 검증해보는 등의 실천적 지식을 형성하는 과정이다. 여기서 반성의 의미는 닫힌 개념이 아니라 열린 개념으로 열어두고 지속해서 그 의미를 심화할 필요가 있다. 더 좋은 가르침을 위해 무엇이 가치 있는 것이고, 왜 그러한지에 대한 질문은 반성을 위한 좋은 사례라 할 수 있다.

둘째, 변화능력은 교사 개인에게 의미가 있다고 회고하는 변화 경험을 통해 계발된 결과물이다. 변화 경험에 관한 관심은 교사의 삶과 생애에 기반을 두며, 생애사의 이야기는 변화능력을 탐색하는 가장 유용한 자료가 된다. 생애 사건은 변화 경험에 관한 이야기가 아닌 결정적 변화의 사건을 교사가 어떻게 만들어내었는지, 그리고 만들어낼 수 있는지의 가능성을 탐색하는 기반이다. 따라서 교사의 자기이해는 교직 수행에 중요한 의미가 될 수 있다.

셋째, 변화능력은 교직 헌신 또는 몰입에 기반이 된다. 교사의 헌신 또는 몰입이란 교사가 얼마나 다양한 지식이나 기술을 가지고 있느냐가 아니라 교사가 열정의 마음을 가지고 스스로 변화하고자 하는 의지를 갖췄는지에 더욱 영향을 받기 때문이다. 실제로 헌신적인 교사들의 특성을 연구한 결과, 인성 차원에서 대체로 자기 소신이 뚜렷하고 성실하며 적극적 성향을 가지며, 비교적 분명한 교육관을 가지며 과업수행 차원에서도 창의성과 능력을 발휘하는 것으로 나타났다.

넷째, 변화능력은 교사의 효과적인 실천적 지식과 관련이 깊다. 실천적 지식이란 전수되거나 학습된 이론적 지식이 아니라 교사가 학교 현장에서 업무를 수행하기 위해 교사의 가치, 신념 등을 포함시켜 본인이 가지고 있는 지식 이상으로 새롭게 창출된 지식으로, 상황적 · 개인적 · 사회적 · 경험적 · 이론적 성향을 가진다(Connelly, Clandinin & He, 1997).

다섯째, 변화능력에서 초점을 두는 변화는 교사의 질적 변화를 의미한다. 변화능력은 교사 개인 내부의 변화를 중시한다. 교사가 속한 맥락에서 교사의 생각이 변화하고 생각의 변화가 다양한 교육적 실제의 변화로 이어진다. 교사의 변화는 일시적 변화와 지속적 변화, 양적인 변화와 질적인 변화로 구분될 수 있다. 흔히 교사는 처방적 관점에서 제공된 교수 지식 및 기술을 습득하며 변화한다. 이러한 획득은 일시적인 변화를 유도하지만, 교사의 신념 및 생각의 변화가 일어나지 않으면 이내 기존의 상태로 회귀한다. 교사의 진정한 변화란 일시적인 지식의 향상이나 태도의 변화가 아닌 교사의 신념을 변화시키는 것으로, 신념의 변화로 교수 실제의 지속적인 변화가 나타난다.

정리하면, 불확실성, 불안정성, 특수성, 가치갈등을 내포하며, 급변하는 현대 교직 사회에서는 교사의 자발성과 능동성이 더욱 강조되며, 변화에 대응하고 적응해 나가는 변화능력에서 제시하는 '능력'은 기술적 합리성에 기초한 능력이라는 관점보다는 교사 개인 내부의 문제로, 교사가 스스로 유의미한 변화를 인식하고 가시화하는 것이 교사 전문성의 중요한 요소임을 알 수 있다. 이러한 관점에서는 교사를 지식 적용자, 실행자, 소비자가 아니라 지식구성자로 보며, 교사는 주체로서 역할을 강조하고 있는바 교육상황에서 교사가 변화할 수 있는 의지, 방법 탐색, 변화 실천을 위해 노력해 나갈 수 있도록 직전 및 현직교육에서도 이러한 인성교육 측면이 강조되고 연구되어야 할 것이다.

2 영유아교사직의 본질과 의미

영유아교사는 교직이다. 그러나 다른 학제의 교사직과는 구분되는 영유아교사직만이 지니는 고유한 특성이 있으며, 인성, 지식, 기술, 신념, 건강 등에서도 특별한 자질이 요구된다(이은화·배소연·조부경, 2003). 더불어 영유아교육의 경우 교육내용의 선정 및 조직의 주도권이 교사에게 많이 허용되고 영유아-영유아, 영유아-교구, 영유아-교사 간의 상호작용으로 이루어지기 때문에 영유아에게 환경을 마련해주고 영유아의 활동을 적극적으로 지원해 주는 교사의 역할이 더욱 중요하게 작용한다. 따라서 영유아교사직에 적합한 바람직한 인성, 지식, 기술, 태도 등을 갖추어 올바른 역할수행을 하고 영유아교육의 질 향상을 도모하기 위해 무엇보다 영유아교사직에 대한 올바른 이해가 선행되어야 한다.

1) 영유아교사직의 본질

영유아교육의 성공에 있어 가장 큰 핵심요소는 '영유아교사'라고 해도 과언이 아니다. 이는 영유아교사의 지식, 기술, 태도를 비롯해 개인적 교양이나 품성 등이 교사로서의 역할수행에 지대한 영향을 미치며 교육의 성패는 물론 영유아들에게 직간접적으로 많은 영향을 미치기 때문이다. 이에 영유아교사에게 요구되는 자질을 중심으로 영유아교사직의 본질적 의미를 분명히 하고자 한다.

교사의 자질이란 교사에게 요구되는 모범적 품성, 교양 및 전문지식, 교육 기술, 교직에 대한 태도 등을 의미하는 것으로 교사로서의 역할을 효과적으로 수행하는데 필수불가결한 요소를 말한다.

영유아교사의 자질은 일반적으로 영유아교사로서 인격이 잘 형성되어 있고, 이와 함께 영유아교육에 있어서 전문적 지식과 기술을 겸비한 것을 의미하지만, 교사의 자질은 사회의 변화나 교육관에 따라 강조하는 측면에 차이를 보인다. 또한, 복잡하고 다양한 능력을 발휘해야 하는 영유아교사의 자질을 한마디로 규정짓는 것은 매우 어려운 일이며, 완전한 합일점을 찾을 수 없을지 모른다. 그러나 영유아교사는 영유아에게 사회적 존재로 처음으로 만나는 사람으로 영유아교육의 질은 바로 영유아교사의 자질을 높이는 것이라 할 수 있으므로 영유아교육의 특수성에 기반을 둔 본질적 의미의 영유아교사직이 갖는 공통적 의미와 그에 요구되는 교사의 자질을 정리해 보는 것은 매우 중요한 일이다.

영유아교육 및 그 대상의 특수성을 기반으로 한 본질적 의미의 영유아교사직의 의미를 탐구해 보면 다음과 같다.

우선, 영유아교사직은 사람 특히 영유아를 좋아하고 사랑하는 자질이 요구되는 직업이다. 영유아교사는 영유아 개인의 요구를 인지하고 관심을 가지며, 영유아를 위하여 특별하고 인간적인 과업을 수행해야 한다. 또한, 영유아의 많은 요구에도 즐겁고 협력적으로 생활하며, 동료들과 과업을 수행하면서 영유아가 독립적임과 동시에 활발하게 학습이나 활동을 해 나가도록 해야 한다. 따라서 영유아교사는 영유아 및 성인과 함께 과업을 수행하는 것에 흥미를 느끼며, 성숙되어야 하고, 동료와 협력적이어야 한다.

다음으로 영유아교사직은 배려, 존중, 온정적, 충동성 조절과 같은 인성적 측면이 강조되는 직업이라 할 수 있다. 그렇다면 유독 영유아교사는 '왜 정직해야 하고 참아야 하는가?', '왜 기분대로 욱하면 안 되는가?'라는 생각이 들 수도 있을 것이다. 그 이유는 교사가 그렇게 해야만 그런 아이로 키울 수 있기 때문이다. 인성이 갖추어진 교사는 아이의 마음을 아프게 하지 않고, 무엇이 아이의 마음을 아프게 하는지 잘 알고 있다. 아이가 어떤 말에 상처받는지 알아서 그 말을 피하고 어떤 말에 힘을 얻는지 알아서 그 말을 얹어준다. 교사로부터 존중과 배려를 받아본 아이가 다른 사람을 존중하고 배려할 수 있다. 아이와의 하찮은 약속도 귀하게 여기는 교사로부터 아이는 약속을 잘 지키는 사람이 된다. 이처럼 영유아교사의 인성은 그들이 돌보고 교육하는 영유아들에게 절대적인 영향력을 가지며, 영유아교사직은 지식적 측면 이외도 영유아에 대한 사랑과 이해, 인간에 대한 사랑, 성실성, 봉사정신, 사려성, 자발성, 도덕적으로 건전한 품성, 원만한 인간관계, 인내심, 공평성 등이 요구되는 직업이다.

또한, 영유아교사직은 정신적·신체적으로 건강함과 안정됨이 요구되는 직업이다. 신체 건강이란 생명 보호 유지와 신체 제 기능의 조화적 상태를 유지하여, 질병을 이겨낼 수 있고, 일상생활이 충분히 가능한 육체적 상태를 의미한다. 신체적으로 건강을 유지한다는 것은 몸 상태를 정상적으로 유지하고 생리 기능을 정상으로 움직일 수 있다는 것이다. 이는 매일 음식을 먹고, 호흡하고, 배설하고, 수면하고, 움직이는 것 등과 같은 일상생활 가운데 이루어진다. 정신적으로 건강한 상태란 정신질환이 없고 자신의 행동에 정신적 갈등이 있지 않으며, 자신의 일에 만족할 능력이 있고, 존경하는 마음과 사랑하는 마음, 윤리 및 도덕적인 사고를 할 수 있는 상태라고 할 수 있다.

이외 영유아교사직은 영유아의 성장과 발달에 대한 이해를 기반으로 교육 프로그램을 계획하고 실천해 나가는 직업이다. 그러므로 영유아교사는 영유아의 성장 발달, 영유아교육에 대한 전문적 지식을 가지고 있어야 하고, 영유아교육현장에서 교육 프로그램의 계획, 실천능력을 갖추어야 하며, 교수·학습 과정에서 필요한 교재, 교구 제작을 하고 효과적으로 활용할 수 있는 기술을 갖추어야 한다.

끝으로 영유아교사직은 발전적으로 계속 노력해 가야 하는 직업이다. 이는 교사는 자신의 교실에서 교수활동에 있어 지금, 현재의 논리를 넘어 학생이 살아갈 미래사회의 핵심역량을 내다보고 이를 제대로 가르칠 수 있는 능력을 갖추어야 하며, 자신의 모든 형식적·잠재적 교육행위가 학생의 삶에 긍정적인 영향을 미칠 수 있는지에 대해 숙고할 책임을 가지기 때문이다. 따라서 영유아교사는 교사로서 전문성을 끊임없이 함양하기 위하여 노력해야 하며, 교육에 대한 소명감을 가지고 교사로서의 직업윤리를 가져야 하는 직업이라 할 수 있다.

앞서 살펴본 영유아교사직이 갖는 본질적 의미를 정리해 보면 다음과 같다.

첫째, 모성애를 가지고 영유아를 좋아하고 사랑하는 자질이 요구되는 직업

둘째, 정신적·신체적으로 건강함과 안정됨이 요구되는 직업

셋째, 사명감이 있고 교직 의식이 투철한 직업

넷째, 전문적인 소양을 갖추고 영유아의 발달과 심리를 잘 이해하여야 하는 직업

다섯째, 문제의 의식을 갖고 계속 노력이 필요한 직업

2) 영유아교사직에 요구되는 자질

영유아교육은 한 개인의 일생 중 가장 성장 속도가 빠르고, 지적능력이나 인격성장에 있어서 중요한 일이 일어나고 있는 시기의 교육이며, 성장의 요구가 강하여 환경적 배려에 의한 성장의 질이 결정되는 중요한 시기이기에 교사의 자질은 더욱 절대적이다. 좋은 환경과 교육과정이 있더라도 교사에 따라 교육과정의 운영과 성과가 달라질 수 있기 있기에 교사의 자질은 교육의 질을 결정짓는 핵심요인으로 강조됐다. 이에 본질적 의미로서 영유아교사직에 요구되는 자질을 개인적 자질과 전문적 자질로 나눠서 살펴보고자 한다.

(1) 개인적 자질

영유아교사가 갖추어야 할 개인적 자질은 인성적 특성을 가지고 있어서 인성적 자질로 불리기도 한다. 인성은 성격이라고도 하며, 감정, 지각, 행동에 있어 독특성을 기반으로 한 규칙성과 일관성을 지닌다. 이러한 영유아교사의 개인적 자질은 학자마다 조금씩 다르게 제시되고 있다.

이기숙 등(2015)은 개인적 자질을 다음과 같이 제시하고 있다.

첫째, 신체 및 정신적으로 건강해야 한다. 영유아교사는 하루일과를 진행하면서 영유아를 지속적으로 관찰하고, 영유아의 여러 가지 요구에 상호작용을 하면서 많은 교육활동을 제공해 주므로 신체적 건강은 교사에게 필요한 기본 능력이다. 신체적·정신적으로 건강한 교사는 영유아의 이야기에

민감하게 반응하고 다른 사람들을 편안하게 해 주며, 교사의 책임과 의무를 다할 수 있다.

둘째, 온정적인 성품을 가져야 한다. 영유아교사의 수용적인 태도와 온화한 성품은 영유아들이 경험하게 되는 환경의 변화에 따라 불안감이 적어지도록 해주고 정서적으로 안정감을 가질 수 있게 해 준다. 여기서 온정적 성품을 지닌 교사는 영유아를 그대로 수용하며 인정하고 존중할 수 있는 태도와 능력을 가진 사람을 말한다. 또한 영유아와 생활할 때 많은 기쁨을 느끼고, 다른 사람과 더불어 생활하는 것을 즐겁게 생각하며, 항상 명랑하고 풍부한 유머 감각을 가진 교사여야 한다.

셋째, 인간과 생명에 대한 존엄성이 있어야 한다. 교사는 영유아를 존중하며 소중히 여기고 주변 사람들 또한 존중하고, 나아가 모든 살아 있는 생명체까지도 소중히 여기는 태도를 가져야 한다. 사람과 생명에 대한 존엄성을 가진 교사는 영유아의 생각이나 반응, 느낌 등을 소중히 하고 수용함으로써 영유아들로 하여금 자신에 대해 긍정적인 자아 개념을 갖도록 도울 수 있을 것이다.

넷째, 성실하고 열성적인 태도를 가져야 한다. 영유아교사는 영유아를 위한 교육뿐만 아니라 자신의 삶에 대해 의욕을 가지고 최선을 다해 교사 생활에 임해야 한다. 자신이 맡은 일에 최선을 다해 노력하는 교사의 성실하고 열성적인 태도는 영유아들에게 좋은 본보기가 될 수 있다.

한편 영유아교사들이 생각하는 좋은 교사의 자질을 연구한 이경하와 석은조(2010)의 연구에서는 첫째, 밝은 표정과 웃는 얼굴을 가진 긍정적인 성격, 둘째, 인내심, 셋째, 모든 영유아들을 차별 없이 사랑해 주어야 하는 공평함, 넷째, 영유아를 사랑하는 마음, 다섯째, 최선을 다하는 열정, 여섯째, 신체적 건강 등이 좋은 교사의 자질로 나타났다.

(2) 전문적 자질

전문적 자질이란 영유아교사로서 필요한 전문적 지식과 기능을 의미하는 것으로 일반적으로 직전교육을 통해 습득되고 현직교육을 통해 향상된다. 이러한 영유아교사의 전문적 자질에 대해서는 학자마다 조금씩 차이를 두고 있다.

이기숙 등(2015)은 영유아교사에게 필요한 전문적 자질을 전문적 지식과 교수기술, 올바른 교육관 및 직업윤리로 구분하고 있는데 구체적으로 살펴보면 다음과 같다.

첫째, 영유아교사는 영유아의 성장 발달, 영유아교육에 대한 전문적 지식을 가지고 있어야 한다. 영유아 교육에 대한 전문적 지식을 갖추기 위해서는 영유아에 대한 지식과 교육과정, 교수·학습 및 평가에 대한 폭넓고 정확한 지식을 가지고 있어야 하고, 영유아교육에 영향을 주게 되는 사회 문화적인 제반 분야에 관한 일반적인 교양 지식을 갖추고 있어야 한다.

둘째, 영유아교사는 영유아교육현장에서 교육 프로그램을 계획, 실천능력을 갖추어야 하며, 교수·학습 과정에서 필요한 교재, 교구 제작을 하고 효과적으로 활용할 수 있는 기술을 갖추어야 한다. 교사는 발전적이고 창의적인 사고를 해야 하며, 영유아와 영유아교육기관의 상황 또는 날씨의 변화를 고려하여 교육 프로그램을 융통성 있게 운영하여야 한다. 또한 영유아교육의 효율적인 수행을 위해서는 영유아뿐만 아니라 부모교육을 실시해야 하므로 부모와 관련 전문가들과의 상호 협조적인 체제를 유지하며 이런 자원 인사들을 영유아교육에 참여하게 하는 능력을 갖추어야 한다.

셋째, 영유아교사는 교사로서 전문성을 끊임없이 함양하기 위하여 노력해야 하며, 교육에 대한 소명감을 가지고 교사로서의 직업윤리를 가져야 한다. 영유아교사로서 지켜야 할 직업윤리는 우선 영유아를 사랑하고 믿음으로 공평하게 지도하며 개성을 존중하는 것이며, 이외 교사는 동료들과 협동하며 사회에 봉사함으로써 교육 발전과 교사의 지위 향상에 동참하는 태도를 갖추어야 한다.

정재순(1996)은 영유아교사의 전문적 자질을 다음과 같은 9가지로 세분화하여 제시하였다.

첫째, 교육 프로그램의 계획과 실천에 있어서 부모와 전문가 및 여러 기관을 참여시키는 능력
둘째, 언어의 발달을 신장시킬 수 있는 능력
셋째, 영유아가 가진 문제해결력을 향상시키는 능력
넷째, 감각적, 운동적 기능을 촉진시키는 능력
다섯째, 영유아의 자신감, 자기 지식, 자존심을 길러줄 능력
여섯째, 영유아 개인의 특성을 알아내서 그에 따라 교육적 처치를 할 능력
일곱째, 사회성 발달을 돕는 능력
여덟째, 신체적인 성상과 발달을 촉진하는 능력
아홉째, 영유아의 행동을 관찰하여 기록하고 그에 따른 계획수립이 가능한 능력

조경자(2007)는 좋은 교사의 특성을 인성, 건강, 지식, 교수능력, 교육관의 5가지 범주로 구분하였는데 이중 지식, 교수능력, 교육관이 전문적 자질에 해당한다. 먼저, 지식 범주에는 영유아에 대한 지식, 전공 지식, 교양이 포함된다. 다음으로 교수능력 범주에는 교육과정 구성능력과 교육과정 실천능력, 학부모 관계능력, 발달 조장능력, 다재다능함, 환경구성능력과 반성적 사고능력, 관찰력, 순발력과 민감성, 창의성 등 교수활동과 관련된 능력과 특성이 포함된다. 마지막으로 교육관 범주에는 교육철학 및 신념과 교육에의 열정, 자부심, 책임감 및 소명감, 공평함과 전문성 향상 노력 등 교직 태도 및 직업윤리와 관련된 특성이 포함된다.

앞서 살펴본 영유아교사의 전문적 자질의 공통적인 측면을 정리하면 전문적 지식, 교수기술, 올바른 교육관 등이 포함된다.

첫째, 전문적 지식에는 일반교양 지식, 교육과정에 대한 지식, 교수 방법 및 평가에 대한 지식, 영유아에 대한 지식이 포함된다. 영유아교육에 대한 전문적인 지식을 갖기 위하여 교사는 영유아에 대한 지식을 충분히 가져야 하며, 교육과정이나 교수-학습 과정과 평가에 대하여 폭넓고도 올바른 지식을 갖도록 노력해야 한다.

둘째, 교수기술에는 교육과정 구성 기술, 프로그램 실천 및 평가기술, 의사소통 기술, 부모와 전문가 참여 기술, 창의성, 융통성, 교재, 교구의 제작 및 활용 기술이 포함된다. 즉, 영유아교사는 교육현장에서 교육 프로그램을 계획 및 실천하는 능력이 있어야 하고, 교수-학습 과정에서 필요한 교구나 교재를 제작하여 효과적으로 활용하는 기술도 갖추어야 한다.

셋째, 올바른 교육관과 직업윤리란 영유아교사는 교육에 대하여 소명감을 가지고 영유아를 사랑하고 믿음으로써 공평하게 지도함과 동시에 영유아의 개성을 존중하는 직업윤리를 갖는 것을 의미한다.

3) 영유아교사직의 의미

영유아교사직은 오랜 시간의 직업적 훈련, 책임성, 자율성 등이 필요한 전문직이나 다른 전문직과 구별되는 사람을 대상으로 하고 그것도 일반적으로 사회생활이 미숙하거나 성장발달 과정에 있는 미성숙자들을 대상으로 하므로 많은 전문직 중에서도 봉사적 사명감을 필요로 하는 직업이라 할 수 있다. 이에 영유아교사직의 의미를 지식, 기술, 태도 측면에서 정리해 보면 다음과 같다.

영유아교사직은 단순히 학문적인 깊이보다는 인간과 학습에 관련이 되는 특성이나 원리를 영유아 개개인과 연결시킬 수 있는 역량이 요구되는 직업이다. 즉, 영유아교사직은 영유아에게 유의미한 자극을 주고, 동기를 부여하며, 각 개인이 가지고 있는 잠재능력을 최대한 발휘하게 하여 자아의 실현이 가능하도록 조력하는 능력에서 전문성이 발휘된다.

또한, 영유아교사직은 교육효과를 위해 영유아-교사의 상호작용 기술과 같은 교수기술이 중요한 변인이 되는 직업이다. 교수기술이란 주어진 교수 환경에서 교수목표달성을 위한 최상의 전략을 수립하게 하는 것으로, 의도한 학습 결과를 도출하기 위해서는 수업 과정에서 최대한 모든 변인을 고려하여 최적의 방안을 선택하는 능력이라고 할 수 있다. 특히 놀이중심의 개정 누리과정에서의 교수기술은 발현되는 다양한 놀이 상황 속에서 교수목표를 달성하기 위한 최선의 전략을 수립하고 이를 적용하는 경험을 축적 시킬 수 있어야 한다. 또한, 영유아교육에서 교수기술은 계속 변화하고 발달해 나아가기 때문에 지식의 습득과 정보교환이 지속적으로 이루어져야 하고, 교사연수나 워크숍을 통해서 새로운 이론과 기술을 알아가야 한다.

끝으로 교직태도에서 태도란 직접 관찰할 수 없는 심리적인 가설적 변인, 잠재적 변인이다. 태도는 어떤 특수한 반응을 일컫는 것이 아니라 다양하게 연결된 행위 및 반응에서 나오는 추상적인 개념으로 경험을 통해서 학습된 것이고, 특정한 사물이나 상황에 대해서 반응과 행동 성향을 보이며, 비교적 계속적이며 규칙성을 갖고 있다. 그러므로 교사의 교육에 대한 태도는 교사의 교직에 대한 내면적 구조를 의미하게 된다. 영유아교사는 특히 영유아에 대해서 계속 애정과 애타적 정신으로 교육에 봉사하는 사명감이 필요하다. 가르치는 일은 특별한 종류의 일로 존경받는 것 같지만 의사, 변호사와 같은 전문적 직장인에게 주어지는 사회적 위치를 부여받지는 못하고 있기도 하다. 그러나 가르치는 일은 중요하고 보람되며 가치 있는 직업임에 틀림 없다. 특히 영유아교사는 가장 나이 어린 영유아들의 보호와 교육하며 영유아에게 미치는 영향력이 상당하다는 측면을 인식할 수 있어야 한다. 또한 교직 생활 속에서 수단이 아닌 본질적인 가치로서 일 자체에서 보람을 찾을 수 있어야 한다. 교직에서 사명감이라 함은 교육자로서의 생애를 스스로 선택하고, 자신의 삶을 풍요롭고 뜻있게 하기 위하여 자신의 일에 의미와 가치를 부여하는 것이다. 자신이 하는 일에 비전을 가지고 최선을 다하는 소명의식, 사회적 책임감, 교직에 대한 자부심을 스스로 갖는 것을 의미한다.

이처럼 영유아교사직은 전문적 지식, 교수기술, 교직 태도 측면에서 특별한 자질과 역량이 요구되는 직업이며, 여기에는 영유아 동기화를 위한 환경설정, 신체적 발달 증진, 영유아가 성취감을 갖도록 지원하기, 영유아발달 원리의 이해, 영유아의 안전과 건강 발달을 보장하는 환경조성, 교육과정 계획 및 실천, 상담과 집단 관리, 가족과 긍정적이고 생산적인 관계 형성, 직업에 헌신 등이 포함되는 전문직이라 할 수 있다.

3 영유아교사의 역할과 이미지

1) 영유아교사의 역할

(1) 역할의 개념 및 변화

역할은 '사회의 어떤 지위에 있는 사람에게 공통적으로 기대되는 행동유형'을 의미하며, 이러한 행동유형은 '신분적 지위, 지위와 관련된 행동체계, 지위를 가지고 있는 자에게 기대하는 행동체계'라는 세 가지 개념을 포함한다. 이러한 역할의 개념을 교사에게 적용한다면 교사라는 사회적 지위, 교사로서 역할 수행 및 기대되는 역할로 요약될 수 있으며 구체적으로 다음과 같다.

첫째, 역할이란 개념을 사회적 지위와 관련지어 보게 되면, 교사의 역할은 그들이 속한 교직 사회의 사회적 지위나 신분을 가리키는데 사용할 수 있으므로 교사의 역할은 교사를 의미하며, 교사라는 직업을 가진 사람을 지칭하는 말이 될 수 있다.

둘째, 역할이란 개념은 역할수행과 관련지어 보면, 교사가 수행하는 특징적 행동, 즉 교육현장에서 직접 관찰할 수 있는 교사의 역할수행을 의미한다.

셋째, 역할이란 개념을 기대로서의 역할개념으로 사용하게 되면, 교사들에게 갖는 기대는 교사역할로 이해할 수 있다. 이러한 기대는 교사 자신이 갖는 것일 수 있고, 또는 집단 및 다른 개인들, 즉 부모, 학생, 행정가, 정치가 등 대중들이 교사에게 갖는 규범적인 것일 수 있다.

영유아교육현장은 교육과정, 교육환경, 영유아 및 영유아교사 등 다양한 요소로 구성되나 이 중에서도 영유아교사는 영유아들과 직접적으로 상호작용하며 영유아교육의 질에 지대한 영향을 미치는 요인으로 작용하며 그 역할이 강조되어왔다. 또한, 영유아교사가 수행하는 과업은 매우 다양하며, 다른 각급 학교 교사와 비교해서도 특별함이 요구되는데, 이러한 교사의 역할수행에 대한 관점은 시대에 따라서도 변화되어왔다.

카츠(Katz, 1970)는 역할수행모형을 모진모형(maternal model), 치료모형(therapeutic model), 교수모형(instructional model)으로 구분하였다.

- **모친모형**: 영유아교사는 역할수행에 있어서 영유아에게 편안하고 안전한 상태에서 긴장을 풀어주고 내적 갈등을 해소할 수 있게 한다.
- **치료모형**: 영유아교사는 역할수행에 있어서 영유아를 보호하고 안전한 환경을 만들어줌으로써 환경에 대처하는 힘과 전략을 발달시킨다.
- **교수모형**: 영유아교사는 역할수행에 있어서 영유아에게 지식과 정보를 전달하고 영유아들의 기술을 발달시킨다.

스포덱(Spodek, 1985)은 양육역할, 교수역할, 관계적 역할을 제시하며, 영유아교사는 이 세 가지 역할을 모두 수행해야 한다고 보았다.

- **양육역할**: 영유아의 건강, 안전, 보호에 주의하는 개념이며, 교사는 영유아

에게 사랑과 편안함을 제공해야 한다.

- **교수역할**: 직접적인 지식전달, 그리고 교수의 간접적 형태까지 포함하는 개념으로 진단자, 교육과정 설계자 및 교수조직자로서의 역할을 말한다.
- **관계적 역할**: 영유아와의 끊임없는 상호작용을 통해 영유아를 안내하고, 도움을 주는 교사의 역할을 의미한다.

그 외 사라초(Saracho, 1984)는 교사의 역할분석을 통하여 영유아교사의 역할을 교육과정 설계자, 학습지도자, 진단자, 교수조직자, 상담자 및 조언자 그리고 의사결정자의 여섯 가지 유형으로 분류하였으며, 쉬케단츠 등(Schickedanz et al., 1990)은 계획자, 지식전달자, 의사결정자, 조직자, 평가자, 훈육자로서의 역할수행을 강조하였다.

교사 역할 수행 평정 척도(Early Childhood Teacher's Role Rating Scale, ECTRRS)를 개발한 초와 사라초(Cho & Saracho, 1997)는 영유아교사의 역할을 구체화하여 교육과정 설계자, 일과계획 및 수행자, 상담자 및 조언자, 연구자, 행정업무 및 관리자의 다섯 가지로 범주화하고 수행지침을 제시하였다.

- **교육과정 설계자의 역할**: 영유아교사는 영유아교육기관의 철학을 바탕으로 교육목적을 설정하고 교수계획 및 평가계획을 수립하며 영유아발달에 적합한 활동을 선정해야 한다.
- **일과계획 및 수행자의 역할**: 영유아교사는 균형 있고 체계적인 일과계획을 세우고 긍정적인 상호작용을 통해 일과계획을 융통성 있게 실행해야 한다.
- **상담자 및 조언자로서의 역할**: 영유아교사는 신뢰감 있는 분위기를 조성하고 영유아에게 도움을 주어야 하며, 영유아행동에 대한 관심을 보여주고 적절한 반응을 제공해야 한다.
- **연구자로서의 역할**: 영유아교사는 지속적인 노력을 통해 새로운 교수방법을 모색하고 영유아의 문제행동에 대해 분석하고 반성적 실천을 지향해야 한다.

- 행정업무 및 관리자로서의 역할: 영유아교사는 각종 기록을 보관하고 관리하고, 시설설비를 일상적으로 점검하고, 각종 행사들을 준비하고 실시해야 한다.

한편 NAEYC(National Association for the Education of Young Children)의 '발달에 적합한 실제'에서는 교사의 역할수행과 관련하여 행동발달과 학습에 대한 지식, 개별성에 대한 지식, 사회·문화적 상황에 대한 지식 등 세 가지 지식에 기초하여 일상의 상황 속에서, 전문적인 판단능력을 하는 반성적 사고를 강조하고 있다(Bredekamp & Copple, 1997).

국내의 연구들에서 언급된 영유아교사의 역할을 살펴보면, 유안진(1984)은 영유아교사의 역할을 대리부모, 자아옹호자, 불안제거자, 집단지도자, 훈육자, 판단자, 동일 시대상, 지식자원자, 놀이안내자, 상담자, 애정대상자, 적대감정의 표적으로 분류하였고, 이연섭과 홍순정(1989)은 양육자, 교수자, 안내자, 그리고 의사결정자로 분류하였다. 이밖에도 이은화(1985)는 영유아교사가 수행해야 할 역할을 프로그램(학습)계획자, 환경제공자, 평가자, 관찰자, 부모교육 담당자, 연구자, 영유아의 요구에 반응하는 역할 등 일곱 가지 역할에 대해 논하였고, 조혜진(2003)은 영유아교사들이 교육현장에서 실제 처하게 되는 상황은 매우 복잡하고 다양할 수 있기에, 복잡하고 다양한 문제 상황들을 해결하기 위해서는 그 상황을 직시하며, 적절한 대응책을 선택할 수 있는 교사의 사고능력이 중요하다고 주장하였다.

이처럼 영유아교사의 역할은 영유아교육 및 영유아교사에 대한 관점에 따라 변화되어 왔는데, 최근의 연구에서는 영유아교사의 역할이 이전의 양육이나 보호 등의 수동적인 역할에서 영유아의 발달을 촉진시키는 적극적인 역할을 강조하는 방향으로 전환되며, 의사결정자와 평가자 또는 영유아들의 권리옹호자, 성장하는 전문가, 연구자, 정보관리자, 반성적 실천가 등의 다양한 상황에서 전문적인 결정을 내리는 능력보유와 능력발휘를 위해 노력하는 행위들이 모두 포함되어야 함이 강조되고 있다(조부경·남옥자, 2006).

(2) 영유아교사의 역할

영유아교사의 역할은 학자들의 관점에 따라 조금씩 다르게 규정하고 있으나 초기에는 영유아기 특성상 보호와 양육이라는 역할로서 영유아교사의 양육에 관한 모친의 역할이 강조되었다면, 이후 영유아들의 정서적인 배려와 문제해결을 돕는 역할로서 상담 및 조언자와 안내자의 역할, 영유아들의 발달특성 이해와 교수학습 능력개발 및 창의적이고 반성적인 사고를 갖춘 교육전문가로서의 역할, 영유아의 개인차를 고려하는 프로그램 구성과 평가 및 지역사회와의 관련성을 포함한 다양하고 복잡한 상황에 대처할 수 있는 전문적인 능력이 교사의 역할로 강조되고 있는 경향을 알 수 있다. 이에 영유아교사의 역할을 세부항목별로 살펴보면 다음과 같다.

① 교육과정 설계자로서의 역할

교육과정 설계자로서의 역할이란 영유아교사가 교사가 속한 기관의 철학에 근거한 교육목적을 기초로 교육활동 전개에 필요한 계획을 세우고, 영유아의 흥미와 경험을 고려한 발달적으로 적합한 학습내용을 설계하는 것을 말한다. 영유아교사는 기관이 속한 지역사회의 특성 및 초등학교와의 연계성을 고려하여 통합성과 융통성 있게 교육내용의 선정과 조직을 해야 한다. 또한 영유아교사는 교육목표, 내용, 방법의 일치 정도가 고려된 다양한 교수전략, 평가유형 및 방법을 모색하며, 영유아의 발달과 흥미에 적합한 실내·외 환경구성에 대한 계획 및 활동실 구성을 계획해야 한다.

② 일과계획 및 운영자로서의 역할

영유아교사는 일과계획을 활동의 융통성과 다양성을 고려하고, 체계적으로 수립하여 영유아의 흥미와 요구에 따라 전개하고 하루의 일과를 평가해야 한다. 일과계획 및 운영자로서 영유아교사의 역할은 활동 간의 연결 및 전이시간을 적절히 이끌며, 영유아와 교사와의 긍정적인 상호작용을 도모해야 한다. 또한 효과적인 교수-학습 방법을 통하여 영유아의 놀이와 활동을 촉진하여야 하므로 이를 위해 영유아교사는 필요한 교재·교구를 선정하고 활동을 지원해야 한다.

③ 상담자 및 조언자로서의 역할

영유아교사와 영유아의 상호작용은 특정 수업에만 국한되는 것이 아니며 일상생활 안에서 신뢰감을 형성하는 기반이 되어야 한다. 그러므로 영유아교사는 영유아에게 관심과 애정을 표현하고 각 영유아의 개별성을 인정함으로써 영유아 스스로 의사결정을 하도록 도우며, 영유아로 하여금 창의적인 성장 및 자아실현을 가능하게 해야 한다. 또한, 영유아교사는 문제 상황이 발생하였을 경우, 각 영유아의 정서상태를 파악하며 문제 상황의 해결을 위해 조언 및 중재를 하고 특별한 요구를 지닌 영유아라 할지라도 지원을 해 줄 수 있어야 하며, 영유아의 이야기를 주의 깊게 들으며, 영유아의 눈높이에 맞춘 긍정적인 자아개념을 소유한 안정성 있는 교사의 역할을 하여야 한다.

④ 연구자로서의 역할

영유아교사는 교수방법과 영유아의 학습실제에 대한 전문가역할로 연구를 수행할 수 있어야 한다. 연구자로서의 교사의 역할은 지식에 대한 반성적인 실천가로서의 역할에 초점을 맞추는 것으로 영유아교사는 영유아의 성장발달에 대한 폭넓은 이해, 문제행동의 원인을 분석할 수 있어야 하며, 적절하고 다양한 평가기술을 습득하여 프로그램 평가에 대한 계획을 세우고 이를 잘 실행하여야 하고 다시 평가결과를 교육과정에 반영할 수 있어야 한다. 또한 연구자 역할은 영유아와의 활동에 새로운 이론 및 활동을 적용하고 현장의 문제와 실태를 파악한 후 영유아와의 상호작용을 개선하는 것도 포함된다. 이를 위해 자기 장학 및 동료장학에 참여하고, 교수기술을 향상시키며, 전문가단체 및 협회에 참여하여 적극적으로 활동하여, 교사 자신의 교육관 및 가치를 탐구하고 정리할 수 있어야 한다.

⑤ 행정업무 및 관리자로서의 역할

행정업무 및 관리자로서의 역할은 영유아교사가 속한 교육기관의 전반적 교육에 관한 행사를 준비하고 실행하며, 더불어 원아모집에 대한 계획과 실행, 학급편성, 영유아에 대한 각종 기록 관리와 보관 및 교직원에 대한 문서의 기록 및 보관을 위한 지식 등 영유아교육기관에서 필요로 하는 각종 행정업무 및 관리 능력을 갖추어야 함을 의미한다. 이러한 행정업무에서는 영유아와 관련한 영유아의 건강과 영양에 대한 기본지식을 갖추고 있어야 하며, 영유아의 건강상태도 점검, 기록 관리할 수 있어야 한다. 아울러 영유아교사는 교육에 필요한 교재·교구를 기준에 맞춰 목록화하고, 구입에 대한 계획수립을 포함하여 시설·설비에 대한 계획수립, 실내·외 시설 설비에 대한 일상적 점검과 안전성에 대한 보완사항을 계획수립할 수 있어야 한다. 또한 행정업무의 관리자로서 영유아교사는 폭넓은 상호작용과 인간관계 역시 중요한데, 원장과의 원만하고 친밀한 인간관계, 지역사회와의 활동을 통한 원만한 관계를 맺을 수 있어야 한다.

2) 영유아교사의 이미지

(1) 교사의 이미지의 개념과 중요성

이미지(image)란 개인이 어떤 사물이나 사람에 대해서 가지고 있는 기억, 호감, 평가, 태도, 감정, 생각 등 머릿속에 존재하는 상상의 종합으로, 정신적 표상, 시각적 취향, 경험적 의미, 맥락과 역사, 잠재력의 표현을 포함하는 은유적인 함축성을 갖는다(Maxson & Sindelar, 1998; Ryan & Ochsner, 1999). 이미지는 인간이 한 대상에 관하여 갖는 심상이나 기초 개념의 영상으로 감정과 지각적 요소가 혼합되어 나타나는 것이며, 이미지 자체는 객관적인 것이 아닌 주관적인 특성이 지닌다. 이러한 이미지는 특정 대상에 갖는 믿음, 개념, 인상의 종합적인 결과물이며, 한편으론 같은 시대를 살아가고 있는 사람들이 공유하고 있는 생각의 총합, 즉 사람이나 사물인 대상에게 '인식의 틀'인 편견과 선입견으로도 나타난다.

그렇다면 이러한 이미지는 어떻게 형성되는 것일까? 이미지는 고정된 것이 아니라 과거의 경험에 의해서 형성되고 계속해서 수정되어 과거, 현재, 미래 사이의 역동적인 관계성이나 상호작용을 제공한다. 따라서 이미지는 정지된 상태로 있지 않으며, 자신의 경험을 이해하고 다른 사람과 의사소통하려는 시도에서 형성되고 재해석된다(Lin & Spodek, 1994).

교사교육의 분야에서 전문가로서의 교사의 이미지에 초점을 두기 시작한 것은 1990년대 이후로, 이는 교사 자신이 갖는 이미지가 교사의 전문성이나 교수효능감에 영향을 미치는 것과 더불어 학습자의 이미지 형성에도 모델링 효과가 있다는 측면과 교사 권위가 실추되고 있는 상황에서 교사 스스로 자신의 모습을 재정립할 기회가 필요하다는 관점 등에서 비롯된 것이다.

특히 영유아교육 분야에서 영유아교사의 이미지가 보다 중요한 것은 영유아교사는 영유아의 학습과 발달에 많은 영향을 미치며, 영유아교육의 질을 결정하는 가장 중요한 요인이기 때문이다. 영유아는 어떠한 난서를 주지 않이도 교시의 행동 및 특성을 모방하며, 교사가 영유아에게 기대하는 정도에 따라 발달 정도가 좌우되기 때문이다(류칠선, 1998). 또한, 영유아교사가 자신을 명확하게 인식하고 있을 때 자신의 교수경험을 재해석할 수 있고, 반성적 사고가 가능하며, 교수 상황에서 직면하는 다양한 문제에 대한 의사결정이 가능하기 때문이다. 즉, 영유아교사의 이미지는 자신의 사고를 형성하고, 교육학적 지식을 평가하고, 행위를 안내하고, 실천을 좌우하는 등 중요한 역할을 수행하기 때문에 교사의 전문적 발달을 설명하는 중요한 요소라 할 수 있다(원혜경 · 임승렬, 2011; Calderhead & Robson, 1991; Weber & Mitchell, 1995).

(2) 영유아교사 이미지의 구성요소

영유아교사의 이미지를 구성하는 요소에 대해서는 다양한 관점이 존재한다. 우선, 사회적 인식에 기반한 영유아교사의 이미지 구성요소를 살펴보면, 김효선(2000)은 복지와 경제적 지위, 교사의 자질과 역할 그리고 직업 위상을 영유아 교사의 이미지 구성요소로 보고 있으며, 학부모 대상으로 한 교사 이미지를 연구한 이금란(2000)은 교사의 역할, 자질, 전문성을 제시하였고, 미디어를 통한 교사 이미지를 연구한 이현숙(2005)은 외형적 특성, 인성적 특성, 직업적 위상, 전문적 자질과 역할로 이미지 구성요소를 분류하였다.

한편 이미지는 어떤 대상이 개인의 머릿속에 그려지는 모습이라 정의되며, 이미지 형성 과정에서 자극, 지각, 인지, 태도, 반응인 지각화 과정을 거쳐서 주관적인 요소와 선택적 외부 요소들이 재표현되므로 본인 의지가 큰 영향을 미친다. 따라서 직업 혹은 직업인으로서 자신에 대해 어떠한 이미지를 갖는가는 자질함양, 역할수행, 전문성 향상과 직결된다는 측면에서 예비영유아교사와 영유아교사들 자신이 영유아교사에 대해 어떠한 이미지를 형성하는가는 매우 중요하므로 이를 중심으로 살펴보면 다음과 같다.

류칠선(1998)은 유치원 교사 이미지란 유치원 교사에 대한 관념과 신념 그리고 인상이 결합된 것이며, 개인적 인식으로는 이상적인 유치원 교사의 모습으로 정의된다고 보고, 교사 이미지의 구성요소로 역할, 전문성, 직무만족, 인성적 특성, 교사의 자질 등 다섯 가지 요소를 포함시켰다. 영유아교육과 신입생을 대상으로 한 고동섭(2001)의 연구에서는 교사 인성, 전문적 지식, 전문적 기능, 교양 지식, 전문성 인식, 직업의식으로 총 여섯 가지 구성요소로 교사 이미지를 보았으며, 박은혜와 조운주(2007)는 예비영유아교사들이 인식하는 영유아교사 이미지 변화를 연구하여, 여성스러운 모습, 돌봄과 가르침 중 다중적 일을 하는 교사 이미지, 복합적 영유아교사 이미지, 전문적 직업 등으로 구성요소를 보았다. 서현과 이승은(2013)은 예비영유아교사들이 인식한 영유아교사이미지를 바탕으로 영유아 및 교육관련 전문지식, 전문성 함양, 인성적 특성, 교육적 사명감을 구성요소로 보았다.

앞서 살펴본 영유아교사 이미지를 구성하는 요소 및 각 요소가 의미하는 바를 정리해 보면 다음과 같다(고동섭, 2001; 류칠선, 1998).

- **교사 인성**: 교사의 마음가짐, 성격 특성, 사고방식, 영유아를 대하는 태도, 청렴도, 대인관계 등의 개인적인 요소를 알아보는 항목이다.
- **전문적 지식**: 교사가 가진 교육과정에 대한 기본적 지식, 관련 학문에 대한 지식, 교재 교구의 제작 능력, 교수 방법에 참여 유도, 수준 평가 등이 포함된다.
- **전문적 기능**: 교사가 가진 영유아 지도 경험, 초등 교육과의 연계성, 보호자로서 책임감, 교사의 전문성 증진을 위한 연수와 연구 능력 향상 등으로 교사가 교수함에 있어서의 능력발달에 대해 알아볼 수 있는 요소이다.
- **교양적 지식**: 교사가 영유아들을 교육할 때에 있어서 다방면적인 지식의 함양과 영유아가 성장함에 있어서 갖게 되는 발달 단계 특성에 대한 지식의 필요성에 대한 생각이 포함된다.
- **전문성 인식**: 교권 확보, 교원 복지증진 등에 대한 단체의 필요성, 교사의 갖는 지식과 기술에 대한 의식, 교육관에 대한 신념과 노력에 대한 교사의 태도를 알 수 있다.
- **직업 의식**: 교직에 대한 직업의 보람, 사회적 기여도에 대한 인식 등으로 교사들이 자신들의 직업에 대한 자부심이나 역할의 중요성에 대해 얼마나 인식하는지 알 수 있다.

참고 영유아교사 이미지 측정도구

하위 영역	문항	전혀 그렇지 않다	그렇지 않다	보통 이다	그렇다	정말 그렇다
교사 인성	1. 교사는 겸손해야 하지만, 의사결정 시 자기주장을 펼 줄 알아야 한다.	①	②	③	④	⑤
	2. 교사는 명랑해야 한다.	①	②	③	④	⑤
	3. 교사는 매사에 적극적인 사고방식을 가져야 한다.	①	②	③	④	⑤
	4. 교사는 영유아와 함께 활동하는 교사이어야 한다.	①	②	③	④	⑤
	5. 교사는 매사에 정직해야 한다.	①	②	③	④	⑤
	6. 교사는 어린아이와 같이 순수한 마음을 자녀야 한다.	①	②	③	④	⑤
	7. 교사는 삶과 인생에 대한 긍정적인 태도를 가져야 한다.	①	②	③	④	⑤
	8. 교사는 유머 감각이 있어야 한다.	①	②	③	④	⑤
	9. 교사는 영유아를 사랑해야 한다.	①	②	③	④	⑤
	10. 교사는 부모, 원장, 지역사회 관련인사, 교직원들 간에 원만하고 협조적인 대인관계를 유지해야 한다.	①	②	③	④	⑤
	11. 교사는 성실해야 한다.	①	②	③	④	⑤
	12. 교사는 인내심이 있어야 한다.	①	②	③	④	⑤
전문적 지식	13. 교사는 영유아의 변화를 고려할 수 있는 교육과정에 대한 지식이 필요하다.	①	②	③	④	⑤
	14. 교사는 음악, 미술, 문학 등 여러 방면에 흥미와 재능이 있어야 한다.	①	②	③	④	⑤
	15. 교사는 교수 방법을 연구하여 필요한 교재교구를 제작할 수 있어야 한다.	①	②	③	④	⑤
	16. 교사는 영유아에 대한 지식이 풍부해야 한다.	①	②	③	④	⑤
	17. 교사는 교육과정을 운영하는 데 있어서 부모를 참여시키는 능력이 있어야 한다.	①	②	③	④	⑤
	18. 교사는 영유아의 현재 수준을 평가할 수 있는 지식이 있어야 한다.	①	②	③	④	⑤

하위 영역	문항	전혀 그렇지 않다	그렇지 않다	보통 이다	그렇다	정말 그렇다
전문적 기능	19. 교사는 영유아를 지도한 경험이 풍부해야 한다.	①	②	③	④	⑤
	20. 교사는 누리과정과 초등학교 교육과정 연계성을 고려해야 한다.	①	②	③	④	⑤
	21. 교사는 상황에 따라서 부모된 입장으로 영유아들에게 제2의 부모역할을 한다.	①	②	③	④	⑤
	22. 교사는 전문가로서 성장하기 위해 워크샵, 연수 참여 등 지속적으로 연구해야 한다.	①	②	③	④	⑤
	23. 교사는 효율적인 교육을 위해 충분한 시간을 할애하여 연구하는 능력을 향상해야 한다.	①	②	③	④	⑤
교양적 지식	24. 우리 영유아교육기관(유치원, 어린이집) 동료교사들은 나를 훌륭한 교사로 인정하고 있다.	①	②	③	④	⑤
	25. 교사는 인간의 발달단계의 특성에 대한 폭넓은 지식이 있어야 한다.	①	②	③	④	⑤
전문성 인식	26. 교사는 교권의 확보와 신장, 교원의 복지 증진 등을 위한 전문교직단체가 필요하다.	①	②	③	④	⑤
	27. 교사는 단순한 보호적 차원을 넘어서 전문적 지식과 기술을 갖추도록 노력해야 한다.	①	②	③	④	⑤
	28. 교사는 부모나 원장 등의 교육관을 전적으로 수용하기 보다는 영유아교육 전문가답게 자율적인 교육이 실행되도록 노력해야 한다.	①	②	③	④	⑤
직업 의식	29. 교사는 다른 어떤 직업보다도 보람 있는 직업이다.	①	②	③	④	⑤
	30. 교사는 모든 발달의 기초를 이루는 영유아기를 교육하기 때문에 보이지 않게 사회적 기여도가 크다.	①	②	③	④	⑤

출처: 류칠선(1998). 유치원 교사 이미지 평가척도 재조직.

생각해 봅시다

1. 교사가 등장하는 다양한 영화를 감상하고 영화 속에 교사가 어떻게 그려지고 있는지, 그런 모습은 적절한지, 현실과 동떨어져 있지는 않은지 서로 토론해 본다.
2. 영유아교직이 다른 직업과 다른 점을 토론해 본다.
3. 영유아교사의 이미지에 맞는 명사나 형용사 등을 생각하여 적어보고, 서로 공통된 이미지를 토론해 본다.
4. 영유아교사의 역할과 이미지를 종합하여 자신의 교직관을 적어본다.

Chapter

02

영유아교사 자신에 대한 이해

배울내용 영유아교사는 영유아들의 성장과 발달에 지대한 영향을 미치는 중요한 인적 자원이다. 그러므로 영유아교사가 한 인간으로서 삶을 영위하고, 이러한 자신의 삶에 대해 느끼는 만족과 유능감 등은 교사 자신의 행복감을 넘어서 영유아에게 커다란 영향을 미친다. 이에 본 장에서는 영유아교사의 자아개념, 자기조절력, 정서지능, 교직적성 및 교수효능감 등을 살펴보며, 자신에 대한 이해를 높이고자 한다.

학습목표
1. 자아개념을 이해하고 자기존중의 태도를 기른다.
2. 자기조절력의 중요성을 알아본다.
3. 교직적성과 교수효능감의 관련성을 이해한다.

1 자아개념과 자기존중

1) 영유아교사의 자아개념

(1) 자아개념의 정의 및 특성

자아개념이란 자신에 대한 인식(perception), 태도(attitude), 느낌(feeling)을 말하는 것으로, 개인이 자기 자신이라고 사고하는 모든 것들, 즉 정신적·신체적 능력뿐 아니라 가족, 친구, 물질적 소유물, 일, 명성에 이르기까지 모든 인식의 대상이 자아개념에 포함된다(송인섭, 1998).

인간은 언제나 개인으로서의 나 자신은 누구인가? 라는 질문을 전제로 자기 자신을 해석해 왔으며, 여러 학자는 자아개념이 개인의 행동 연구를 위한 기본적인 단위임을 주장하면서 인간 행동을 예측하는 유용한 방법임을 역설하였다. 이처럼 자아개념은 개인 자신이 자기에 대해 가지고 있는 관념이나 관점 또는 태도와 같은 인지의 총체로 긍정적 또는 부정적 개념으로 구별되며, 자기의식(self-consciousness), 자기이해(self-understanding), 자아평가(self-estimation), 자아 지식(selfknowledge), 자기 수용(self-acceptance) 등의 용어와 함께 사용되어 왔다.

자아개념(self-concept)은 인간행동에 영향을 끼치는 요인으로서 성격을 논하는 데 널리 사용되며 보는 관점에 따라 다양하게 정의되었다.

송인섭(1989)은 자아개념을 개인의 행동, 보여줄 수 있는 능력 및 자질과 관련된 태도, 판단, 가치의 총체로 정의하였다. 즉, 자아개념은 인간이 자기 자신에 대한 견해를 갖고 스스로 지각하는 방식이며, 개인의 신념체계를 반영한 것으로, 지능, 흥미, 신체 발달 및 신체상과 더불어 발달한다고 하였다.

정원식(1994)은 자아개념을 한 개인이 그가 처해 있는 생활의 장에서 자신과 주변 환경을 어떻게 느끼고 있는가를 말하는 것으로서 개인이 행동해야 할 방향을 결정하는 개념, 가치관, 목적, 이상 등이 역동적으로 결합된 조직체로 정의하였다.

손병환(2000)은 자아개념을 관찰된 행동으로 추리해 볼 수 있는 감정과 인지적 과정으로서 인간이 자기 자신의 외모, 배경, 기원, 능력과 재능, 태도, 그리고 감정에 대해 내리는 전체적인 평가이며, 이것은 행위의 방향을 설정하는 힘을 낳는 것이라고 정의하였고, 전성연(1987)은 자아개념을 인간의 인격에 있어서 가장 중요한 본질이라고 규정하며, 인성의 중심영역에 위치하고 있어 개인이 행동을 결정하는 데 중요한 역할을 한다고 하였다.

이상을 종합해 보면 자아개념이란 자신의 경험과 처한 환경과 상호작용을 하면서 얻어진 자기 자신에 대한 인식과 지각, 태도로서 행동을 결정하고 인성의 중심영역이 되는 기본적인 요인이라 할 수 있다.

자아개념은 한 개인이 자기 자신을 어떻게 생각하고 어떻게 느끼고 있는가를 나타내므로 그 개인을 이해하고 돕는 데 유능한 지식이 될 수 있으며, 다음과 같은 특성을 보인다(Shavelson & Bolus, 1982).

첫째, 자아개념은 자기 자신과 관련하여 지각된 많은 양의 내용을 단순한 형태로 변화시키고 관련짓기 위해 조직되거나 구조화된 것이다. 인간은 자신의 대한 인식을 환경과의 상호작용을 하면서 얻는 여러 경험을 통해 형성하며, 이러한 경험들은 몇 개의 범주로 단순화되어 분류되고 다시 개인에게 의미를 부여하게 된다.

둘째, 자아개념은 학문적 능력, 사회적 위치, 정서적 상태, 신체적 능력 등 다면적 구조로 이루어져 있다. 자아개념의 특정한 측면은 어떤 개인 또는 집단에 의하여 수용되는 범주체계를 반영하나 개인이 지닌 특정 측면이 모든 사람에게 해당되는 것은 아니다.

셋째, 자아개념은 위계적이다. 즉, 특정 상황에서의 행동의 지각을 기반으로 해서 그 상위에 일정한 자아개념이 생기고 이것을 포섭하는 일반적 자아개념을 형성하는 위계를 갖고 있다.

넷째, 자아개념은 그 위계에 있어서 상위 구조일수록 보다 안정적이며 하위구조로 내려올수록 불안정해진다.

다섯째, 자아개념은 영유아로부터 성인으로 발달해 감에 따라 다면성이 증가한다. 인간의 성장발달 단계에 따라서 자아개념의 분화는 다르다. 신생아는 자신과 환경을 구별하지 못하나 영유아기에는 "나"와 "내가 아닌 것"으로 이분법적 사고를 가지고 구별하며, 학령기를 거쳐 성인이 되면 인간의 경험은 점차 많아지고 자아개념의 하위요소는 세부적으로 발달한다.

여섯째, 자아개념은 개인이 그들 자신을 기술(예: 난 슬프다)하거나, 평가(예: 난 운동을 잘한다)하는 차원을 가지고 있다.

일곱째, 자아개념은 상호구별적이다. 자아개념은 관련된 다른 변인들 간에 구별이 가능하다. 하위위계의 자아개념일수록 구체적 상황의 다른 요인과 보다 잘 연결되며, 상위위계의 자아개념일수록 다른 요인과 상호구별적이다.

(2) 자아개념의 하위요인

자아개념을 연구한 학자들은 자아개념을 구성하는 요인이 여러 하위요인으로 구성될 수 있다고 보았으며, 자아개념을 구성하는 요소를 어떻게 분류할 것이냐 하는 것은 학자들의 견해에 따라 다르다.

정원식(1977)은 외적 자아와 내적 자아로 자아의 종류를 구분하였다. 외적 자아는 신체적 자아, 도덕적 자아, 성격적 자아, 가정적 자아, 사회적 자아가 있고, 내적 자아는 자아 동일성, 자아수용, 자아 행동이 포함된다.

먼저 외적 자아의 구체적인 내용은 다음과 같다.

- 신체적 자아는 자신의 건강상태, 외적인 모습과 성적 매력과 같이 자신의 신체적 조건에 대해 의식하는 수준을 의미한다.

- 도덕적 자아는 개인의 도덕적 가치 또는 자신의 윤리적 측면을 어떻게 느끼는가를 알아보는 것이다.
- 성격적 자아는 개인의 자기 존중감, 자족의 느낌, 자기 성격에 대한 자신의 평가를 의미한다.
- 가정적 자아는 얼마나 원만한 가정생활을 누리고 있는가를 보여주는 것이며, 가정적 자아가 높으면 가정에 대해 애정을 느끼고 가정에서 일어나는 갈등을 잘 해결해 나간다고 본다.
- 사회적 자아는 다른 사람과의 관계에서 자기 자신을 보는 관점을 말하는 것이며, 사회적 자아가 높을수록 대인관계가 원만하다고 평가한다.

다음으로 내적 자아의 구체적인 내용은 다음과 같다.

- 자아 동일성은 현재의 자신을 어떤 존재로 지각하는지, 자신이 얼마나 가치있고 존중받아야 하는지에 대해 의식하는 정도를 의미한다.
- 자아수용은 개인이 자기 자신을 어떻게 보고 느끼고 있는지에 대한 것으로 자기만족 정도를 반영한다.
- 자아 행동은 개인이 행동하는 방식이나 실제로 행동하는 경향성을 보여주는 것이다.

한편 황정규(1998)는 자아개념은 자기 자신에 대한 자아자신감(self-confidence)과 자아존중감(self-esteem)이라는 심리적 개념이 같은 비중으로 구성되어 있는데, 자기 자신감이란 어떤 과제를 할 수 있다는 자기 능력에 대한 신념이며, 자아존중감은 자기를 자기가 얼마나 좋아하느냐 하는 개념으로 정의된다고 설명하였다.

전성연(1987)은 자아개념 및 교사에 관한 일반적인 이론과 구분을 기초로 하고 경험적 연구에 기반하여 자아개념 척도를 개발하며, 자아개념의 하위요인으로 일상적 자아, 자기수용, 타인수용, 직업 · 신분적 자아, 대(對) 학생관을 포함시켰는데 자세한 내용은 다음과 같다.

- 일상적 자아는 자신의 건강, 경제적, 지위, 가정의 여건 등에 대해 만족감 및 자신의 인생의 전반에서 느끼는 성공감을 의미한다.
- 자기수용은 자신의 능력, 기술, 외모 및 언행에 대한 자신감과 타인에 반응에 대해 자신이 통제할 수 있는 정도를 나타낸다.
- 타인수용은 자신의 주변에 있는 의미 있는 타인에 대해 존중하는 태도와 그들의 판단과 능력에 대해 인정하고 받아들이는 정도를 의미한다.
- 직업·신분적 자아는 교사의 직업적 속성에 대한 요인으로서 교사의 교직에 대한 만족도, 직장 내 대인관계, 근무부담, 사회 속에서의 인정도, 교직에 대한 미래 전망에 대한 인식 및 평가를 의미한다.
- 대(對) 학생관은 교사의 생활 중 학생과의 관계에 대한 하위요인으로서 학생의 자율성, 학생의 합리적 판단 및 사고 능력에 대한 신뢰감, 학생들의 세대적 특성 및 본성에 대한 견해 등을 통해 교사가 학생에 대해 인식하는 관점과 태도를 의미한다.

위에서 살펴본 바와 같이 자아개념은 한 가지로 규명되기보다는 개인의 경험과 더불어 환경과 상호작용함으로써 개인으로 규정지을 수 있는 독특한 자아가 형성되고 그 구조와 특징에 있어서 다양한 하위요인으로 구성됨을 알 수 있다.

(3) 영유아교사의 자아개념

자아개념은 인간의 가장 중요한 본질 중 하나이다. 한 개인이 어떤 자아개념을 갖고 있느냐에 따라 사람과 세상을 바라보는 관점, 언어와 행동이 달라질 수 있기 때문이다. 특히 영유아교육기관에서 근무하는 영유아교사의 자아개념은 교사 자신에게만 국한된 것이 아니라 교육현장에 있는 영유아에게 직접적으로 영향을 미친다. 영유아는 교사가 가진 자아개념에 따라 영유아 자신과 자신을 둘러싼 세계를 바라보는 시각을 배우게 되며, 교사가 자신에게 기대하고 자기 능력을 신뢰한다고 느낄 때 영유아의 자아개념과 학업성취가 긍정적인 효과를 보인다. 이처럼 교사가 자기 자신과 학생들에 대해서 신뢰하고 긍정적 시각으로 바라보는 것이 영유아의 긍정적인 자아개념을 형성 및 학습의 효율성을 증진시키는 데 중요한 요인이라는 측면은 교사의 자아개념과 관련된 연구들에서도 지지된다.

구체적으로 교사의 자아개념과 관련된 연구들을 살펴보면 다음과 같다.

송인섭(2002)은 교사의 자아개념에 따른 타인에 대한 평가와 기대는 교수 학습 상황에서 행동 및 성취 간에 상호 영향을 미친다고 하였다. 즉, 중요한 타인인 교사에 의해 갖게 된 자신에 대한 기대와 영유아가 자신에 대해 스스로 지각한 평가는 영유아의 자아개념에 영향을 주어 수업장면에서 높은 성취를 이끌게 된다. 또한 영유아는 자신의 성취에 대한 교사의 언어적 상호작용과 비언어적 상호작용을 통해 자신을 평가하고, 이는 자기 자신에 대한 재평가에 영향을 주어 교사와 영유아 간의 자아개념 송환작용은 끊임없이 이루어진다.

콤스(Combs, 1965)는 교사의 자신에 대한 인식과 학생들을 대하는 태도는 교수 방법이나 숙련의 정도, 학습자료 못지않게 중요한 것이라고 지적하며, 자신과 타인을 대하는 태도에 있어서 효율적인 교사, 상담가, 봉사자의 자아개념은 비효율적 집단에 비해 긍정적이라고 하였다. 이는 자아개념이 낮은 사람은 인간관계의 필요성을 감소시키고 전통적인 교수법을 선호하기 때문이다. 교사의 역할과 지위가 명백한 전통적 교수법에서, 교사는 인간 중심이기보다는 과제중심의 비개인적 관계를 추구하나 긍정적인 자아개념을 지닌 사람들은 자신을 방어할 필요가 없으므로 모든 학생들과 관계를 맺고 그들을 수용할 수 있다는 것이다(송인섭, 1998).

번즈(Burns, 1979) 또한 교사 개인의 자아개념은 교수 방법에 차이를 낳게 한다고 하였다. 즉, 긍정적인 자아개념을 소유하고 있는 교사는 아동중심의 교수법을 선호한 반면, 낮은 자아개념을 가진 교사는 지시적인 교수 방법을 사용했다. 또한 전통적인 교수법인 평가와 시험을 선호하는 교사들은 개방적인 교수법을 사용하는 교사들보다 훨씬 낮은 자아개념을 보였으며, 과제중심의 비개인적인 관계를 추구하기 때문에 인간관계를 위축시킬 뿐 아니라 학생들에게 경쟁적이고 경직된 분위기를 조장해 긍정적인 자아개념을 발전시키지 못하는 것으로 나타났다.

이처럼 교사의 구체적인 교수행동은 교사의 자아개념과 깊은 관련이 있다. 클락 등(Clark et al., 1985)은 71명의 교사를 대상으로 교실 현장에서 일어나는 1,346 가지의 구체적 교수 행동을 관찰하여 그 행동의 유래를 조사했는데, 이러한 행위들은 동료 교사로부터 습득한 것이 아니라 오히려 자기 자신의 생각에서 유래되었다는 의견으로 이를 뒷받침하고 있다.

트로브리지(Trowbridge, 1972)의 연구에서는 교사의 자아개념과 교수 실습과의 관계를 살펴보았는데, 낮은 자아개념을 가진 교사는 높은 자아개념을 가진 교사보다 학생에 대한 지시가 더 많았고, 일상적인 문제에 두 배나 많은 시간을 소비하였다. 반면 높은 자아개념을 가진 교사는 학생들에게 수업을 떠나서 활동적인 학습과 사고를 하도록 자유를 허락하고 학생들 개개인에게 일상적인 문제를 위임하였으며, 학생이 발산적이며 평가적인 사고를 하도록 북돋아 주었다.

앞서 살펴본 바와 같이 교사가 자신에 대한 긍정적인 인식을 가질 때 자신이 가르치는 학생에게도 긍정적이며 현실적인 자아개념을 심어줄 수 있는 것을 알 수 있다. 그렇다면 교사가 긍정적이고 높은 자아개념을 갖기 위해서는 어떻게 해야 할까?

우선 교사는 자신 스스로 교사로서 어떤 자아개념을 가졌는지를 인식해야 하는데, 이를 위한 질문들은 다음과 같다(송인섭, 2002).

첫째, 나에 대한 느낌, 태도, 신념, 지각에 대해 잘 알고 있는가? 나는 영유아의 눈을 통해 나 자신을 보고 있는가?

둘째, 나는 일 중심적이기보다 인간 지향적인가? 영유아들과 관계 형성하는 것을 좋아하며 늘 함께하는가? 아니면 영유아들에게 무관심하며 거리감을 두고 있는가?

셋째, 영유아의 발달과 능력의 개인차를 인정하고 그에 맞는 수업을 진행하고 있는가?

넷째, 영유아와 함께 활동하며 수업하는 것을 좋아하고 영유아들이 흥미를 고려하며 수업을 준비하는가?

이와 같은 질문을 던져보면서 영유아교사는 교사로서의 마음가짐이나 수업태도에 대해 생각해 보고 반성하게 된다. 이러한 반성적 사고를 통해 행동수정에 대한 의지가 생기고 이것은 영유아를 대하는 태도에 대한 변화를 일으킨다. 교사가 영유아와 긍정적 감정으로 교류한다면 영유아의 자아개념에도 긍정적인 변화를 일으킬 뿐 아니라 영유아의 친사회적 관계 형성과 인지적인 면의 발달도 이룰 수 있다(송인섭, 2002). 즉, 교사의 자아개념은 영유아의 자아개념과 인격형성, 그리고 교사의 교수 방법과 교수 행위 및 교육 효과에 큰 영향을 미치므로 교사는 긍정적인 자아개념을 기반으로 영유아에게 친애적으로 다가가고 영유아의 언어와 행동에 지지적인 모습을 보이며 수용적인 학습 분위기를 유도하여 결과적으로 영유아들이 높은 자아개념을 지닐 수 있도록 이끌어 주어야 한다.

2) 영유아교사의 자기존중

(1) 자아존중감의 개념 및 중요성

자아존중감은 자신에 대하여 가치를 부여하고 사랑 및 인정을 받고자 하며 다른 사람보다 우월하길 바라고, 자신을 사랑하는 심리적 상태를 말한다. 샤벨슨과 볼러스(Shavelson & Bolus, 1982)는 자아에 대한 긍정적인 견해의 발달은 개인에게 대단히 중요하며, 자아존중감은 개인행동의 결과를 설명하고 예언하는데 도움을 주는 중재적 변인으로 중요하다고 하였다.

와일리(Wylie, 1979)는 자신이 검토한 151권의 자아 개념에 관한 연구 중 80% 이상이 자아의 평가적 측면에 관한 것임을 밝힘으로써 자아발달에 관한 연구는 대개가 자아존중감으로 불릴 수 있는 자아의 평가적 방향에 초점을 맞추고 있으며, 자아개념이 자기를 나타내는 전체적인 특성인 반면, 자아존중감은 자아개념에 속하지만 좀 더 자기특성에 대한 평가를 강조하는 것이라고 주장하였다.

자아존중감이란 개인이 자신에 대해 내리는 평가이고, 개인이 자기 자신에 관해서 알고 있는 태도에 대해서 표현되는 가치의 개인적 판단이며, 자아존중에 대한 정의는 다양하지만 대체로 자기의 전체적 평가의 긍정성, 자기를 좋아함을 의미한다고 할 수 있다(Coopersmith, 1967).

로젠버그(Rosenberg, 1965)는 긍정적 자아존중감은 개인이 자신에 관한 모든 것을 가치롭고, 현존하는 자신은 존경받을 수 있다고 지각하는 것을 의미하며, 자기 자신에 대해서 긍정성을 느끼는 정도로 정의하고 있으며, 단현국(2004)은 자기존중감이란 자기 자신에 대한 기쁜 느낌, 자신에 대한 긍정적이고 정확한 묘사, 그리고 '내 모습 그대로 나는 좋다'라고 하는 자신과 다른 사람과의 관계 속에서의 자신감이라고 하였다.

이상에서 살펴본 바와 같이 자아존중감의 정의에는 공통적으로 자기평가라는 요소가 내포되어 있으며, 총체적으로 볼 때 자기 자신을 가치 있는 인간으로 여기는 것이라고 할 수 있다. 그렇다면 자신에 대한 평가, 즉 자기 자신을 가치 있는 인간으로 여기는지 여부는 왜 중요한 것일까?

먼저, 자아존중감과 스트레스와의 관련성을 살펴보면 자아존중감이 높은 사람은 낮은 사람에 비해 보통 자기 자신이 유능하다고 생각하는 경우가 많아 어떠한 스트레스 사건을 받아도 스트레스 원인을 자신이 통제할 수 있다고 생각하여 스트레스 대처를 긍정적이고 적극적으로 받아들이는 것으로 나타났다. 즉, 자기 자신을 유능하다고 생각하거나 책임감이 강한 사람은 스트레스 대처 행동에서 무엇을 해야 하는가를 보다 잘 인식하며 자신의 능력이나 노력의 중요성을 지각하고 있으며, 어떠한 당면과제에 직면하면서도 열심히 해결하려 한다고 한다(김은화, 2004).

또한, 자아존중감이 높은 사람은 자기 자신의 모든 생활을 가치 있고 보람 있다고 생각하면서 자신 있게 행동하기 때문에 원만한 사회생활을 영위하며 진취적이고도 활력있는 삶을 전개하게 되며, 반면에 자아존중감이 낮은 사람은 자기 자신을 쓸모없고 무가치하며 약하다고 생각하여 스스로를 학대하게 되고 열등감을 가지게 된다고 한다. 다시 말해 자아존중감이 높을수록 신체적·정신적 스트레스 반응을 적게 나타내며, 한 개인의 정서와 행동, 인지과정에 관계하며, 자아존중감이 올바르게 형성되지 못할 경우 심리적 문제나 정서적 장애의 일부 원인이 되는 것으로 나타났다.

이상의 내용들로부터 자아존중감이란 자기 자신을 스스로 가치 있고 능력 있는 존재로 인식하는 각 개인의 내면에 지니게 되는 강력한 힘이고, 외적인 성공이나 실패보다는 오히려 내면적인 정신적 기제에 그 근원이 있으며, 미래의 불확실한 상황에서도 유연하게 대처할 수 있도록 하는 가장 중요한 정신적 원천이라 할 수 있다.

(2) 자아존중감의 형성이론

일반적으로 자아존중감은 개인의 비교적 안정적인 성격적 특성으로 보고 있으나 여러 가지 요인에 의하여 낮아지거나 높아질 수도 있는 가변적인 내적 변인이다(송대현, 1993). 자아존중감이 어떻게 형성되는지를 살펴보는 것은 자아존중감을 향상할 방안에 관한 탐구가 될 수 있을 것이다.

자아존중감은 다음 네 가지 원리에 의하여 형성된다고 한다(Rosenberg, 1965).

첫째, 반영된 평가(reflected appraisals)이다. 사람은 타인이 자신에 대해 갖는 태도에 영향을 받으며 시간이 경과함에 따라 타인이 보는 대로 자신을 보게 된다는 의미로, 자아는 다른 사람과의 상호작용 때문에 형성된다는 주장이다. 즉, 다른 사람의 입장에 서서 다른 사람이 나를 어떻게 생각하고 있는가를 상상해 봄으로써 자아를 형성할 수 있게 된다. 이 반영된 평가의 과정은 다음 세 가지 요소가 통합된 것으로 볼 수 있다. 즉, 실제 다른 사람의 평가인 직접적인 반영(direct-reflection), 이에 대한 행위자의 인식인 인식된 자아(perceived self), 사회 전체의 태도의 반영인 일반화된 타자(generalized other)이다. 이들 요소 중에서 자아존중감의 형성에 더욱 중요한 것은 실제 타인의 평가보다는 행위자가 그것을 어떻게 인식하느냐가 더 중요하며 한두 사람의 태도보다는 사회 전체의 태도가 더 중요하다. 그러므로 이 원리에 따르면 지속적인 상호작용을 맺고 있는 다른 사람이 자신을 가치 있게 평가해 준다면 자신도 가치 있게 볼 것이다.

둘째, 사회적 비교(social comparison)이다. 즉, 인간은 또한 다른 집단 혹은 다른 사회범주에 속해 있는 사람들과 자신을 비교함으로써 자신을 평가하고 판단한다. 사회에서 사람들은 계층을 나타내는 여러 가지 차원(직업, 지위, 인종, 학교, 성적 등)에 따라 위계적으로 질서 지워져 있고, 이들 차원의 각 범주에는 사회로부터 고유한 평가가 부여된다. 그러므로 사람들은 자신이 속한 사회적 범주와 다른 사람이 속한 사회적 범주를 서로 비교함으로써 자신을 긍정적 혹은 부정적으로 평가할 것이다.

셋째, 자아귀인(self-attribution)이다. 자아귀인이란 자신의 행위나 행위로 인하여 생긴 결과를 관찰하고서 이 현상의 원인을 자신에게서 찾고 자신의 성향에 관해 결론을 내리는 것을 의미한다. 즉, 자신이 이룩한 업적을 관찰하는 것이 자신에 대한 존경과 가치 평가를 하게 하는 중요한 기반이 된다는 것으로 어느 정도 고정적인 자아개념의 형성은 지속적인 자아귀인을 통해 이루어진다는 것을 이 원리는 제시하고 있다.

넷째, 심리적 중요성(psychological centrality)이다. 이 원리는 자아개념 내의 각 요소들(지능, 도덕심, 친절, 사회적 지위 등)은 위계적 구조를 가지기 때문에 자아개념 내의 각 요소가 지니는 상대적 중요성이 자아존중감의 형성에 고려되어야 한다는 것이다. 즉, 어떤 요소는 개인 관심의 핵심을 차지하는 반면에, 어떤 것은 주변적 역할을 하는데 인간의 인지 구조 안에서 중요한 위치를 차지하고 있는 요소가 그 사람의 자아존중감 형성에 더 크게 기여한다는 것이다.

한편 자아존중감 형성에 기여하는 중요한 요인으로 탐구되며 제시되는 것들을 살펴보면 다음과 같다(Coopersmith, 1967).

첫째, 의미 있는 타인을 들고 있다. 한 개인의 삶 속에서 그에게 의미 있는 타인으로부터 받는 존경과 인정 그리고 관심 있는 대우는 그의 자아존중감 형성에 큰 영향을 미친다는 것이다.

둘째, 사회적 성공이 현실 속에서 자아존중감의 기초를 형성하게 된다는 것이다. 그러나 이들 성공의 지표는 모든 사람에게 똑같은 것은 아니며 한 개인이 자신의 높은 자아존중감을 획득하는 데 있어 개인적으로 의미 있는 것으로 간주하는 영역 내에서 열망(熱望)에 한한다.

셋째, 한 개인이 자신에게 의미 있는 것으로 간주하는 영역 내의 열망으로 성공 승인 등의 경험은 개인의 목표와 가치가 그 가치 영역 내의 열망을 통해 여과되어 재구성되고 해석된다.

넷째, 자기존중감 손상에 대처하려는 방법으로 통제(control)와 방어(defense)가 있는데, 개인의 자기존중감 손상이나 가치 저하에 반응하는 이 방법을 사용하는 능력은 불안, 무력감 등의 경험을 줄일 수 있고 개인적인 평정을 유지하는 데 도움을 준다.

이상에서 살펴본 자아존중감의 형성 원리를 바탕으로 자아존중감의 중요성을 인식하고, 자아존중감의 증진을 위한 여러 가지 방법을 모색해 본다면 한 개인의 성장 발달과 자아실현의 토대가 됨은 물론, 나아가 건강한 사회조성에도 필수적인 요소가 될 수 있을 것으로 기대된다.

2 자기조절과 정서지능

1) 영유아교사의 자기조절

(1) 자기조절의 개념과 관점

자기조절은 자신의 의도와 목표에 일치하는 상태에 도달하기 위해 의식적으로 혹은 무의식적으로 노력하는 것을 의미한다. 즉, 자기조절이란 자신의 의도와 목표, 자기개념이 행동으로 드러나도록 실행에 옮기고 자신의 행동을 수정하거나 외부를 변화시켜 개인적 목표에 합치되는 결과를 가져오는 심적 및 행동적 과정이라고 정의할 수 있다(Fiske & Tayor, 1991). 이러한 자기조절은 무분별한 행동이나 게으른 행동 등 자신 혹은 타인에게 해가 되는 행동이나 습관 등을 개선하는 데 필요한 이론을 제공해 준다는 데 큰 의의가 있다.

자기조절력(self-regulation)에 대한 정의는 학자마다 다양하게 제시되며 자아통제(ego-control), 자기통제(self-control), 독립심(independence), 자기관리(self-management), 자기점검(self-monitoring) 등의 용어와 동일한 의미로 사용되기도 한다. 그중에서 자기조절과 자기통제의 단어가 가장 많이 사용되고 있으며, 이 두 용어는 가끔 동일한 개념으로 사용되기도 하고 때로는 구별되어 사용되기도 한다(Grusec & Lytton, 1988).

자기조절력의 근원과 발달에 대한 이론적 접근은 크게 정신분석학적 관점, 행동주의적 관점, 인지발달론적 관점, 정보처리론적 관점 등을 들 수 있다. 초기에는 정신분석이론이나 행동주의적 관점이 주를 이루었으나, 최근에는 사회학습이론과 인지이론 및 정보처리 이론 등 상위인지적 관점에서 설명되고 있는데, 각 이론의 관점을 살펴보면 다음과 같다.

첫째, 정신분석이론에서는 자기조절의 발달을 자아의 발달과 관련된 자아통제 영역으로 간주한다. 강한 자아는 인간이 사회와 주위 환경을 성공적으로 모방하고, 자신의 능력을 느끼고, 타인을 받아들일 수 있을 때 발달한다고 보아 자기조절력 발달에 있어 부모의 영향을 강조한다. 즉, 정신분석학적 관점에서의 자기조절은 현실 세계 안에서 그들의 요구들에 성공적으로 대처하려는 투쟁에 대한 내적 조절의 의미가 강하다.

둘째, 행동주의적 관점에서의 자기조절은 만족 지연을 학습한 결과로 본다. 즉, 자기통제는 상과 벌을 통해 학습된 결과로 보상에 의한 행동수정의 의미로 설명되고 있다. 특히 사회학습이론에서의 자기조절은 내면화된 기준에 의한 자기점검, 자기평가, 자기 강화의 과정을 포함하는 상위 인지 전략을 사용하는 인지행동 수정으로 설명되고 있다.

셋째, 인지발달적 관점에서는 자기조절을 타고난 능력으로 가정하고 자기조절 능력은 환경과의 상호작용을 통해 발달한다고 설명하고 있다. 즉, 자기조절 능력은 인지과정의 '평형화'인 동시에 자신의 행동과 그 행동의 과정에 대한 개념을 추상화하고, 자신의 인지구조 속으로 개념들을 통합하는 능력으로 반성적 추상화(reflected abstraction)라고 설명한다.

마지막으로 정보처리적 관점에서는 환경에서 얻은 정보를 부호화 또는 구조화하는 과정을 통하여 기억해내고 전략을 발달시켜 행동을 점검하고, 필요시에는 전략을 수정하여 배우는 등의 정신적인 처리 과정과 행동을 설명하기 위해 실행기능, 계획하기, 전략사용, 상위인지의 사용 등의 단어를 사용하고 있는데, 이러한 범위가 때로는 다르지만 자기조절과 비슷하게 명명되기도 한다(Bronson, 2000).

자기조절력의 개념은 학자나 관점에 따라 다양하게 정의되고 있다.

정영숙(1994)은 자기조절력이란 인간이 자기 삶에 대한 주인의식을 가지고 자신의 문제를 스스로 선택할 뿐 아니라 선택한 것에 대하여 책임을 질 수 있는 능력까지 포함한다고 설명한다. 즉, 개인에게 유익하고 더불어 사회적으로도 바람직한 결과를 가져오게 하는 행동과 그 행동을 실행하는 데에 있어 방해되는 요인 간 갈등이 있는 경우, 방해되는 요인을 제거하고 바람직한 행동을 실행에 옮기도록 자신을 규제하는 것이 자기조절이라는 것이다. 이순규(1994)는 직접적인 영향을 주는 외부 억제가 비교적 없는 상황에서 개인이 전에 했던 행동을 감소시키고 유용한 행동을 증가시키기 위해 새로 선택한 행위를 할 때 나타나는 것이 자기조절력이라고 하였다.

한편 자기조절력을 하나의 역량으로 보는 관점을 살펴보면 이현민과 조복희(1998)는 인지조절을 장기적인 목표를 달성하기 위해 스스로 자신의 문제를 신중하게 계획하고 해결하며 평가할 수 있는 능력이라고 정의하였고, 김지아(2002)는 자기조절력은 외부의 지시 없이 특정 목표를 얻기 위해서 지속적인 행동을 하는 과정이며, 과제를 수행하는 데 필요한 능력이며, 자신의 의도나 관심에 따라서 실행하려고 하는 행동을 선택하거나 결정할 수 있도록 돕는 능력이라고 하였으며, 보드로바와 레옹(Bodrova & Leong, 2008)은 자기조절력을 상황적 요구에 맞춰 행동을 억제하거나 충동을 통제하는 능력 이상을 의미한다고 하였다. 김현주(2009)는 자기조절력은 외부의 자극으로 자신의 감정과 행동을 조절하는 자기통제라는 개념을 포함하는 것으로, 자신의 사고를 스스로 조절 가능한 상위인지 능력을 포함한 능력이라고 하였으며, 남예슬과 김영훈(2015)은 자기조절력을 목표 달성을 위해서나 과업 완수를 위해 감정 또는 행동을 조절하며 지시하는 능력이라고 하였다.

지금까지 논의된 연구자들의 견해를 정리하면 자기조절력은 자신의 감정이나 욕구를 정확하게 인식하여 과제를 계획하거나 수행하고, 자신이 하고자 하는 것이나 자기의 관심에 따라 행동을 선택하고 결정할 수 있도록 돕는 능력으로 정의할 수 있다.

(2) 자기조절력의 구성요인

자기조절의 정의가 학자들 따라 다양하게 이루어진 만큼 하위요인 역시 다양하게 구분되어왔다. 이정란(2003)은 자기점검과 자기통제로 나누었고, 정유라

(2010)는 행동적 자기조절능력과 정서적 자기조절능력로 구분하기도 하였다. 한편 변상우(2017)는 이를 보다 세분화하여 자신의 인지과정을 이해하고, 자신의 행동을 계획하고 점검하며 평가할 수 있는 능력을 의미하는 '인지조절', 자신의 정서를 조절하여 다른 사람의 사고와 감정, 그리고 의도를 이해하고 공감하며 그에 대하여 적절히 대처하는 능력을 지칭하는 '정서조절', 자신이 의도한 상황을 선택하여 계획하고 계획한 것을 행동조절을 통해 실행한 후 평가하여 그 결과에 따라 행동을 통제하는 능력인 '행동조절', 문제를 해결하기 위해 적절한 전략을 사용하거나 자신의 능동적인 인지 과정 점검을 통해 습득된 지식을 적용하며, 사고결과를 통합하여 반성과 평가할 수 있는 능력인 '메타인지조절' 등 네 가지 하위요인을 제시하고 있는바 이에 대해 구체적으로 살펴보면 다음과 같다.

① 인지조절

인지조절은 자신의 인지과정을 이해하고, 변화하는 사회문화적 상황에 따라 융통성을 발휘하여 자신의 행동을 계획하거나 점검 및 평가할 수 있는 능력이다.

험프리(Humphrey, 1982)는 인지적 자기조절을 계획하고 평가하며 과제에 주의를 집중하는 능력이라고 설명하며 인지적 자기통제라는 용어로 지칭하였다. 그러면서 목적 성취를 위해 자신의 인지와 행동과 정서를 체계적으로 활성화하거나 유지하는 능력으로 인지과정에 대한 통제를 강조하였다.

버그(Berg, 2002)는 다른 사람의 사고를 이해하거나 추론하는 능력이 인지적 자기조절력이며, 원만한 사회 적응을 위해 필요한 사회인지능력 중의 일부인 인지적 조망수용능력이라 할 수 있다고 하였고, 로우(Low, 2003)는 자기조절을 기억, 주의집중, 계획, 문제해결 등의 과정에서 일어나는 복합적 인지과정이라고 보았다.

한편 인지능력과 자기조절력 간의 관계를 밝히는 연구 결과를 보면, 인지능력은 자기조절력의 발달에 직접적인 영향을 주거나, 정서 및 사회적 능력을 통해 간접적으로 영향을 미치는 것으로 보고되고 있으며(Kopp, 1989), 일부 연구에서는 인지적 자기조절이 목표가 달성되었는지를 스스로 점검하는 자기평가를 통하여 정서조절에 선행하는 변인이라고 설명한다(Berk, 2005; Bronson, 2000).

정리하면, 인지조절은 자기조절 기능과 관련되는 계획, 점검, 평가와 같은 전략들에 대한 지식을 획득하고 자율적 또는 능동적으로 활용하는 것으로 인간의 기본적인 문제해결능력 중 하나로, 사회적 상호작용을 통해 활발하게 이루어질 뿐 아니라 성공적인 사회생활을 위해 매우 중요한 역할을 한다고 할 수 있다.

② 정서조절

정서조절은 사회적 상황에서 사회적으로 승인된 바람직한 행동으로 자신의 정서적 각성을 억제, 증강, 유지하므로 자신의 정서를 조절하는 능력이며, 자신의 정서를 균형 있게 조절할 줄 아는 것으로 자신에 대한 인식을 기초로 형성된다.

브론슨(Bronson, 2000)에 따르면 인지능력은 충동억제와 같은 자기조절력 발달을 위한 전략사용을 촉진하며 자신의 정서를 인식 · 해석 · 회상하게 하고, 직면한 상황에서의 정서 표현과 관련된 제한 범위를 알게 한다고 한다. 즉, 인지적 이해와 기대, 의미에 대한 인지적 해석, 인지적 평가 등에 의하여 정서적 반응의 범위를 결정짓게 된다고 설명한다.

한편 파커와 애셔(Parker & Asher, 1987)는 자신의 감정 상태를 인식하고 그 감정이 다른 사람에게 끼칠 영향을 고려하여 자신이 속한 사회 규준에 적합한 방법으로 정서를 조절할 뿐 아니라 상대방의 생각과 감정 및 의도를 이해하고, 공감하며, 적절하게 대처할 수 있는 능력을 정서조절이라고 하였고, 메이어 등(Mayer et al., 1999) 역시 정서조절을 자신의 감정을 정확히 인식하고 그것이 상대방에게 미치게 될 영향까지 고려해서 자신이 속해 있는 사회가 기대하는 정서상태로 조절하는 능력이라고 설명하였다. 톰슨(Thompson, 1994)은 정서조절을 정서적 반응에 대해 모니터하고, 평가하거나 수정함으로써 자기 자신을 통제하는 결과이며 과정이라 설명하였고, 부정적인 정서는 방지하고 바람직한 정서는 유지, 증진시키는 것이라 하였고, 비어(Beer, 2002) 역시 정서조절은 내적인 정서뿐만 아니라 정서와 관련된 행동을 조절할 수 있는 능력까지도 포함하는 것이라고 하였다.

정리하면 자신의 정서를 조절하는 능력이 정서조절이며, 자신의 감정 상태를 정확하게 인식하고 그 감정으로 인해 다른 사람에게 끼치게 되는 영향을 고려하여 타인의 사고와 감정 및 의도를 이해하고 공감하며 적절하게 대처하는 능력을 정서조절로 정의할 수 있으며, 여기에는 정서 인식하기, 정서 억제하기, 정서 조정하기가 포함됨을 알 수 있다.

③ 행동조절

행동조절능력이란 조화롭고 융통성 있는 방식으로 환경에 적응을 잘하고 상황에 따라 자신의 행동을 규제하고 조정함으로써 상황에 적합한 외현적인 행동을 취하는 능력이다(Olson & Kashiwagi, 2001).

행동통제력이 뛰어난 사람은 크고 장기적인 목표 달성을 위해 일시적인 충동에 의하거나 즉각적인 만족을 주는 행동을 제지하고 인내하는 특성을 보이나 통제력이 약하고 충동적인 성격 경향이 높은 사람은 조급하고 즉각적으로 행동하며, 주의를 기울이지 않고 의사결정을 한다. 즉, 행동통제력이 높으면 바람직하지 못한 행동을 제어할 수 있으며, 시간을 효율적으로 활용함으로써 더 좋은 성취를 이루려 하나 행동통제력이 낮을수록 충동적이고 공격적이며 논쟁적이고 사회적으로는 부적절한 방법으로 상호작용하는 경향이 있으며 즉각적으로 반응하면서 현재 자신이 원하는 바를 충족시키려는 경향을 보이는 것이다(Tangney, Baumeister & Boone, 2004).

한편 행동조절전략 안에는 자신의 행동에 사용되는 시간 등을 파악하고 이러한 노력을 효과적으로 관리하며 다른 사람에게 도움을 구하거나 유지하려고 노력하는 행동을 포함한다(Printrich, 2000). 정은주(2005)의 연구에서도 행동조절이 높은 경우 환경의 변화에 적응을 잘하고 민첩하고 융통성 있게 자신의 행동을 규제하고 조정하여 상황에 적절한 행동을 하며, 환경의 변화에 적응을 잘하고 욕구를 인내하며 더 큰 만족을 추구하며 민첩하고 융통성 있게 자신의 행동을 규제하고 조정하여 상황에 적응하거나 지연하는 것으로 나타났다.

정리하면, 행동통제는 자신이 검토한 인지를 포함하여 상황의 선택과 계획, 행동조절을 통한 실행, 실행 후 평가, 그 결과에 따라 통제하는 능력이며, 행동 계획하기, 행동 모니터링하기, 행동 통제하기 등이 포함된다.

④ 메타인지조절

메타인지란 문제해결을 위해 사고과정 및 문제해결과정을 알고 점검하며, 적절한 전략을 사용하여 습득된 지식을 적용하는 과정으로, 문제해결단계와 전략을 구상하고, 선택하며, 사고결과에 대한 반성과 평가할 수 있는 능력이라고 할 수 있다(Costa, 1984). 즉, 메타인지는 인지 자체라기보다는 자신의 인지에 관한 지식이며 자신의 인지과정에 대한 통제와 지적인 평가의 결과를 의미한다.

메타인지를 인지와 비교해 보면, 인지가 인지적 과정을 위한 지적 활동이라면, 메타인지는 인지적 활동에 대한 인식으로 인지 활동을 점검 · 평가하는 것이다. 즉, 인지적 전략은 목표에 도달하는 것인 반면, 메타인지전략은 도달한 것에 확신을 얻기 위한 사고에 대한 사고이며, 인지적 활동을 하는 동안 의미를 이해하며, 주의를 제어하는 능력으로 인지구조에 대한 반성적인 측면을 지닌다.

한편 자기 자신의 인지과정을 능동적으로 점검하고 그 결과를 조정하고 그 과정과 연관된 인지적 대상이나 자료와 관련하여 이 과정을 통합하는 메타인지조절은 자신의 생각이 정확하게 묘사되고 있는지, 문제를 해결할 경우 얼마나 사태를 잘 파악하고 있는지, 문제해결을 위해 얼마나 이미 알고 있는 지식과 관찰된 정보를 잘 활용하는지, 문제에 대한 생각과 확신이 무엇인지 등의 파악을 돕는 것으로 나타났다(김지아, 2002; 이정란, 2003; Eniola, 2007).

정리하면, 메타인지조절은 자신의 인지 활동에 대해 인지, 즉 사고에 대한 사고를 통해 자신이 알고 있는 것과 모르는 것을 파악할 수 있는 능력으로 인지과정에서 문제해결 과정을 점검하여 살펴보고, 사고과정을 조절하며 적절한 행동을 하기 위한 전략을 사용하여 사고결과를 통합하여 반성과 평가할 수 있는 능력으로 정의할 수 있으며 인식하기, 점검하기, 수행하기가 포함된다.

참고 교사의 자아존중감 척도

하위 영역	문항	전혀 그렇지 않다	그렇지 않다	보통 이다	그렇다	정말 그렇다
인지 조절	1. 수업 계획 시 하루 일과를 고려하여 내가 알고 있는 범위 내에서 수업 계획을 세운다.	①	②	③	④	⑤
	2. 수업 계획을 수립할 때 어려움이 발생하면 필요한 정보를 수집하거나 동료 교사의 도움을 적극적으로 요청한다.	①	②	③	④	⑤
	3. 나는 교사로서 영유아의 발달특성과 흥미에 기초한 학습 내용을 선정하고 조직한다.	①	②	③	④	⑤
	4. 영유아교사는 높은 윤리적 사고 기준이 요구된다고 생각한다.	①	②	③	④	⑤
	5. 나는 어떤 일을 성공적으로 수행하기 위해 우선순위를 정해서 실행하는 편이다.	①	②	③	④	⑤
	6. 나는 일의 계획을 세웠으면 끝까지 성취하기 위해 다양한 해결방법을 생각한다.	①	②	③	④	⑤
	7. 나는 계획한 일이 제대로 진행되는지 확인하기 위해 중간중간 점검한다.	①	②	③	④	⑤
	8. 좋은 영유아교사가 되기 위해서는 영유아발달을 돕기 위한 교수방법 연구가 중요함을 알고 있다.	①	②	③	④	⑤
	9. 지금 결정한 마음이나 행동이 앞으로 얼마나 도움이 될 것인지 생각해 본다.	①	②	③	④	⑤
정서 조절	10. 나는 왜 이런 기분을 느끼게 되었는지 이해하려고 노력한다.	①	②	③	④	⑤
	11. 나는 동료교사들이 나에게 기대하는 정서가 무엇인지 알기 위해 노력한다.	①	②	③	④	⑤
	12. 나는 나쁜 감정과 관련된 일에 최선의 노력을 기울일 수 있도록 스스로를 격려한다.	①	②	③	④	⑤
	13. 항상 긍정적이고 지지적인 언어로 영유아와 상호작용 한다.	①	②	③	④	⑤
	14. 나는 주변에서 나에 대해 좋지 않은 이야기를 할 때 상한 내 마음을 잘 다스릴 수 있다.	①	②	③	④	⑤
	15. 나는 어떤 일을 처리하고 나서 후회가 들 때 내 마음을 어떻게 달래야 하는지를 잘 알고 있다.	①	②	③	④	⑤

하위 영역	문항	전혀 그렇지 않다	그렇지 않다	보통이다	그렇다	정말 그렇다
	16. 나에 대한 동료의 불쾌한 감정표현에 대해 부정하지 않고 있는 그대로를 받아들인다.	①	②	③	④	⑤
	17. 나는 부정적인 정서를 긍정적인 정서로 바꿀 수 있는 방법을 알고 실천할 수 있다.	①	②	③	④	⑤
행동 조절	18. 나는 많이 피곤하고 힘들어도 해야 할 일은 미루지 않고 바로 하는 편이다.	①	②	③	④	⑤
	19. 나는 매사에 주의 깊고 신중하게 행동을 통제하는 편이다.	①	②	③	④	⑤
	20. 나는 반드시 필요한 일이라고 판단되면 다소 무리가 있다고 하더라도 행동으로 잘 실행하는 편이다.	①	②	③	④	⑤
	21. 나는 일을 하다 해결하기 어렵다고 하여 쉽게 포기하거나 좌절하지는 않는다.	①	②	③	④	⑤
	22. 나는 영유아교육기관 운영에 관한 중요한 결정에 적극적으로 참여한다.	①	②	③	④	⑤
메타 인지 조절	23. 나는 계획한 일과의 목표를 실천하기에 앞서 과제의 목적이 무엇인지 먼저 이해하려고 노력한다.	①	②	③	④	⑤
	24. 나는 영유아교육 기관에서 문제가 발생하면 그것을 해결하기 위해 동료 교사와 협업하고자 노력한다.	①	②	③	④	⑤
	25. 나는 교사로서 역할을 충실히 수행하기 위해 필요한 교육철학을 가지고 있다.	①	②	③	④	⑤
	26. 나는 어떤 과제를 할 때 그 안에 포함된 의미를 잘 파악하는 편이다.	①	②	③	④	⑤
	27. 나는 업무를 시작하기 전에 업무와 관련된 전체적인 내용이나 구성을 간단히 훑어본다.	①	②	③	④	⑤
	28 나는 과제를 해결하기 위해 상황에 따라 여러 가지 방법을 활용한다.	①	②	③	④	⑤
	29. 나는 문제를 해결하기 위해 무엇을 어떻게 해야 하는지를 내가 정확히 알고 있는지 스스로 확인한다.	①	②	③	④	⑤
	30. 나는 문제를 해결하기 전에 문제를 어떻게 해결할 것인지를 머릿속으로 그려본다.	①	②	③	④	⑤
	31. 나는 문제를 해결하고 난 후 모든 조건을 고려하고 해결했는지 확인한다.	①	②	③	④	⑤

출처: 변상우(2017). 영유아교사 자기조절력 척도 재조직.

2) 영유아교사의 정서지능

(1) 정서지능의 개념

정서지능이란 감정과 느낌을 통제하고 조정할 줄 아는 능력을 가리키는 말로 개인이 자신과 타인의 정서를 지각하는 능력, 사고를 지원하는 자신의 정서를 평가할 수 있는 능력, 일반적인 정서와 더불어 개인 자신의 정서에 대한 의미를 이해할 수 있는 능력 및 훌륭한 정서와 사려 깊은 사고를 지니도록 자신의 정서를 조절할 수 있는 능력을 의미한다(정옥분 · 정순화 · 임정하, 2007).

특히 정서지능은 일반지능과 구별되는 것으로 인지적 차원이 아닌 감성적, 사회적 차원에 초점을 둔 역량으로 정서지능이라는 용어 사용의 짧은 역사에도 불구하고 수행을 향상시킬 수 있는 새로운 방법을 제시한다는 측면과 조직 내 다양한 행동을 예측할 수 있다는 측면에서 관심이 높아지고 중요하게 다뤄지고 있다(Jordan, Ashkanasy, & Ashton-James, 2006).

정서지능이라는 단어를 최초 사용한 살로베이와 메이어(Salovey & Meyer, 1990)는 정서지능이란 사회지능의 한 하위요소로서 자신과 타인의 감정과 정서를 점검하는 능력, 그 정서의 차이를 구별하는 능력, 생각하고 행동하는 데 이런 정보를 이용할 줄 아는 능력으로 정의하였다. 또한, 정서를 인식하고 표현하는 것, 자신과 타인의 정서를 조절하는 것, 정서를 적절한 방법으로 이용하는 것 등 정서를 지각하고 조정하는 것이라고 정의하였고, 이후 다음과 같은 내용을 정서지능에 포함하여 기존 정의를 수정, 보완하였다(Salovey & Mayer, 1997).

첫째, 정서를 정확히 지각하고, 평가하며, 표현하는 능력이다.
둘째, 사고를 촉진하는 정서를 생성시키고 접근하는 능력이다.
셋째, 정서와 정서에 관한 지식을 이해하는 능력이다.
넷째, 정서적이고 지적인 성장을 증진시키는 데 도움이 되는 정서조절능력이다.

한편, 골만(Goleman, 1995)은 정서지능을 보다 다양한 방식으로 정의하고 있는데, 좌절 상황에서도 자신을 동기화하고, 좌절을 이겨내며, 충동을 통제하고, 만족을 지연시키며, 스트레스로 인해 사고력이 저하되지 않도록 자신의 정서를 규율할 수 있고, 타인에게 공감하고, 희망을 유지하는 능력으로 정의하며, 자기인식(self-awareness), 자기조절(self-management), 자기동기화(selfmotivation), 감정이입(empathy), 대인관계기술(social skill)과 같이 정서지능의 구성요소를 제시하였다. 이후 웡과 로(Wong & Law, 2002)는 정서지능을 '타인의 정서를 이해하고, 조절하고, 알고 있는 정서를 효율적으로 활용할 수 있는 능력'으로 정의하고, 조직 장면에서 손쉽게 사용할 수 있는 척도를 개발하였다.

정리하면, 정서지능은 자신과 타인의 정서를 인식하고 이해하며 표현할 수 있는 능력, 타인의 정서를 파악하는 능력, 자신과 타인의 정서를 상황에 따라 조절할 수 있는 능력, 이러한 정서를 활용할 수 있는 능력이라 할 수 있다. 따라서 자신이 정서를 이해하고 적절하게 표현할 수 있으며, 타인의 감정을 공감하며 이해를 통하여 대인관계 형성하고, 이러한 관계 속에서 느끼는 다양한 감정을 통하여 더 나은 문제해결을 위해 정서를 활용할 수 있는 능력이라고 할 수 있다.

(2) 정서지능의 구성요소

정서지능의 개념을 최초로 정의한 살로베이와 메이어(Salovey & Meyer, 1990)는 정서지능을 크게 '정서의 인식과 표현', '정서의 조절', '정서의 활용' 세 가지 영역과 그에 따른 10개 하위요소로 설정하였고, 골만(Goleman, 1995)은 살로베이와 메이어의 정서지능의 모형을 바탕으로 정서지능을 '정서의 자기인식(self-awereness)', '정서의 자기조절과 통제(self-management)', '정서의 잠재능력의 개발을 위한 자기동기화(self-motivating)', '타인의 감정이입(empathy)', '대인관계기술(social-skills)'로서 5가지로 범주화하였다.

살로베이와 메이어(1997)는 최초 모형이 정서와 지능의 관련성에 대해 명확하게 입증하지 못했다는 비판을 수용하여 모형을 수정, 재구성하여 '정서의 인식과 표현', '정서에 의한 사고촉진', '정서적 지식의 활용', '정서의 반영적 조절'의 4 영역으로 구분하고, 각각의 영역마다 4개의 하위요소로 세분화하였다. 이 재구성된 모형은 정서에 의해 촉진되는 사고 요인을 강조하였으며, 정서지능과 지능과의 관련성을 부각시켜 지능과의 변별성을 높이고자 하였다. 또한 정서지능을 사회적 기술과 다른 개념으로 보고, 정서가 지능과 관련된 부분이 정서지능에 포함되어야 한다고 보며 '동기화' 요소를 제외시켰다.

한편 로 등(Law et al., 2004)은 정서지능에 대한 개념을 자기정서인식, 타인정서인식, 정서활용, 정서조절 4가지의 하위요인으로 설정하였고, 국내학자로는 문용린(2011)이 우리나라 문화에 알맞게 정서지능 개념을 수정하고 감정이입 능력을 추가하여 '정서의 인식과 표현', '감정이입', '정서의 사고촉진', '정서지식의 활용', '정서의 조절'로 구성요소를 설정하였다.

살펴본 바와 학자들의 관점에 따라 정서지능의 구성요소에 차이가 있으나 공통된 요소를 정리하면 다음과 같다.

- 자신의 정서인식: 자신의 정서인식하기 능력은 변화하는 정서들 사이에서 자신의 내적 상태를 정확히 인식하고 평가할 수 있는 능력이다. 자신의 내적 정서상태를 정확히 인식하는 사람이 자신의 정서를 통제하고 적절한 반응을 할 수 있기에 다른 모든 정서지능의 기초가 된다.
- 자신의 정서 조절: 자신의 정서 조절하기 능력은 기쁨이나 분노, 슬픔과 같은 자신의 감정을 어떻게 적절히 조절하며 다룰 수 있는가에 대한 능력으로, 자신의 감정을 파악하고 조절할 수 있는 자기인식을 기초로 한다.
- 자신 동기화: 자신을 동기화하기 능력은 어려운 상황에 직면했을 때 좌절하지 않고, 희망을 품고 어려움을 극복하는 능력으로, 주어진 일을 계속할 수 있는 집중력, 갑작스러운 정서 충동을 억제하고 극복할 수 있는 만족 지연 능력, 실패에 좌절하지 않고 성공할 수 있다는 확신을 하는 낙관적인 태도가 포함된다.
- 타인 정서 인식하기: 타인 정서 인식하기 능력은 주변 사람들의 정서를 잘

인식하는 능력으로, 타인의 감정을 이해하고 그 감정을 다시 경험하고 자기 인식의 기초로 삼는 것이다. 이타주의의 근원이 되는, 즉 감정이입을 통해 타인의 입장을 인식하고 느끼는 성숙한 정서지능이다.

- **대인관계 다루기**: 대인관계 다루기 능력은 타인의 감정을 느끼고, 자신의 감정을 인식한 후 최선의 행동을 실천할 수 있는 능력이다. 타인과 집단의 요구를 인식하고 갈등을 해결하며 타인의 정서를 인식하고 대응하는 정서지능의 가장 상위 단계라 할 수 있다.

3 교직적성과 교수효능감

1) 교직적성

(1) 교직적성의 개념과 중요성

적성(aptitude)의 사전적 의미는 어떠한 일에 적응을 할 수 있는 능력이나 알맞은 성향, 타고난 능력이나 소질 또는 성격을 의미한다.

적성은 크게 직업성격 유형론, 다중지능이론, 자아 효능감 이론 등에 기초하고 있다. 먼저 직업성격 유형론은 교사로서의 적성을 측정함에 있어 정의적 특성의 측정에 초점을 맞추며, 성격, 흥미 등을 평가하는 방식을 취한다. 이들은 같은 직업을 가진 사람들이 유사한 직업 성격을 가지므로 이들은 특정 문제와 상황에 비슷한 대처방식을 갖고 특정한 대인 환경을 만들어 내며 직업선택에 있어 자신의 직업성격 유형과 일치하는 직업 환경에서 일할 때 더 성공적이라고 주장한다.

다음으로 다중지능이론에서 각 지능의 영역은 독립되어 있으나 모두 중요하며 상호작용을 통해 조화를 이루고, 생물학적으로 타고나는 자질이나 개인의 생활사, 문화와 역사적 배경에 의해 개발할 수 있고, 지능의 하위체계별 수준은 다양할 수 있다고 본다. 따라서 다중지능이론에 의하면 교직은 전문직으로 타고난 개인의 자질과 사회적 환경과의 조화를 통해 개발이 가능하며 교직적성은 전문적인 지식과 개인의 긍정적 대인관계 및 사회 문화적 배경에 의해 영향을 받을 수 있다고 주장한다. 마지막으로 자아효능감(self-efficacy) 이론은 인간 행동과 성취수준 간에 관련이 있는 것으로 본다. 즉, 어떤 행동이 어떤 확실한 결과를 나타낼 것이라고 믿는 결과에 대한 기대와 개인의 문제 상황에서 그 행동을 성공적으로 수행할 수 있다고 믿는 효능기대가 적성과 관련 있다고 주장한다.

위와 같이 적성은 직업 성격과 직업환경, 타고난 자질이나 사회적 환경, 자아효능감 등과 관련 있다고 할 수 있다. 즉, 적성은 특정 활동이나 직업을 수행하는 데 요구되는 특수 능력을 일컫는 것으로, 인간의 능력을 일반적인 수준에서 탐색하는 것이 아니라 특정 활동이나 영역에 관련된 능력을 개념화한 것이라 할 수 있다. 이러한 적성의 개념 속에는 타고난 소질이나 능력뿐만 아니라 학습화된 능력도 포함되어 있으며, 지적 특성 및 정의적 특성도 포함되어 있다. 따라서 적성은 숙달될 수 있는 개인의 잠재적인 지적능력이면서 또한 그러한 능력을 발휘하는 데 흥미와 관심을 나타낼 수 있는 준비성을 의미한다고 할 수 있다.

특히 교직적성(teaching aptitude)은 한 개인이 교사로서의 미래의 성공 가능성을 예측하는 잠재적 능력 또는 가능성이라는 측면에서 중요하다. 교사로서의 잠재적인 능력 또는 가능성은 선천적 또는 후천적 적합성으로 현재 교사로서의 이정표가 될 수 있다. 즉, 교직적성이란 교직 분야에서 교사로서의 역할을 성공적으로 수행할 수 있는 소질 또는 잠재적 능력을 예언해 주는 전문적인 특성이라고 볼 수 있다.

교직적성과 관련된 연구들을 살펴보면 교직적성은 직무만족이나 교사의 자아존중감, 교사역할수행, 전문성 발달, 행복감 등과 유의미한 정적인 상관관계를 갖는 것으로 나타났다(김의성, 2013; 박성혜, 2015; 박성혜 · 박은주, 2014). 특히 영유아교사는 전문적인 지식을 기반으로 영유아의 전인적 발달과 성장을 돕는 일뿐만 아니라 영유아를 안정적으로 돌보는 일을 조화롭게 유지해야 하는 직무능력을 갖추어야 하고, 이를 위해 영유아교사는 교육자로서의 성격이나 신체적·지적 자질 등 영유아교사로서의 적합한 교직적성 능력을 갖추어야 함이 강조된다고 할 수 있다.

(2) 교직적성의 구성요소

교직적성은 교사의 직업적 성격에 의해 다양한 능력을 요구되며 강조되는 사항이 조금씩 차이가 있다. 황정규(1990)는 교직적성 척도연구에서 교직적성의 구성요인으로 대인관계, 영유아에 대한 수용성과 민감성, 창의성과 자기개발, 영유아에 대한 친화력, 안전관리 능력, 업무에 대한 소명감, 긍정적 정서 외에도 정신건강, 교직지식, 태도와 가치관, 신념, 교수법 등을 제시하였고, 김경자(2003)는 수업계획, 수업기술, 전문적 지식, 학급경영, 대인관계, 인성적 자질을 교직적성의 요소로 보았다. 또한 김혜경(2012)은 교직적성의 구성요소를 교사의 내면적인 능력과 영유아에 대한 능력 및 대인관계 능력을 포함하여 대인관계 능력, 영유아에 대한 수용성과 민감성, 창의성과 자기개발, 영유아에 대한 친화력, 영유아에 대한 안전관리 능력, 업무에 대한 소명감, 긍정적 정서로 구분하였다.

이처럼 교직적성 요인이 다양한 것은 영유아교사 업무의 다양성에서 기인한 것이며, 한편 교사의 질적 수준을 높이고자 함에 목표를 두고 있기 때문이다. 이에 공통된 사항을 중심으로 교직적성의 구성요소를 살펴보면 다음과 같다.

① 대인관계능력

대인관계능력 요인은 영유아교육기관의 인적 구성원인 원장, 동료교사, 학부모, 기타 운영진과 협력적이고 원만한 대인관계를 이룰 수 있는 능력이다. 영유아교육기관의 원장, 동료교사, 부모와의 원만한 관계와 협력 등의 대인관계능력은 교사에게 중요한 요인이라 할 수 있는데, 이는 영유아교사가 자신이 속한 직장의 대인관계를 협력적으로 유지하는 것은 자신뿐만 아니라 영유아들과 영유아교육기관에 긍정적인 영향을 미칠 수 있기 때문이다.

② 영유아에 대한 수용과 민감성

영유아에 대한 특성을 이해하고 수용하는 기본표현으로 영유아교사의 민감한 반응은 영유아발달에 큰 영향을 준다. 특히 영유아교사는 열린 마음으로 영유아를 수용할 수 있는 포용력과 같은 수용성과 민감성이 필요하다. 영유아의 몸짓을 민감하게 이해하는 것은 영유아의 의사소통적 의도 파악 및 어휘력 증진에도 중요하기 때문이다.

③ 창의성과 자기개발

창의성과 자기개발은 새로운 것을 탐색하고 탐구하며 자신의 능력, 흥미, 성격 등을 잘 파악하여 이를 발전시키기 위한 노력을 할 수 있는 능력이다. 창의성은 소수의 뛰어난 사람들만이 가지는 독특한 특성이 아니라 모든 인간에게나 내재된 보편적인 특성으로 받아들여지고 있다. 인간의 창의성은 창의적인 특성을 가진 사람이 창의적 환경에서 창의적인 사고 과정을 거칠 때 창의적인 산출(product)이 가능하다. 따라서 획일화된 환경과 교육과정이 아니라 창의적인 환경과 교육과정을 제공하기 위해 창의성을 교직적성으로 가지는 것을 필요로 한다.

④ 영유아에 대한 친화력

영유아에 대한 친화력은 영유아를 돌보고 놀이하는 것을 선호하며 이를 잘 할 수 있는 능력이다. 영유아를 대하는 직업군은 기본적으로 영유아를 좋아해야 하며 영유아를 좋아하고 사랑하는 것뿐만 아니라 영유아들과 함께 있으며 영유아와 놀이하는 것을 즐겨야 한다. 이는 영유아교사의 주요업무는 영유아들과 함께 오랜 시간을 보내며 영유아의 발달을 촉진하는 놀이를 하는 과정을 필요로 하기 때문이다. 영유아를 좋아하지 못하는 교사는 개인의 문제에 그치는 것이 아니라 영유아에게도 부정적인 영향을 미칠 수 있다는 점에서도 영유아를 좋아하며 그들과 함께하는 것을 잘 할 수 있는지의 적성인 영유아에 대한 친화력이 필요하다.

⑤ 영유아에 대한 안전관리능력

영유아에 대한 안전관리능력은 영유아가 위험하거나 규칙에 어긋나는 행동을 세심하게 파악하고 단호하게 대처하여 안전하게 관리할 수 있는 능력이다. 영유아교육기관에서 일어나는 안전사고는 영유아의 발달 이전에 기본적으로 필요한 부분이다. 아무리 질적으로 우수한 교육이 행해지는 시설이라도 영유아의 안전을 위협한다면 안전사고는 치명적일 수 있으므로 영유아를 안전하게 관리할 수 있는 적성은 영유아교사에게 매우 필요한 요인이라 할 수 있다.

⑥ 업무에 대한 소명감

영유아교사 업무의 하나하나가 영유아의 발달에 지대한 영향을 미치므로 업무에 소명감을 가지는 것은 기본적으로 필요한 부분이다. 영유아 개인에게 큰 영향을 주는 교사는 자신의 직무에 대한 성실성, 책임감, 사명감이 해당되는 것으로 영유아교사는 자신이 임하고 있는 직무 하나하나가 영유아의 현재와 미래에 얼마나 지대한 영향을 미칠지를 인식하고 업무에 대한 소명감을 가져야 한다.

⑦ 긍정적 정서

긍정적 정서 요인은 전반적으로 평소에 긍정적이며 안정된 정서상태로 업무에 긍정적이고 적극적으로 임하도록 스스로의 정서를 안정되게 조절할 수 있는 능력이다. 영유아와의 관계에 있어 영유아교사의 정서적인 상태나 수준은 영유아의 발달에 많은 영향을 미칠 수 있으며, 특히 교사가 긍정적 사고, 자아관, 인간관, 인성과 정서적 안정을 갖추는 것은 영유아의 발달에 영향을 미치고 교사 자신의 역할수행과도 연관될 수 있다. 이처럼 영유아교사의 긍정적 정서는 교사 자신의 수행능력뿐만 아니라 영유아에게 영향을 줄 수 있으므로 영유아교사는 긍정적 정서를 갖추는 것이 필요하다.

2) 교수효능감

교수효능감이란 교사가 학생의 행동에 영향을 끼칠 수 있는 능력이 있다고 믿는 정도로 교사 자신의 수행능력에 대한 믿음, 학생에 대한 교사로서의 학습 책임감과 훈육에 대한 확신 등이 포함되는 개념이다. 이러한 교수효능감은 교사의 역할수행 및 전문적인 역량 발휘와 깊은 관련성을 가지므로 영유아교사 자신에 대한 이해를 위한 중요한 변인으로 의미를 지닌다.

(1) 교수효능감의 개념 및 특성

영유아교사는 영유아의 행동, 학습, 발달에 영향을 미치는 주요요인으로 교육의 성공과 실패는 영유아교사에게 달려 있다 하여도 과언이 아니다. 이는 학급에서 영유아교사의 교육신념에 따른 행동은 영유아교육의 효율성을 촉진하는 가장 중요한 요소가 되며, 교사의 교육신념은 영유아들과 상호작용을 비롯한 영유아교사의 인식과 판단 및 행동의 과정에 영향을 미치게 되기 때문이다. 이러한 교육신념은 교사가 학생의 학습에 영향을 미칠 것이라는 교사의 기대감이며, 학생의 학습을 가능하게 하는 능력과 기술을 교사 자신이 가지고 있다고 믿는 신념으로 이를 교수효능감으로 정의할 수 있다(Gibson & Dembo, 1984). 즉, 교수효능감이란 교사와 학생이 상호작용을 통하여 교사가 학생의 행동에 영향을 끼칠 수 있는 능력이 있다고 믿는 정도이며, 교사 자신의 수행능력에 대한 믿음, 그리고 학생에 대한 교사로서의 학습책임감과 훈육에 대한 확신감 등을 포함하는 개념이다.

교사의 교수효능감의 발달과 관련한 연구들을 살펴보면, 교사들은 교실의 실제 상황하에서 대처할 적절한 지식과 기술을 배우지 않은 상태로 다루기 힘든 실제 상황에 부딪히게 될 경우, 교사는 교수효능감이 낮아지며 교사로서의 자질이 부적절하다는 느낌이 커지게 된다고 한다. 특히 교사교육과 같은 특정 경험에 의해서 교수효능감이 많은 영향을 받는데, 교직경험이 없는 예비교사의 경우 초기에는 교수효능감이 매우 낮았으나 특정 경험과 비례하는 교직과목 이수 정도가 많아지면서 교수효능감이 점차 높아지게 되는 것으로 보고되고 있으며, 실습 후에는 다소 낮아지는 경향이 있다고 한다. 이는 교수방법을 배우는 과정을 통하여 각 개인들이 자신이 유능한 교사가 될 수 있으리라는 신념을 갖게 되지만 실제 교육현장에서의 성취달성에 있어 실패의 경험, 노력의 부족, 부정적 정서적 징후, 타인의 격려와 칭찬 같은 언어적 설득을 경험하지 못할 경우, 교사로서의 책임을 느끼게 되면서 자신감이 낮아지기 때문이다.

한편 교수효능감에 따른 교사의 특성을 살펴보면 낮은 효능감을 가진 교사는 학생들의 동기에 대해서 비판적·보호적인 관점을 선호하며, 엄한 규칙으로 학생들을 통제하는 반면에 높은 효능감을 가진 교사는 문제학생이라도 목표달성이 가능하고 가르칠 수 있다고 여기며 학생들의 문제는 별도의 노력을 통해서 극복 및 해결할 수 있음을 믿었다(Gibson & Dembo, 1985). 또한 교수효능감이 낮은 교사의 경우 자신이 계획한 활동의 효과에 대해 불안감을 보이며, 활동 중에 영유아를 통제하는 데 어려움을 나타내고, 다양한 활동과 교수방법을 활용하는 데 어려움을 느끼는 것으로 나타났으며(Czerniak & Schriver, 1994), 학습에 대한 책임은 전적으로 영유아에게 있다고 보며 교육목표에 따라 어떤 교수방법이 적절한 것인지에 대한 생각이 부족하였다(Ashton, 1984).

정리하면, 교수효능감은 교사가 학생의 성장과 발달에 긍정적인 영향을 미칠 수 있다는 개인적인 신념과 학생의 성취와 동기를 통제할 수 있다고 믿는 교사 효과성에 대한 교사 자신의 신뢰수준으로 이러한 교수효능감은 효과적인 수업활동과 교수-학습 방법을 선택하는 데 영향을 주어 학생의 성취도에 영향을 미치게 된다. 즉, 교수효능감은 교수 장면, 영유아통제 및 학급관리상황, 그리고 놀이 장면 등과 관련된 교사의 역할수행에 영향을 미치는 중요한 변인임을 알 수 있다.

(2) 교수효능감의 하위변인

교수효능감은 개인적 교수효능감(personal teaching efficacy), 일반적 교수효능감(general teaching efficacy)을 포함하고 있다(Gibon & Dembo, 1984). 먼저 개

인적 교수효능감은 교사가 학습자의 학습을 가능하게 하는 능력과 기술을 교사 자신이 가지고 있다고 믿는 신념으로, 교사가 학습자의 학업성취에 긍정적 영향을 미칠 수 있는 자신의 능력에 대한 믿음이라고 정의할 수 있다. 다음으로, 일반적 교수효능감은 교수와 학습과의 일반적 관계에 대한 교사의 신념으로, 교사가 학생의 학습에 영향을 미칠 것이라는 교사의 기대감을 말한다. 이러한 교수효능감을 영유아교육분야에 적용해 보면 다음과 같다.

- **개인적 교수효능감:** 영유아들에게 긍정적인 변화를 일으킬 수 있는 능력에 대한 교사 자신의 개인적인 평가를 의미한다. 즉, 특정한 교수–학습행위에 대하여 실행할 수 있는 기대이며, 교사들이 영유아들에게 긍정적인 변화를 가져올 수 있게 하는 교수능력에 대해 갖는 자신의 신념이다.
- **일반적 교수효능감:** 영유아들의 가정이나 지능, 환경 등 교수–학습과 관련되어 주어진 요인들을 교수–학습을 수행하는 교사가 얼마나 잘 통제할 수 있는지에 대한 영향력을 의미하는 것으로, 영유아교사가 영유아들과의 상호작용과 교육을 통해 영유아들에게 긍정적인 변화의 영향을 일으킬 수 있다고 믿는 영유아교사의 믿음이 이에 해당한다.

생각해 봅시다

1. 자신은 왜 영유아교사직을 선택하게 되었으며, 어떤 교사가 되고 싶은가 적어 본다.
2. 자신에 대한 평가, 즉 자기 자신을 가치 있는 인간으로 여기는지 여부는 왜 영유아교사 혹은 예비영유아교사에게 중요한지 토론해 본다.
3. 영유아교사의 적성과 자신의 특성을 비교 검토해 보고, 교직 적합성을 위해 재학 기간 혹은 교직 생활에서 노력해 나갈 구체적인 방안을 계획해 본다.

Chapter 03

영유아교사가 갖추어야 하는 인성

배울내용

교육의 질은 교사의 질을 넘을 수 없다는 말이 있을 정도로 교사는 중요한 인적 환경으로 영유아의 성장과 발달, 교육의 성패에 미치는 영향이 막강하다. 따라서 교사의 인성은 개인의 인격이나 도덕적 성품의 완성을 떠나 전문인으로서, 교육공동체의 주요한 일원으로서 더 나아가 교육실천가로서 매우 중요한 의미를 지닌다. 이에 본 장에서는 영유아교사가 갖추어야 할 인성에 관해 탐구해 보는 시간을 갖고자 한다.

학습목표

1. 전문인으로서 갖추어야 할 인성을 이해한다.
2. 공동체 구성원으로서 갖추어야 할 인성을 이해한다.
3. 교육실천가로서 갖추어야 할 인성을 이해한다.

1 전문인으로서 갖추어야 할 인성

1) 전문직과 인성의 중요성

전문직이란 용어는 전통적으로 법학, 의학, 신학과같이 높은 수준의 학식을 요구하는 직업에 사용되어왔다. 전문직은 한마디로 정의하기 어려우며 학자들에 따라서 조금씩 다르게 제시하고 있으므로 몇몇 학자들이 제시하고 있는 전문직의 특징을 중심으로 전문직의 개념을 살펴보고자 한다.

김종철(1982)은 현대사회의 전문직 특성을 다음과 같이 논하고 있다. 첫째, 전문직은 고도의 지성을 요구하는 정신적 활동을 위주로 한다. 둘째, 전문직은 그 직업에 들어가려는 자에 대하여 엄격한 자격 기준을 내세우는 것을 특징으로 한다. 셋째, 전문직은 그에 필요한 교육, 훈련이 단순한 지식이나 기술의 습득이 아니고 심오한 학문의 이론과 그 응용에 기초를 두고 있는 것을 특징으로 한다. 넷째, 전문직은 이기적 활동보다도 애타적 동기를 중요시하는 봉사활동을 특징으로 한다. 다섯째, 전문직은 그에 종사하는 자가 고도의 자유가 있는 반면에 중대한 사회적 책임을 느끼는 것을 특징으로 한다. 여섯째, 전문직에 종사하는 자들은 스스로 자체의 행동을 규율하는 윤리강령을 가지고 있다. 일곱째, 전문직에 종사하는 자들은 자율적인 조직체를 통하여 사회적·경제적 지위를 향상하고 그들의 전문성을 높이도록 노력함을 특징으로 한다.

카츠(Katz, 1988)는 전문직 분류기준을 제시하며 전문직이 갖추어야 할 특성을 다음과 같이 제시하고 있다. 첫째, 전문직의 활동은 사회에 필수적인 것으로써 이러한 지식과 기술이 없으면 사회가 약화된다. 둘째, 전문직의 활동 동기는 이타적이다. 이상적인 전문가란 사회의 이익을 위해서라면 개인적 안락을 포기할 수 있고 시간을 초과하며 근무할 수 있을 정도로 헌신적으로 일을 할 수 있어야 한다. 셋째, 전문직은 대상자와 고용주로부터 자율권을 인정받아야 하며 자율적으로 판단하고 행동할 수 있어야 한다. 넷째, 전문직에는 실제에 대한 윤리강령이 있으며, 구성원들이 이를 위반할 경우 징계할 수 있도록 제도가 마련되어 있다. 다섯째, 전문가와 대상자는 공정한 관계, 최적의 거리 유지가 필요하다. 여섯째, 일상의 문제를 처리하기 위한 표준을 가지며 이 표준들은 대상자들의 개인적 특성에 차별을 두지 않고 보편적으로 제공된다. 일곱째, 전문직 종사자는 계속적인 훈련이 요구된다. 여덟째, 전문화된 지식을 기초로 한다.

전문직의 기준들을 중심으로 특성을 정리해 보면, 전문직은 고도의 지적능력을 요구하며 이에 따라 장기간의 전문교육을 필요로 하며, 사회봉사기능을 갖는다. 또한, 전문직은 명확한 한계 내에서 고도의 자율성을 행사하며, 전문직 단체를 결성하여 자신의 행동이나 표준을 유지, 향상할 수 있는 윤리강령을 가지는 직업이라 할 수 있다.

한편 교직과 전문직의 기준에 근거한 영유아교사의 전문성에 대하여 살펴보면, 영유아교사로 종사하기 위해서는 집중적이고도 전문적인 장기간의 훈련과 이론 및 기술의 준비교육이 필요하다는 측면에서 교직의 본질적인 특성상 영유아교사는 전문직에 해당한다고 할 수 있다.

구체적으로 피니 등(Feeney et al., 1983)은 영유아교사가 전문직임을 다음과 같은 내용에 근거하여 제시하였다. 첫째, 영유아들에게 광범위한 지식을 전달하고, 영유아가 자신에 대해 긍정적으로 느끼도록 교육하기 때문이며, 둘째, 교사역할수행에 있어서 다른 영역의 교육들과는 달리 영유아의 발달과 학습에 관한 이론과 지식의 조직체를 확고하게 세우고 있기 때문이고, 셋째, 교사들은 현장에서 매일매일 이러한 이론을 사용하고 있으며, 넷째, 교사들은 영유아들을 위한 프로그램을 선택하는 데 필요한 지식과 기술을 계속해서 보충하고 선택해야 할 명백한 이유가 있기 때문이다.

브로우디(Broudy, 1984)는 영유아교사는 교수기술이나 교실운영과 같은 업무뿐만 아니라 진단, 의사결정 및 판단 등과 같은 다양한 역할들을 소화해 낼 수 있는 지식이 필요한 전문인이라고 하였다. 그밖에, 영유아교사들이 내리는 중요한 결정들은 그들이 가지고 있는 교사로서의 전문가적 신념에 근거하며, 영유아교사를 전문직으로 규정하는 경향이 증가하고 있다고 하였다(조부경 · 백은주, 2002).

정리하면, 영유아교사는 전문직 기준에 근거하여 고도의 지식이 요구되며, 직업윤리 및 자율성에 기반을 두어 중요한 문제를 결정해 나간다는 측면에서 전문직의 특성을 보이며, 그에 따라 전문직이 갖는 사회적 책임 및 자체 윤리강령에 따라 문제해결력, 자율성, 판단력, 창의성 등의 인성이 요구되는 직업이라 할 수 있다.

2) 전문인으로서 영유아교사가 갖추어야 할 인성

(1) 문제해결력

문제해결력이란 문제의 출발점에서 문제해결자가 주어진 문제 정보를 가지고는 즉각적인 해결방법이 보이지 않는 상황에서 적절한 전략을 사용하여 그 문제가 요구하는 상태로 변화시키는 능력을 말한다. 즉, 문제해결력은 실제 상황에 처해 있는 문제를 해결하는 방안을 찾는 것이다. 여기서 해결은 실제상황에서 어려움이나 장애가 되는 요인을 제거하고, 현존하는 상황을 더 효과적으로 다루는 데 필요한 방안을 예견하는 경우를 말한다(Cropley & Urban, 2000). 특히 변화 속도가 빨라지는 지식정보화 시대에서는 단순한 정보의 습득을 넘어 실제상황에서 부딪히는 다양한 문제를 해결하기 위해 수집된 지식과 정보를 목적에 맞게 응용 · 적용할 수 있는 문제해결력 육성이 요구되고 있다.

문제를 해결하는 과정은 문제 이해력, 해결 계획 수립 능력, 연산 능력, 검증 능력, 일반화 능력 및 개념화 원리 · 법칙을 발견하고 이를 응용하여 문제를 창의적으로 해결하는 능력으로서 생산적으로 적용하는 힘, 즉 이미 습득한 지식을 구체적으로 적용하여 직면한 문제를 해결할 수 있는 힘을 포괄적으로 포함하고 있는 것이다(김경옥 · 류성림, 2009). 이를 반영하여 한국교육개발원에서 개발한 문제해결력 검사는 문제를 이해하는 능력인 이해력, 선택된 해결 전략을 실행하는 실행력, 그리고 풀이를 반성하는 반성력을 측정하는 문항들로 구성되어 있다(김정화, 2012).

현대사회의 대부분의 사람들은 일상과 업무에서 마주치게 되는 갈등을 해결해야 하는 수많은 문제해결과정에 놓여 있으며, 이로 인해 기업 교육, 공교육 등의 다양한 분야에서 종사하는 전문가들을 위해 문제해결력 증진을 위한 교육프로그램이 개발되고 있다(강문숙, 2011).

영유아교육분야도 예외가 아니다. 영유아교사는 영유아교육현장에서 예상치 못한 문제 상황과 다양한 어려움에 잘 대처하고 해결하게 하므로 문제해결력은 영유아교사의 핵심역량 및 갖추어야 할 인성으로 언급되고 있다(김정화, 2012; 우경애 · 김세곤, 2017; 원혜경 · 이소정, 2015; Weinert, 2001). 이러한 맥락에서 예비영유아교사의 문제해결력을 증진하기 위한 다수의 연구가 진행되었는데, 특히 문제중심학습(PBL)이 영유아교사의 문제해결력 향상에 효과가 있는 것으로 보고되고 있다(강문숙 · 박수홍 · 김두규, 2012; 김성희, 2016; 남미경 · 윤갑정, 2016).

정리하면, 교육현장에서 끊임없이 발생하는 문제 상황은 교육의 역동성과 다양성 및 불확실성으로 인하여 명료하게 해결되기 어렵기에 문제 상황에 대한 다양한 해석과 이를 통한 여러 가지의 해결책 가운데 가장 적절한 것을 선택하는 성향인 문제해결력은 현대사회 영유아교사에게 꼭 필요한 인성이라고 할 수 있다.

(2) 판단력

판단력은 사람이나 객체를 평가하거나 분류하는 절차로, 단순히 원리나 법칙을 적용하는 과정이 아니라 발전과정으로서 정보를 누적하여 쌓는 과정 이상의 고차원의 능력수준에 해당된다(원혜경 · 이소정, 2015). 즉, 판단력이란 일반적으로 사물을 올바르게 인식 · 평가하는 사고의 능력을 말하는데, 이러한 판단력이 특히 전문인에게 요구되는 것은 전문인들은 해당 분야에 대한 지식과 기술을 독점적으로 가지고 있기에 자신의 전문적 지식과 기술의 사용에 있어서 외부의 규제가 쉽지 않으며, 그보다는 자율적인 규제와 판단이 요구되기 때문이다.

영유아교사는 영유아의 현재의 발달과 흥미, 능력을 관찰하고, 놀이 및 활동에의 참여, 안전, 독립성 및 자기개념 등을 평가하게 된다. 이러한 과정에 다양한 정보와 자료를 분석하고 영유아를 위한 지원과 교육활동을 판단하게 된다. 판단이 중요한 이유는 교사가 학습자에 관한 판단이 부족할 때는 학습자의 발달적 특성이나 개인적 배려나 안전이 보장되지 않게 되고 결론적으로 적합한 교육적 지원이 가능하지 않기 때문이다(김정화, 2012).

또한, 현대를 사는 사람들은 교사가 아니더라도 크고 작은 판단을 매 순간 내리며, 그 판단에 근거해 무엇을 선택하거나 의사결정을 하게 된다. 특히 전문인으로서 하는 판단은 본인 이외 이해당사자, 더 나아가 사회 및 국가에 영향을 미치므로 전문인의 의사결정은 매우 중요한 의미를 지닌다. 즉, "무엇을 먹을까?", "무엇을 입을까?"와 같이 일반적인 선택과 의사결정을 하는 상황들은 그 선택과 결과의 영향이 지속적이지 않은 반면 의사, 변호자, 교사 등 전문가의 판단은 본인 혹은 상대의 인생을 걸쳐 지속적인 영향을 미치게 되는 경우가 많기 때문이다. 이러한 개인적 의사결정이 자신에게만 영향을 미치는 것이 아니라 다른 사람, 다른 민족, 후세에도 영향을 미치게 되는 상황도 충분히 예상된다는 측면에서 전문인으로서 올바른 판단력은 매우 중요한 인성이라 할 수 있다.

(3) 자율성

자율성이란 '스스로에게 법칙을 부여하다'라는 뜻으로 자치적·주도적으로 스스로를 통제하는 상태이다. 이는 인간 자신이 스스로 인식하고 있는 목적을 향하여 의도적으로 행동하기 위한 심리적 준비를 말하는 것으로, 인간의 기본 욕구이며 동시에 삶의 만족의 기반이 되는 성향이다(양명한, 2003; Deci & Ryan, 1991)

구체적으로 자율성은 결단력이 있고 독립적이며 자기결정적인 특징이 있다. 자율성이 높은 사람은 특정한 방식으로 생각하고 행동하라는 사회적 압력에 저항할 수 있고, 내적으로 자신의 행동을 통제하며 자신의 기준으로 자신을 평가할 수 있다(Ryff, 1989). 또한, 자율성이 있는 사람은 타인의 의지나 관습에 맹종하지 않고 자신의 의지를 표현하며, 스스로를 통제하여 충동에 의하지 않고 자발적으로 행동하는 성향을 지닌다.

교사에게 이러한 자주, 자조, 자강, 자립을 의미하는 자율성이 중요한 것은 개인으로서 또는 집단의 성원으로서 자기의 일을 스스로 개척해 나가는 마음과 자세가 중요한 전문인이기 때문이다. 또한, 교육현장에는 교사가 다른 사람에게 의존하거나 책임 전가할 수 없이 능동적인 대처상황이 늘 존재하기 때문이다(김정화, 2012).

한편 자율성을 지지해 주는 환경은 개인의 자율성, 유능감, 관계성 욕구를 충족시키며 내재적 동기와 흥미를 가지고 자율적 자기조절을 촉진하는 것으로 보고되고 있다(Ryan & Deci, 2000). 또한, 자율성을 가진 사람은 외부적 조건에 의해 영향이 있을 때조차도 흥미와 자신이 부여한 가치에 근거하여 자신의 행동을 조절하며, 자기발전에 힘쓰며 창조성이 높게 나타났다. 즉, 자주성은 전통적이거나 보수적인 고집스러운 태도가 아니라 밖에서 들어오는 것에 대해서 어떻게 반응하느냐 하는 성향으로 자율성은 긍정적인 자아의식, 자기존중, 자주적 태도, 독립성을 기반으로 하는 중요한 인성이라 할 수 있다.

(4) 창의 · 응용성

창의성은 새로운 생각이나 개념을 찾아내거나 기존에 있던 생각이나 개념들을 새롭게 조합해 내는 것과 연관된 정신적이고 사회적인 과정으로, 창조성이라고도 하며 이에 관한 능력을 창의력, 창조력이라고 한다. 지식정보화시대 전문인들의 업무는 고정된 사고나 기존의 틀에서 벗어나 융통성을 갖추고, 다양한 현상이나 사례들에서 유의미한 정보와 자료를 찾을 수 있고, 이를 새롭게 재조직하고 창조해 내는 능력이 요구된다. 또한, 창의성에 대한 현대적 관점은 창의력은 특정한 사람에게만 주어지는 능력이 아니라고 본다. 그보다는 인간의 본능이며 일정 수준의 지적 능력을 가진 사람이면 개인의 특성과 능력에 따라 정도의 차이는 있지만 누구나 가지고 있는 능력이며, 현대 사회에서 필요불가결한 성향이라는 것이다.

창의성은 연구자의 접근 방식에 따라서도 그 정의에 차이가 있다. 접근 방식에 따른 창의성의 개념은 개인의 인지적 능력과 성격 특성으로 구분된다. 인지적 능력의 측면에서 정의하는 관점에서는 창의성을 지식, 사고력, 기능 등을 포함하는 인지 능력의 일부분으로 보며(Basadur, Graen & Wakabayashi, 1990; Lovelace, 1986; Robinson & Stern, 1997; Rothenberg, 1990), 개인의 성격 특성의 측면에서 정의하는 관점에서 창의성의 개념은 주로 호기심, 광범위한 영역의 관심, 자율성, 융통성, 독립성, 자신감, 책임감 등의 정의적인 특성에 의해 설명된다(Dellas & Gaier, 1970; Olson, 1980; Torrance, 1977).

또한, 창의성에 대한 정의는 학자마다 조금씩 다르다. 창의적인 사람의 열 가지 정의적 특성을 제시한 칙센트미하이(Csikszentmihalyi, 1996)는 창의성을 사람의 사고와 사회문화적 맥락의 상호작용에서 나오는 새롭고 가치 있는 아이디어나 행위로 정의하였다. 그는 창의적인 사람들은 서로 모순되는 열 가지 정반대의 성향을 동시에 가지고 있다고 보았다. 즉, 창의적인 사람은 신체적 에너지(오랜 시간 일함)와 잦은 휴식, 영리함과 순진함, 책임감과 무책임감, 상상(환상)과 현실감, 외향성과 내향성, 겸손함과 자신감, 남성성과 여성성, 전통적/보수적(traditional/conservative)이면서 저항적/독립적(rebellious/independent)임, 열정(passionate)과 객관성(objective), 고생(고통)과 즐거움의 양면성을 가지고 있다고 하였다. 토랜스(Torrance, 1977)는 창의성을 문제를 인식하고 그것을 해결하기 위해 아이디어를 내고, 가설을 세우고, 검증하고, 그 결과에 대해 의사소통하는 과정이라고 정의하였고, 스턴버그(Sternberg, 1988)는 창의성을 새롭고 유용한 아이디어의 산출이라고 정의하면서 창의성의 요소를 창의적 사고에 영향을 미치는 지적 능력, 지식, 사고 스타일, 개인적 특성, 환경, 동기유발의 6가지 요인에 의해 설명하였다. 창의성의 인지적 측면과 정의적 측면을 함께 제시한 어반(Urban, 1995)은 창의성의 인지적 측면의 구성요인으로 확산적 사고와 행위, 일반적 지식과 사고 기반, 특정

영역의 지식기반과 기술을 제시하였으며, 정의적 측면의 구성요인으로 집중하여 과제 수행하기, 동기와 동기유발, 개방성과 모호함의 허용을 제시하였다.

살펴본 바와 같이 창의성의 개념은 접근방식에 따라 차이가 있지만 공통적인 생각은 기존의 평범한 생각에서 벗어나 새로운 문제를 인지해야 한다는 점과 새로운 지식을 발견하는데 필요한 기본적인 지식과 정보가 있어야 하고, 다른 사람에게는 평범하고 보편적인 것이라도 자신에게만은 새롭고 쓸모있는 결합이어야 한다는 것이다. 즉, 창의성이란 무에서 유를 창조하는 것이 아니라 기존의 지식이나 경험들을 새롭고 쓸모 있게 결합하는 태도나 성향이라고 말할 수 있다(김정화, 2012).

그렇다면 교육전문직인 영유아교사에게 창의성은 어떠한 의미에서 강조되는 것일까? 다른 전문직과 마찬가지로 영유아교사의 많은 업무들은 주어진 틀 혹은 고정된 방식으로 수행하기에 복잡하고, 문서화하여 제시되지 못하는 많은 요소를 담고 있다. 특히 교사의 창의성은 창의적으로 가르치는 것에서 필수적인 성향이다. 영유아교사는 전체 교육과정을 운영할 때 여러 가지 상황이나 분위기 등을 고려하여 교육목표나 일과운영을 유연하고 융통성 있게 수행하게 되는데, 이때 필요한 것이 창의적 성향이다. 실제로, 창의성의 성향, 즉 확산적 사고력 지원, 과제 집중과 완성 지원, 내적 동기 지원, 개방성 지원 등은 영유아교사의 창의적 교수행동에 영향을 주는 것으로 나타났다(김희태 · 백영숙, 2009). 결국, 창의성 교육을 수행하게 되는 교사는 교수 상황 속에서 영유아들의 창의성을 발견하고 호기심, 상상력 탐색을 자극하며 높은 성취의욕 고취 및 강한 내재적 동기를 형성하는데 이를 위해 교사 자신도 창의적인 성향의 사람이어야 하는 것이다.

2 공동체 구성원으로서 갖추어야 할 인성

1) 공동체 삶에서의 인성의 중요성

인성이란 한 개인이 갖는 개인적이며 사회적인 행동, 지식, 태도와 가치관을 포함한 포괄적인 개념으로서, 개인이 속한 사회 또는 집단의 일원으로 살아가기 위해 요구되는 바람직한 개인의 사회적 특성이라고 말한다(전재선, 2011). 따라서 인성의 개념은 비단 전문직에만 요구되기보다는 다양한 관점에서 맥락에 따라 다르게 이해될 수 있다. 즉, 인성을 인격(character), 성격(personality), 도덕(morality), 인간 본성, 인간의 본연이나 인간다운 품성으로 볼 것이냐에 따라 다양해진다(교육과학기술부, 2012). 특히 교사라는 직업 이전에 인간이 갖는 특성으로 인성을 바라볼 때 공동체 구성원으로서 갖추어야 할 인성이 필요하다.

인성은 자신이 속한 사회 일원으로 살아가기 위해 주변 사람들과 관계를 발전시키는 특성이 있으며, 인간다운 마음과 행동 그리고 개인의 감성 능력과 순응성 및 사회규칙에 대한 이해와 적응적 도덕성을 포함한다. 이러한 인성은 인간이 갖추어야 할 본성이기도 하지만 사회적으로 유익한 것으로 교육과 훈련을 통해서도 변화된다. 우리가 '인간답다', '사람답다'라고 말할 수 있다면 이것은 사회적인 관점에서 사람됨의 가치척도를 의미하며 사회 구성원이 속한 인간이 추구해야 할 덕목과 품성, 마음씨 등의 인성을 갖춘 것을 의미한다.

인성이란 용어는 학문 분야나 연구자에 따라 그 의미가 다양하게 정의되고 사용되고 있으며 인성을 보는 관점에 따라 내용 또한 달라질 수 있다. 인성을 개인의 특성으로 보는 학자들이 인성은 개인이 지니는 심리적 특성으로 개인의 심리적 성숙 및 발달과 관련하여 연구하며 주로 성격으로 한정 지어온 것에 반해 사회적응에 필요한 규칙 및 대인관계기술을 형성하는 것이 바람직한 성격이고 인성이라고 보는 사회적 관점에서의 인성은 인간의 됨됨이, 가치척도를 의미한다. 즉,

인성은 한 개인이 속한 사회적 가치와 덕목으로 원만한 인간관계능력 또는 유능한 사회적 능력을 기르기 위해 함양되어야 하는 것이다. 이러한 관점에서 윈과 월버그(Wynne & Walberg, 1984)는 인성은 개인이 자신이 속한 사회의 일원으로 살아가기 위한 사람다운 마음과 행동을 의미하는 사회적인 개인특성이라고 정의하였고, 사회 환경에서 주변의 다른 사람들과의 관계를 통해 발달하는 특성으로서의 인성을 강조한 연구자들은 개인의 감성 능력과 적응력 그리고 사회규칙에 대한 이해와 순응력, 도덕성 등으로 인성을 정의하였다(우종옥, 2001).

정리하면, 사회 구성원으로서 갖추어야 할 인성에서는 추구해야 할 덕목이나 마음씨, 품성 등으로 윤리적인 가치를 강조하며 한 개인이 속한 사회적 가치와 덕목으로 원만한 인간관계 능력 또는 유능한 사회적 능력을 기르기 위해 함양되어야 하는 것으로 본다.

이러한 공동체 구성원으로서 갖추어야 하는 인성의 범위는 매우 넓고, 학자마다 용어와 내용을 조금씩 달리 제시되고 있다. 김경령(2014)은 교직 인성 자기점검 도구에서 자기조절, 사회성, 도덕성을 보편적 인성으로 제시하였으며, 서경혜 등(2013)은 존중, 의사소통, 협력의 사회적 인성과 윤리의식, 정의감, 책임감을 공동체적 인성으로 제시하였다. 또한 강선보 등(2008)은 21세기가 요구하는 인성은 성인과 같은 완벽한 인간의 관점에서 이해될 것이 아니라, 일상생활에서 살아 숨 쉬고, 공동체 속에서 더불어 살고, 앎과 실천이 융화된 인간상으로 이해해야 한다고 주장하며 관계성, 도덕성, 조화성, 영성, 생명성, 민주시민성, 창의성 등 7가지 요소를 제시하였다.

한편, 사회적 변화를 수용하며, 보다 바람직한 삶을 영위하기 위해 인간이 갖추어야 할 성향인 동시에 더불어 사는 삶의 중요성을 강조하는 포괄적 관점에서 예비유아교사의 인성을 연구한 전재선(2011)은 인간애, 긍정적 자아개념, 사회관계, 창의·인성 등 5개의 범주를 제시하였는데, 각 내용과 하위요소는 다음과 같다. 첫째, 인간애(humanity)는 인정이 많고 깊으므로 인간에 대한 사랑을 의미하며 이는 인간을 대상으로 하는 직업인으로서 갖추어야 할 기본적인 성향으로, 페미니즘 관점의 인성 특성이다. 범주는 이타심과 용서를 구하는 요인으로 구성된다. 둘째, 긍정적 자아개념(positive self-concept)은 상황에 따라 공동체 일원으로서 행동하고 결정하며 행동의 목표와 방향을 조정하는 지속적으로 변화 가능한 특성으로 주도적인 성취동기와 자기개발을 구성요인으로 한다. 셋째, 사회관계(social relations)는 다양한 집단 구성원 간의 관계와 관련 집단 내의 관계가 원활하도록 노력하는 것으로, 다른 사람과 자신의 감정 상태를 잘 파악하고 적절한 정서적 표현을 할 수 있는 능력과 이를 바탕으로 인간관계를 원만하게 유지하는 것을 의미한다. 이 범주는 의사소통, 공감적 이해, 자기조절을 구성요인으로 한다. 넷째 직무수행(performance of teacher's duties)은 구성원이 집단의 일원으로서 조직의 활동을 조정하며 효과적으로 일해 목적 달성을 위한 최선을 다하도록 동기를 유발하는 기술을 의미하며 직무를 수행하는데 대표적으로 요구되는 신뢰성, 책무성, 성실성을 기본으로 나타나는 다양한 특성을 직무수행 태도로 함축하기도 한다. 다섯째, 창의·인성(creative personality)은 사회문제 인식, 협력, 유머와 같이 21세기의 바람직한 인성 특성과 다양성, 개방성으로 창의성 계발이 상호동반 효과로 이어질 수 있는 높은 자질을 의미하며, 위트, 유머, 창의적 성향, 사회문제 인식을 말한다.

이상에서 제시한 바와 같이 우리 사회가 요구하는 인성은 선천적으로 갖춘 성질로서의 완성의 의미라기보다는 지속적으로 변화될 수 있는 과정적인 것이며, 공동체 속에서 더불어 살기 위해선 필수적인 것이다. 그러기에 자기조절, 성실성, 신뢰성, 공감적이해, 의사소통, 대인관계, 책임감, 개방성, 협력, 유머, 민주시민성 등 인간이 사회 구성원으로 살아감에 필요한 성향들이 광범위하게 제시되는바 여기서는 앞서 살펴본 전문인으로서 갖추어야 할 인성과 다음에 살펴볼 교육실천가로서 갖추어야 할 인성에서 중복되는 사항을 제외하고, 자기수용, 대인관계, 성실성, 배려 등을 중심으로 살펴보고자 한다.

2) 공동체 구성원으로서 갖추어야 할 인성의 항목

(1) 자아수용

자아수용이란 개인이 자기 자신을 있는 그대로의 자아(real-self)로 지각하고 만족스럽게 받아들이는 상태를 의미하며, 유사 용어로 자기 사랑(self-love), 자기 존경(self-satisfaction), 자기이상의 일치(self-ideal congruence) 등이 있다.

공동체 구성원으로 다른 사람들과 더불어 지내기 위해서는 자기 자신을 이해하고, 자신을 있는 그대로 수용하고 인정할 수 있어야 한다. 자아수용은 자기 탐색 과정에서 발견되는 자신의 긍정적인 면과 부정적인 면 모두를 있는 그대로 인정하고 받아들이는 것이다. 사람은 자기 자신을 탐색하는 과정에서 자신의 긍정적인 면과 부정적인 면을 함께 발견한다. 대부분은 부정적인 면은 인정하고 싶지 않고 자신의 일부만을 인정하고 싶을 것이다. 그러면 나머지 부분은 거부하고 은폐하는 것이 되는데 은폐된 부분은 가식적인 행동을 통해 외부로 내보이려고 하는 경향으로 나타나 궁극적으로 다른 사람과의 관계에도 혼란을 준다.

로저스(Rogers, 1961)는 자아수용을 기본적 감각자료의 왜곡됨 없이 자신의 감정, 동기, 사회적 및 개인적 경험을 지각할 수 있는 것이라고 정의하였고, 김선남(2001)은 아무런 조건 없이 있는 그대로의 자신의 모습을 인정하는 것이 자아수용의 시작이라는 점을 강조하고 있다. 있는 그대로의 모습의 수용은 부족한 부분에 대한 자포자기가 아니다. 자신이 가진 능력이나 자질에 대해 객관적으로 평가하면서 동시에 발전할 수 있는 면에 대하여 적극적인 개발 의지를 갖는 것을 의미한다(김영옥, 2019). 그리고 자신이 이룬 성과에 대하여 만족하며 자신에 대하여 가치가 있는 소중한 존재로 인식하는 자아존중감을 가짐으로써 결과적으로 인간관계와 건전한 성장 발달을 이뤄가는 것이다. 또한, 자아수용은 자기 자신을 하나의 독립적인 존재로 인정하는 것이며 인간으로서의 존재 가치를 인정하는 것이다. 긍정적 자아수용은 타인과 관계 형성을 촉진하게 되는데, 특히 자아수용에 따른 교사의 행동은 양육대상인 영유아를 있는 그대로 수용하는데 기반이 되기도

하며, 영유아가 올바른 자아존중감을 갖도록 하는데도 중요한 변인으로 작용한다는 점에서 영유아교사가 갖추어야 할 중요한 인성이라 할 수 있다(송인섭, 2002).

(2) 긍정적 대인관계

인간관계는 개인의 심리적 성숙을 위해 필수적인 요소이다. 사람은 인간관계를 통해 인지적 · 사회적 · 정신적으로 발달, 성장, 성숙할 수 있으며, 인간관계를 통해 긍정적이고 일관된 정체감을 형성할 수 있으며 현실적 감각을 가질 수 있다. 즉, 적절한 대인관계는 사회인으로서의 기능과 개인의 생활만족도를 향상시키는 순기능적인 역할을 한다.

사람들이 대인관계를 통하여 자신의 욕구를 충족시키므로 편안함과 애정을 주고받는다. 또한, 감정적 지지를 얻고 문제에 대해 충고를 받거나 조언을 해주며 다른 사람에게 영향력을 발휘하여 자아상을 발전시킨다(김영옥, 2019).

특히 긍정적 대인관계는 타인을 신뢰하고 타인과 만족스럽고 따뜻한 관계를 갖는 것을 의미하는 것으로 구체적으로 타인의 행복에 관심이 있고 친밀감, 강한 애정, 공감을 느낄 수 있으며 상호작용의 중요성을 이해하는 것이다. 대인관계는 다른 사람과의 관계에서 우호적이고 타인에 대한 깊은 사랑을 보여주는 온정, 친밀감, 연민이 우리의 모습에서 잘 나타날 때 긍정적인 관계가 된다. 또한, 대인관계가 좋을수록 자신의 삶을 긍정적으로 평가하고 낯선 환경에서 잘 적응하며 주위 환경을 효과적으로 사용하는 것으로 보고되었다(오지혜 · 윤혜미, 2017).

특히 영유아교사는 영유아뿐 아니라 학부모, 동료 교사 등 다양한 사람들과의 관계 속에서 살아가게 되므로, 모든 사람들과 잘 어울려 지낼 수 있는 원만한 대인관계가 매우 중요하다. 원만한 대인관계를 형성하는 능력은 영유아뿐 아니라 학부모나 동료 및 교직원들과의 좋은 관계 맺기로 이어지며, 궁극적으로 영유아교사직을 지속하게 만드는 중요한 바탕이 되기도 한다. 또한, 긍정적 인간관계는 그 자체로 영유아교사에게 만족감을 준다. 영유아교사에게 있어 만족감은 영유아와의 관계에서 활력을 줌과 동시에 영유아와 긴밀한 연결감을 주어 사회적 지지를 갖게 하고, 영유아의 전반적인 육체적 기능을 향상시킬 뿐만 아니라 지·정·의 모든 면에 있어 건강한 발달을 촉진하게 된다(Cohen & Herbert, 1996). 이는 인간의 관계 욕구는 다른 사람과 친밀한 관계를 맺고 그 속에서 긍정적 정서를 경험함으로써 충족되기 때문이다. 만족할 만한 친밀감을 형성하지 못한 영유아의 경우 눈에 띄게 침울해지며 소극적으로 되는 반면, 영유아가 교사와 신뢰를 바탕으로 하는 친밀감을 형성하게 될 때 영유아는 긍정적인 정서를 가지게 된다.

(3) 성실 · 책임성

성실성은 정성스럽고 진실한 품성을 말하며, 거짓됨이 없고, 자기가 하는 일에 정성을 다하려는 자세를 의미한다. 즉, 자기 자신을 비롯한 다른 사람에게 정직한 마음으로 진실 되게 행동하는 것으로 리코나(Lickona, 1999)는 성실한 사람의 특징은 현재 주어진 일에 최선을 다하고, 목표에 도달할 때까지 지속적으로 집중할 힘이 있다고 설명한다. 한편, 책임성이란 사회 혹은 직장이나 집단 내에서 자기에게 주어진 임무를 다하려는 자세로, 맡은 일에 대한 임무 수행뿐만 아니라 자기 언행에 대한 것도 포함한다(박효정 · 정광희, 2001). 즉, 책임감이란 자신에게 주어진 임무를 성실히 완수하는 것뿐만 아니라 행한 일의 의도와는 상관없이 혹은 의도와는 다른 결과에 대해 정신적 · 도덕적 혹은 법률에 의한 죄의식, 비난, 제재 또는 손해를 감수하는 것을 뜻한다(조연순 외, 1998). 이는 공동체 구성원으로서 자기 행동에 대한 책임의식이 있음을 의미하는 것으로, 책임의식이 약한 사람은 남들의 신뢰를 받지 못하는 사람이고, 이러한 평가 기준은 다시 공감성의 기준이 되어 결국 책임의식이 낮은 사람은 남들의 공감을 받을 수 없게 된다.

정리하면 성실 · 책임성은 수행해야 할 임무나 의무를 중히 여기고, 자신이 수행한 일이나 산출에 대해 기꺼이 책임지는 태도를 의미한다. 이러한 성실 · 책임성은 자신의 욕구를 충족시키되 다른 사람들이 그들 자신의 욕구를 충족시키는 능력을 빼앗지 않고 자신의 욕구를 충족시키는 것이다.

한편 성실 · 책임성에는 자기에 대한 책임감뿐만 아니라 사회에 대한 책임감도 포함된다. 먼저, 사회적 책임감이란 곤경에 처해 있거나 크게 도움이 필요한 사람을 도와야 한다는 개념으로 여기에는 첫째, 자발적이고 의도적으로 수행되어야 하고, 둘째, 타인을 이롭게 하려는 동기가 있어야 하며, 셋째, 보상을 기대하지 않고 수행되어야 한다는 것이 전제된다. 다음으로 자기에 대한 책임감은 타인의 복지를 위해 자신의 책임에 대하여 인식하는 것으로 친사회적인 성향과 이타적인 성향을 내포하고 있는 개념이며, 자신의 책임감에 대한 정확한 이해에 바탕을 둔 일종의 내면화된 책임감을 말한다. 즉, 자기 자신이 스스로 선택하고 책임지는 행동을 선택하는 것을 의미한다.

이러한 공동체구성원으로서 갖추어야 하는 성실·책임성은 교육분야에서는 교육적 책무성과 관련이 깊다. 교사는 다양한 전략을 현실적으로 적용하여 교육전문가로서 교사의 책무성을 제고시키고 확립하는 일에 우선적으로 관심을 기울여야 할 필요가 있기 때문이다(김정화, 2012). 교사의 책무성은 구체적으로 학생에 대한 책무성, 학부모 및 일반 대중에 대한 책무성, 조직 및 기관에 대한 책무성, 동료교사 집단에 대한 책무성 등으로 구분할 수 있는데, 이와 같은 다양한 관점에서의 책무감을 복합적으로 함양할 수 있는 역동적인 처방 및 전략이 요청된다.

책임감 있는 사람은 스스로에게 자존감을 느끼며 동시에 자기가 타인에게도 가치 있는 인간이라고 느낄 수 있게끔 행동한다. 책임감 있는 사람이 남을 위해 어떠한 일을 하겠다고 말한다면 그것은 남이 요청한 일을 한다는 의미이기도 하지만 한편으로 스스로의 자존심을 지키기 위해서 훌륭히 수행하고자 노력하겠다는 뜻도 된다. 또한, 책임감이 있는 사람은 자신의 역할에 따라 주어지는 업무를 최선을 다해 수행하며 매우 어려운 일이라도 포기하지 않고 다른 사람의 조언을 구하거나 적절한 대안을 찾아 해결하고자 노력한다. 사적인 업무가 있더라도 공적인 업무에 있어서는 기한 내에 마치기 위해 애쓰며 자신의 일을 다른 사람에게 떠넘기지 않고, 다른 사람을 도와주는 것에 기쁨을 느낀다.

정리하면, 성실·책임성은 자신의 행동이나 임무에 최선을 다하고 책임을 지는 성향을 의미하는 것으로 이는 교사 책무성과도 연결되는 매우 중요한 인성이라 할 수 있다. 따라서 영유아교사 혹은 교사가 되려고 하는 사람들은 책임감을 습득하기 위한 교육을 받아야 하며 다양한 역할 수행과 여러 사람들과의 만남을 통해 그 능력을 길러야 나가야 한다.

(4) 공감 · 배려

공감은 남의 감정, 의견, 주장 따위에 대하여 자기도 그렇다고 느끼거나 그렇게 느끼는 기분을 말하여, 배려는 도와주거나 보살펴 주려고 마음을 쓰는 것을 의미한다. 이는 타인이 가지고 있는 느낌과 관점에 대해서 관심과 배려, 존경을 보여주는 행동이며, 서로의 입장을 배려하고 상호 존중하는 태도, 시간약속을 엄수하는 행동 등으로 나타난다(최윤미, 2009). 즉, 공감 · 배려는 다양한 상황과 장소에서 타인의 생각, 관점, 감정을 이해하고 파악하는 능력으로 통용될 수 있으며, 넓은 의미로는 타인이 필요로 할 때에 정서적 지지를 제공하는 것에 국한되지 않고 더 적극적으로 타인을 배려하는 내용을 포함한다(한나리 · 이동귀, 2010).

공감 및 배려는 인성 관련 연구들을 통해 민감성, 온정성, 호감성, 배려성, 타인에 대한 배려, 타인에 대한 정서적 지지, 관계 형성 및 유지능력, 따뜻함, 사회적 통찰 등의 각기 다른 용어로 연구되어 왔지만 공통적으로 공동체 구성원으로서 갖추어야 하는 중요한 인성으로 강조되고 있다(신재호 · 이찬, 2008; 최송미 · 연문희, 2005; Schneider, 1992).

구체적으로 공감 및 배려를 신재호와 이찬(2008)은 팀 역량의 하위요인으로 타인과 편안하고 조화로운 관계를 유지하는 정도를 '호감성'으로 보았으며, 이를 협조적이고 관대하고 양보심과 인내심이 많으며 세심한 배려를 하고 이타적인 특성이라고 하였으며, 최송미와 연문희(2005)는 한국 대학생을 대상으로 도출한 사회적 유능성의 7개 하위요인 중 자신과 타인의 감정변화를 예민하게 지각하고 주변상황을 민감하게 파악하는 특성을 '민감성'으로, 타인이 어려움을 겪으면 도와주고 상대방을 배려하는 특성을 '온정성'으로 보았다. 또한 슈나이더(Schneider, 1992)는 공감 및 배려를 타인에게 관심을 표현하고 타인을 편하게 만드는 것, 의미 있는 상호작용을 위하여 장벽을 깰 줄 알고 신뢰로운 관계를 형성하는 것, 타인의 느낌과 동기를 정확하게 해석하고 타인의 반응을 예상할 줄 아는 특성이라고 설명하고 있다.

공감·배려는 특히 학습자와 그들의 가족, 교육현장에서 각기 다른 위치와 업무를 담당하는 교직원 등과 공동체를 형성해야 하는 교사들에게는 매우 중요한 인성이라 할 수 있다. 왜냐하면, 교사는 그들의 정서와 의견에 귀 기울이며 수용하는 공감적인 태도를 지녀야 하며 이러한 협력적인 관계 안에서 교육기관의 목표를 이뤄갈 수 있으며, 궁극적으로 긍정적인 관계 안에서 환류를 통해 교육을 발전시켜 나갈 수 있기 때문이다.

3 교육실천가로서 갖추어야 할 인성

1) 교육 실천에서 인성의 중요성

영유아교사의 인성은 개인이 사회에 적응해가는 과정에서 개인적으로는 자아를 실현하고, 사회적으로는 더불어 살아가기 위한 가치를 추구하며, 사회의 변화에 반응하고 발전하는 역동적 특성을 지닌다. 즉, 교사의 인성이란 교사가 갖추어야 할 인간적인 성품과 성격이면서 직무를 수행하면서 경험하는 교직 사회의 문화적 테두리 안에서 요구되고 변화될 수 있는 특성이라 할 수 있다.

영유아교육의 양적 증가와 함께 영유아교육 과정 속의 질적 요소로서 교사와 관련된 연구들이 이루어지며 교사의 전문성에 주목하게 되었다. 이는 교사의 가르침은 교사의 전문성에 의존하기 때문이다. 교사의 전문성이란 교사가 가르치는 내용에 대한 전문지식과 교수법의 지식에 숙달했다는 의미에 한정되지 않으며 가르치는 과정에서 교사의 전 인격이 동원되고 매개될 수밖에 없다. 따라서 교사의 사람됨, 즉 교사의 인성은 교사의 전문성으로 비중 있게 다루어져야 하며 여기에는 교사의 교수 행위, 그리고 교수 행위와 밀접한 연관성을 가지는 교사의 사고 과정, 교사의 말이나 행동을 이끄는 내면적 동기로서의 신념, 성향, 인성 등이 포괄적으로 포함된다.

특히 영유아교사의 반응적이고 온정적이며 긍정적인 성향 및 태도는 영유아의 발달에 기여하는 것은 물론, 교사와 영유아 간에 긍정적인 관계를 형성하며 영유아가 영유아교육기관에 보다 잘 적응하고 안정적인 애착을 형성할 수 있도록 한다(김은경, 2010). 또한, 교육 실천가로서 교사의 인성은 매 순간 적합한 것이 무엇인지를 결정하는 기반이 되어 영유아에게 보다 적합한 정서적·물리적 지원을 가능하게 한다. 이외도 교사 온정성, 민감성, 수용성, 열정 등의 인성이 영유아발달에 미치는 다양한 효과를 보고한 연구들을 살펴보면 교사－영유아 상호작용이 활성화되고, 영유아의 사회적 유능성과 과제수행 및 총체적 영유아교육의 질에 긍정적인 영향이 있음을 보고 하고 있다. 또한 교사와 영유아 간의 긍정적 관계 내에서 영유아의 대한 조기 개입과 예방이 가능해지며, 영유아와 교사의 상호작용의 질이 향상되어 궁극적으로 영유아의 인지, 사회, 정서, 언어발달 등을 조장하는 것으로 나타났다.

정리하면, 영유아교육의 질 향상에 대한 요구가 높아지며 교사의 전문성에 더욱 주목하게 되었으며, 특히 영유아교육에서는 가르치는 과정에서 교사의 전 인격이 동원되고 매개되므로 교육실천가로서 교사의 인성은 영유아의 발달을 포함하여 영유아교육의 질 전반에 영향을 미친다는 점에서 지속적으로 탐구되고 향상되어야 하는 성향이라 할 수 있다. 이에 여기서는 교육실천가로서 교사의 인성 가운데 민감성, 수용성(영유아에 대한 사랑), 소명성, 열정을 중심으로 살펴보고자 한다.

2) 교육실천가로서 갖추어야 하는 인성 항목

(1) 민감성

교사 민감성이란 교사가 영유아의 기본적인 욕구부터 복잡한 욕구까지 알아차리고 긍정적으로 반응하여 궁극적으로 발달과 학습을 이끄는 능력을 의미한다(Gerber, 2003). 즉 교사가 영유아가 나타내는 다양한 신체적·정서적 표현에 대하여 적절한 방식으로 즉각적이고 민감하게 반응하는 것을 의미하는 것으로, 여기에는 영유아의 행동적·정신적 신호에 관심을 보이고 민감하고 정확하게 읽으며 진행되는 상황을 통찰하는 것이 포함된다(Howes & Smith, 1995). 또한, 가장 기본적인 것부터 복잡한 것에 이르기까지, 교사가 영유아의 개별적 요구를 인식하는 능력과 영유아의 발달과 학습에 있어서 적절한 수준의 비계를 설정하는 능력이 포함된다(Gerber, Whitebook & Weinstein, 2007).

초기 민감성에 대한 연구는 주로 양육자와 영아를 통해 연구되어 왔다. 이들 연구들은 민감성이란 영유아의 감정표현과 요구에 대해 효과적인 상호작용은 물론, 온정적이고 민감한 반응을 통해 적절한 지원을 하는 것이라 설명한다. 구체적으로 호위스(Howes, 1995)는 양육자가 아동에게 관심을 보이고 아동의 신호를 민감하고 정확하게 해석하여 상황을 통찰함에 있어 따뜻함, 반응성, 일관성을 가지는 것으로써 이러한 양육자의 민감성을 통하여 질 높은 양육 관계를 이룰 수 있다고 하였고, 애인스워스(Ainsworth, 1989)는 양육자가 영아의 울음 또는 웃음, 옹알이 등의 신호를 정확하게 인지하고 해석하는 능력, 즉 영아의 애착신호에 대해 정확하고 적절하게 반응하는 능력을 민감성이라고 정의하였다.

한편 민감성을 구성하는 요인에 대해서는 학자마다 조금씩 차이가 있다. 먼저, 호위스(Howes, 1995)는 과정적인 질과 구조적인 질로 나누었다. 과정적인 질에는 교사의 개인적인 사항과 관련된 연령, 학력, 경력, 결혼 여부, 교사교육 정도, 교육적 신념 및 심리적 특성이 포함되며, 구조적인 질에는 교사의 경제적 요인, 업무환경, 조직 관련 요인, 시간과 관련된 외적인 요인이 포함된다고 하였다. 또한 교사가 가지고 있는 과정상의 질과 구조적인 질은 민감성의 요소로 영유아의 발달의 특성에 적합한 활동을 제공하고 교사-영유아 간 상호작용과 밀접한 관계가 있다고 보고되었다. 다음으로 피안타(Pianta, 1999)는 영유아교사 민감성의 하위요인을 일관성, 긍정적인 태도, 온정성, 적합성으로 구분하였고, 거버(Gerber, 2003)는 조율하기와 엄격함으로 구분하였다.

우리나라에서 영아교사 민감성 척도를 개발한 민광미(2014)는 교사 민감성의 하위요인을 적절성, 정확성, 즉시성, 일관성, 융통성으로 구분하였다. 첫째, 적절성이란 영아가 처한 상황이나 현재 상태에 대해 적절하게 대처할 수 있는 교사의 태도이며, 둘째, 정확성이란 영아의 개인적 발달 특성이나 요구 및 신호를 정확하게 인지하고 그에 맞는 놀이나 활동을 제공할 수 있는 교사의 태도를 의미한다. 셋째, 즉시성이란 영아가 보이는 언어적 표현, 비언어적 표현을 즉시 알아차리고 그에 맞는 즉각적인 태도 보여주는 것을 의미하며, 넷째, 일관성이란 영아의 요구에 대해 일관된 반응을 보임으로써 영아에게 신뢰감을 형성하는 것을 의미한다. 마지막으로 융통성이란 영아의 개별적 특성에 맞게 유동적으로 일과를 수정 및 보완할 수 있는 것을 말한다. 즉, 이러한 적절성, 정확성, 즉시성, 일관성, 융통성의 개념을 종합해 볼 때, 교사의 민감성이란 영유아가 자신의 요구를 표현했을 때 표현하는 즉시, 의사를 정확하게 파악하여 적절하고 일관되며 유동적으로 반응하는 교사의 수용적인 태도를 의미한다. 따라서 교사의 민감성은 영유아의 사회적 유능성과 과제수행 및 교육의 총체적인 질을 높이는 중요한 변수라 할 수 있다.

구체적으로 영유아교사의 민감성이 영유아발달을 지원하는 중요한 요인임을 주장하는 연구들을 살펴보면, 이기숙 등(2007)은 교사의 민감한 반응은 영유아의 발달에 긍정적인 영향을 미친다고 보고하고 있으며, 최은정(2009)은 영아의 경우 언어표현 능력이 부족하므로 표정이나 눈빛 등을 통하여 자신의 요구나 의견을 전달하는 경우가 많아 이런 신호들을 민감하게 관찰하고 반응할 수 있는 민감성이 필수적임을 지적하고 있다. 또한, 이화순(2010)도 교사가 민감하게 반응할 때 영유아의 친사회성이 잘 나타난다고 보고하였으며, 김의향(2006)도 영아의 몸짓을 민감하게 이해하는 것은 영아의 의사소통적 의도 파악 및 어휘력 증진에 중요하다고 보고 하였다.

특히 영유아교사에게 민감성이 중요한 것은 영유아를 교육하고 지원하기 위해서는 영유아들이 교사에게 전달하는 다양한 신호와 접근에 대한 이해가 선행되어야 하기 때문이다. 영유아는 자연적으로 타인과 관계를 맺고자 하는 발달상의 사회적 욕구를 가지고 태어나지만, 자신이 먼저 타인과 관계를 맺을 만한 발달은 이뤄가는 과정에 있으므로 교사나 양육자가 영유아의 욕구를 만족하게 해주고, 자신에게 적절한 반응을 보여주는 것을 통해 자신이 타인과 관계를 맺고 있는 것을 확인하게 된다. 즉, 영유아의 발달은 반응적인 성인의 지원을 필수적으로 요구하므로, 영유아교사는 영유아의 상태에 민감하게 반응함으로써 영유아를 만족시켜 주는 민감성이 필요한 것이다.

(2) 소명감

교육자는 교육활동에 헌신적으로 봉사하도록 부름을 받았다고 볼 수 있다. 교사의 교직관은 교직이라는 직업의 본질에 대한 관점에 따라 성직적 교육관, 전문적 교육관, 노동직적 교육관으로 구분된다. 현대에는 교직을 전문직으로 보는 견해가 강하나 교사의 교육적 행위는 어느 직업보다도 자율성과 소명의식이 요구된다는 점에서는 일정 부분 성직적 교육관이 존재한다. 성직자적인 관점에서 바라보면 교사는 학생들에게 윤리적인 모범을 보이는 역할을 하는 동시에 제자에 대한 사랑과 헌신, 희생과 봉사를 실천해야 한다. 이러한 희생과 봉사는 이타주의적 성격을 띠며, 자율적이고 인간에 대한 애정을 바탕으로 하고 있다.

소명(calling)이란 종교적인 의미에서 신의 부름이라는 뜻을 나타내는 용어로 주로 사용되었으나 긍정심리학이 등장하면서 소명의식을 직업과 관련하여 직업의 목적의식과 일의 의미에 대한 감정을 유발하는 단어로 사용되고 있다(Dick & Duffy, 2009). 이는 소명을 목적과 의미가 충만한 의식을 나타내거나 특별한 삶의 역할에 다가가기 위하여 동기부여의 근본 원천으로서 타인 지향의 가치와 목표를 지니는 것으로 정의하는 것이다. 이러한 소명의식의 본질적 속성은 자아 초월적 부름인 공공 지향적 헌신과 타인 지향적 가치에 기반을 둔 목표추구라 할 수 있다.

구체적으로 소명의 특징은 외부로 발현되므로 행동 지향적이고, 자기이해와 조직 행동의 나아갈 방향에 대해 명확하게 아는 방향성을 가지며, 개인의 공공선에 대한 기여와 사명에 대한 분명한 이해 및 친사회적 성향을 지닌다. 즉, 소명은 사회의 흐름에 순방향적인 의도를 더하는 일련의 행동으로, 현재하고 있는 것, 개인이 하고 싶은 것, 사회 구성원으로서 해야 하는 것을 효율적으로 일치시키는 것이라고 볼 수 있다(Elangovan, Pinder & McLean, 2010).

특히 교직분야에서 소명의식은 아무리 어려운 상황일지라도 자신의 가치관과 철학 및 정체성 등에 따라 맡은바 역할과 소임을 충실히 수행하는 헌신적인 신념으로 강조되고 있다. 딕과 더피(Dick & Duffy, 2009)는 소명의식(calling)을 개인이 조직과 상호작용하면서 수행하는 일에 대해 의미를 부여함으로써 그 속에서의 자신의 역할을 깨닫고, 목표와 의미를 추구하며, 그로 인해 조직과 사회의 공공성 달성에 긍정적으로 기여하는 태도라고 정의하였다. 즉, 소명의식이 높은 사람일수록 직업 정체성이 높고, 일의 의미와 직업에 대한 중요성도 강하게 인식한다. 따라서 소명의식을 가진 영유아교사는 교직생활 동안 교사 자신에 대해 긍정적인 자아존중감을 유지함으로써 자신의 직업에 대해 강한 애착을 갖고 헌신적으로 교사 역할을 수행할 수 있다는 측면에서 소명성은 더욱 강조되고 지속적으로 형성해 나가야 하는 인성이라 할 수 있다.

소명의식의 이루는 구성요인을 살펴보면 딕과 더피(Dick & Duffy, 2009)는 초월적 부름, 목적이 있는 일, 친사회성으로 보았고, 하유진(2012)은 개인과 환경의 적합과 동일시, 일의 의미와 가치 추구적인 태도, 초월적 인도력 등을 제시하고 있다.

한편 소명의식은 개인이 좋아서 하는 것, 해야만 하는 것, 실제 하고 있는 것에 대한 감각을 수렴하여 친사회적 의도를 갖고 실천하려는 행동이므로 매슬로우(Maslow)의 자아실현에 대한 경향성을 지니며(Elangovan, Pinder & McLean,

2010), 이를 통한 만족도는 조직몰입, 일의 의미 인식, 직업적 정체성, 직업적인 자기효능감, 직업만족도 등에 긍정적인 영향을 미치는 것으로 보고되고 있다(Duffy, Dick & Steger, 2011). 또한, 소명의식을 직업소명으로 명명하여 개인의 자기실현뿐만 아니라 타인과 조직의 이익에 기여할 목적으로 열정과 헌신적 태도, 천직의식을 바탕으로 자신의 삶과 일에 긍정적인 의미와 가치를 부여하는 능동적 행동으로 정의되기도 한다(권선영 · 김명소, 2014).

특히 교육분야에서는 교직에 대한 소명의식을 갖는 것에서 더 나아가 교사는 윤리적 행동기준을 중요시하며 자기성찰에 힘써야 한다는 주장이 강해지고 있다(김정화, 2012). 즉 교직단체 활동에 참여하되, 그 단체가 회원들의 연구와 자기개발 행위를 자극하고, 그것과 관련된 활동들을 적극적으로 주도하며, 사회와 교육에 대한 책무감을 갖추어야 한다는 것이다.

(3) 인간애(수용성)

인간애(수용성)란 인간에 대한 사랑이나 인정이 많고 깊음을 의미하는 것으로, 일반적으로 인간을 대상으로 하는 모든 직업에서 갖추어야 할 기본적인 성향이다.

인간애의 가장 대표적인 요인은 사랑이라 할 수 있는데, 특히 영유아교사직은 근본적으로 영유아를 사랑하고, 그들의 흥미에 관심을 가지며 존중하는 마음이 기본되어야 하는 직업이기에 교육실천가로서 영유아교사에게 인간애는 가장 기본이 되는 인성이라고 할 수 있다(이기숙 외, 2007). 영유아교사직은 영유아에 대한 근본적인 사랑이 있지 않다면, 교사직을 수행하는 것이 불가능하다 해도 과언이 아니다. 많은 영유아교사들의 교사직을 선택한 동기로 '어려서부터 아이들이 좋아서'라는 말에서 느낄 수 있듯이 대부분의 영유아교육 전공자들은 영유아에 대한 사랑을 가지고 교직을 선택하고 있으며, 이러한 영유아에 대한 사랑은 교직에 대한 보람, 만족 더 나아가 교직에 머물게 하는 중요한 요인으로 작용한다. 또한, 영유아교사는 영유아를 사랑함과 동시에 영유아를 하나의 독립된 인격체로 보고 영유아의 권리와 가치를 인정하고 존중하여야 한다. 즉, 어른의 축소판이 아닌 영유아를 있는 그대로 받아들이고 수용하는 태도를 지녀야 할 것이다.

영유아교사에게 인간애가 중요한 인성인 것은 이러한 사랑은 다른 사람을 보살피고 친밀한 관계를 형성하도록 돕도록 하기 때문이다. 이런 맥락에서 영유아교육의 철학적 기반이 되고 있는 코메니우스, 루소, 페스탈로찌, 슈타이너 등 근대교육사상가들은 영유아교사의 자질 중 개인적인 인성 특성으로 영유아를 존중하고 이해하며 애정적인 관계를 형성해야 함을 일찍이 강조해 왔으며, 현대사회에서도 영유아와 교사 간의 라포(rapport)형성과 신뢰를 기반으로 한 애착에 관한 연구들이 지속적으로 이어지며, 교사의 인간애가 영유아에게 미치는 긍정적 영향에 대해 보고하고 있다(전재선, 2011).

구체적으로 이영자 등(2001)의 연구에서는 교사가 따뜻하고 융통성 있으며 공정하게 행동할수록 영유아들은 더욱 적극적이고 독립적으로 활동에 참여하였으며, 교사와 영유아의 상호작용도 증가하는 것으로 나타났다. 또한, 영유아와 교사 간의 애착 연구(김숙령, 2006; 유효순, 2003)들은 공통적으로 교사 영유아 간의 친밀감과 안정적인 애착이 영유아의 기관적응 및 사회·정서적 행동과 밀접한 관련이 있다고 보고 하고 있다. 또한 최윤정(2009)은 영유아교사의 강점에 대한 연구에서 인간애, 사랑, 친절과 같은 강점이 강한 교사들은 직무에서도 높은 만족감을 느끼는 것으로 나타났다. 따라서 사랑은 영유아교사의 개인적인 특성이면서 영유아의 정서적 안정과 학부모의 신뢰를 형성할 수 있고, 직무수행에도 영향을 미치는 영유아교사의 중요한 인성 특성이라 할 수 있다.

(4) 열정

열정이란 자신의 목표에 시간과 노력을 기울이고 좋아하는 대상이나 활동을 향한 높은 수준의 접근 경향성을 의미하는 것으로, 특히 심리학자들은 열정의 동기적 측면에 관심을 기울이고 있다. 이는 열정은 직업에 연관된 활동들에 대한 긍정적인 동기의 근원인 동시에 인간에게 의미 있고 미래지향적인 삶을 위한 원동력이

되어주기도 하고 부정적 정서와 생활의 불균형을 유발하는 원인이 되기도 하기 때문이다(김현진, 2012)

최근 교육분야에서도 이러한 자신이 좋아하고 중요하게 여기는 특정 활동이나 일에 시간과 에너지를 집중시키는 강한 경향성인 열정은 유능한 교사 및 현시대가 추구하는 영유아교사로서 갖추어야 할 특성으로 자주 언급되며(김영주 · 원혜경, 2017; 김현, 2016; 원혜경 · 조숙영, 2018; Day, 2004/2007), 교직 열정의 강도에 따라 영유아를 대하는 태도, 교수 효능감, 교사헌신 등 교직 관련 직무수행이 달라지므로 교직 열정은 교육의 질의 예측하는 강력한 변인으로 대두되고 있다. 또한, 역동적인 일과가 이루어지는 영유아교육현장에서 영유아를 가르치는 교사에게 교직에 대한 열정이 없다면 교육현장에 봉착된 다양한 문제 상황에 스트레스를 받고 이에 따라 이직에 직면하게 된다는(Crosswell & Elliott 2004; Ingersoll, 2001) 측면에서도 열정은 예비영유아교사 및 현직교사들이 교직 업무를 수행하기 위해 필수적으로 가져야 할 인성이라 할 수 있다.

일반적으로 교직의 열정은 조화로운 열정(harmonious)과 집착적 열정(obsessive passion)으로 분류된다(김현, 2016; Carbonneau et al., 2008). 우선 '조화로운 열정'은 자아 정체성을 이루어가는 과정에서 나타나는 특정한 활동들에 대한 열의라고 말한다(김현진, 2012). 이러한 '조화로운 교직에 대한 열정'은 교사라는 정체성이 중요한 요인으로 작용하므로 교사가 일상생활의 삶 속에서 교직과 관련된 일이나 활동에 영향을 받지 않는다(김현, 2016; Carbonneau et al., 2008). 반면 '집착적인 열정'을 가진 교사는 실생활의 전반적인 삶 속에서 교직과 관련된 일과 활동에 영향을 받아 삶을 힘들어 하는 경향이 있다.

정리하면, 교사로서 주어진 자신의 과업에 긍정적으로 대응할 수 있는 '조화로운 열정'은 그 과업을 효과적으로 수행할 수 있는 능력을 높여주고 실생활과 삶의 전반적인 면에서 효율적이고 적절하게 대처할 수 있게 한다는 측면에서 교육실천가로서 교사가 갖추어야 할 중요한 인성으로 교사는 자신의 교육 열정을 점검하고 관리해 나가야 할 것이다.

참고 교직열정의 측정 척도

하위 요인	문항	전혀 그렇지 않다	그렇지 않다	보통 이다	그렇다	정말 그렇다
열정 준거	나는 예비교사로서 교과과정이행에 많은 시간을 소비하고 있다.	①	②	③	④	⑤
	나는 예비교사로서 하는 교직이수과정을 좋아한다.	①	②	③	④	⑤
	예비교사로서 준비하는 교직과정은 나에게 중요하다.	①	②	③	④	⑤
	교직과정으로 수행하는 모든 과정에 나의 열정을 다하고 있다.	①	②	③	④	⑤
조화로운 열정	교직과정은 내 삶의 다른 활동들과 조화롭게 이루어지고 있다.	①	②	③	④	⑤
	교직과정을 통해 발견하는 교직에 관한 모든 새로운 지식들로 자부심을 느낀다.	①	②	③	④	⑤
	나를 사랑하는 만큼 예비교사로서 교직과정에 최선을 다하고 있다.	①	②	③	④	⑤
	예비교사로서의 현 위치와 교직과정 이수는 경험의 폭을 넓혀준다.	①	②	③	④	⑤
	예비교사로서의 현 위치와 교직과정 이수는 현재 내 삶의 전반에 잘 융합되어 있다.	①	②	③	④	⑤
	예비교사로서의 현 위치와 교직이수는 나의 다른 역할들과 조화롭게 진행되고 있다.	①	②	③	④	⑤
집착적 열정	교직과정을 이수하는 데 다소 어려움이 있다.	①	②	③	④	⑤
	예비교사로서의 교직이수과정에 지나치게 얽매여 있는 느낌이다.	①	②	③	④	⑤
	예비교사의 신분과 교직이수는 현재 나에게 유일한 관심거리이다.	①	②	③	④	⑤
	가능하면 예비교사로서 교직준비와 관련된 것에만 전념하고 싶다.	①	②	③	④	⑤
	현재 나의 위치와 교직과정 이행이 내 생활의 대부분이며 최우선 이다.	①	②	③	④	⑤
	예비교사라는 신분이 나를 가득 채우고 있음을 느낀다.	①	②	③	④	⑤

출처: 김현진(2012). 예비영유아교사 교직열정 측정 척도.

생각해 봅시다

1. 면접 예상 질문에 답을 작성해 보고 역할극을 실시해 본다.
   - 자신의 인생관, 생활신조, 교육관은 무엇인가?
   - 자신의 성격의 장단점, 특기는 무엇인가?
   - 다른 사람과 갈등이 있을 때 어떻게 해결하는가?
2. 영유아교사에게 가장 중요한 인성 덕목은 무엇이라고 생각하는지, 왜 그렇게 생각하는지 토론해 본다.
3. 조별로 전문인으로서 갖추어야 할 인성, 공동체 구성원으로서 갖추어야 할 인성, 교육실천가로서 갖추어야 할 인성에 대한 주제를 나누고 조원과 브레인스토밍한 후 조별토론 결과를 함께 공유해 본다.

PART 02

영유아교사의 역량

Chapter 04

영유아교사가 갖추어야 하는 역량

배울내용 영유아교육을 바라보는 관점의 변화 안에서 영유아교육의 중요성과 및 질적 수준 강화에 대한 목소리가 높아지면서 영유아교사의 전문성, 핵심역량 등의 용어가 자주 등장하고 강조되고 있다. 이에 본 장에서는 영유아교육의 질적 향상을 위해 교사가 갖추어야 할 역량을 학습자에 대한 이해 역량, 교육과정 운영과 학급운영 역량, 정보화에 따른 역량으로 나누어 살펴보고자 한다.

학습목표

1. 영유아교사의 학습자에 대한 이해 역량을 알아본다.
2. 영유아교사의 교육과정 운영 역량을 이해한다.
3. 영유아교사의 정보화 역량을 이해한다.

1 학습자에 대한 이해 역량

1) 영유아기 발달의 특성과 중요성

발달(development)이란 인간의 전 생애 동안 연령의 증가와 더불어 일어나는 모든 변화 과정을 말한다. 발달은 양적 변화와 질적 변화가 있는데, 양적 변화는 키, 몸무게, 어휘력 등과 같이 수치나 크기, 양에서의 변화를 의미하며, 질적 변화는 종류나 구조조직의 변화를 의미하는데, 한 개의 단어로 의사소통을 하던 영아가 두 단어 또는 세 단어로 의사소통을 하게 되는 변화가 예가 될 수 있다(유효순 외, 2016). 이러한 발달이 이뤄지기 위해선 성장(growth)과 성숙(maturation) 및 학습(learning)이 필요하다. 성장은 개체의 신장, 체중, 골격 등과 같은 신체적·생리적 측면의 양적 증가를 의미하며, 성숙은 유전적으로 결정된 발달적 변화가 시간의 흐름에 따라 자연스럽게 나타나는 생물학적 과정이며, 학습은 직·간접적 경험의 결과로 나타나는 발달적 변화를 말한다.

발달은 인간의 전 생애를 통해 이뤄지나 특히 영유아기 발달이 중요한 의미를 가지는 것은 이때의 경험이 이후 학습능력, 자존감, 유능감, 사회성 등의 발달 전반에 지대한 영향을 미치기 때문이다. 또한, 이 시기에 발달이 급격히 이루어진다는 점도 양육자나 영유아를 담당하는 사람들이 주목해야 하는 점이다. 영유아기 발달의 급격함은 신체발달만 살펴봐도 알 수 있다. 생의 초 신체발달은 매우 큰 변화를 나타내는데 몸무게를 보면 생후 4개월이 되면 출생 시 몸무게의 2배가 되며 첫 돌이 되면 3배 정도가 되고, 키 역시 매달 약 2.5cm가 성장하여 첫 돌이 되면 출생 시 키의 약 1.5배가 된다. 또한, 언어발달의 경우도 생후 첫 돌을 전후 첫마디를 하는 어휘는 2세 전후 급격히 증가하여 200여 개의 어휘를 사용할 수 있게 되며, 두뇌발달에서도 신경세포의 연결망인 시냅스가 많이 만들어지며 뇌세포의 수초화가 2세 때에 최고조에 달하며, 지능발달 역시 영유아기에 가장 급격히 이루어져 성인의 약 70~80%가 이루어진다.

특히 영유아기가 중요한 것은 이 시기가 발달의 결정적 시기 혹은 민감한 시기라는 점에서도 설명될 수 있다. 인간의 발달은 어느 시점에서만 특수한 유형의 학습이 일어나도록 선천적으로 계획되어 있는데, 이러한 특수한 학습이 이루어지는 시기를 '결정적 시기'라고 하며, 이 시기를 놓치면 같은 학습이 일어나기 어렵거나 심지어 불가능하기에 영유아기는 인간의 생애 중 중요한 발달 시기라고 할 수 있다.

2) 영유아교사의 학습자 이해 역량

(1) 영유아 성장과 발달 이해 역량

영유아교사직은 어린 연령의 영유아들을 대상으로 이들의 전인발달을 도와주는 직업이다. 발달적 특성으로 볼 때 영유아교사직은 가르치는 일과 돌보는 일이 조화롭게 유지되어야 하며, 학습자가 교사에 대한 의존도는 높고, 자신의 생각이나 감정을 표현하는 일이 어렵기 때문에 이를 읽어낼 수 있는 민감성과 발달의 이해 역량이 필수적이다. 또한, 영유아교사는 영유아의 전인적 성장과 발달을 위해 그들의 기본적인 욕구를 충족시키며 보호하는 동시에 놀이나 활동을 지원, 촉진하기 위해서는 영유아를 관찰하고 평가하는 다면적 역할이 필요한데, 이때도 영유아의 발달에 대한 이해는 필수적이다. 이외도 영유아의 발달적 특성에 대한 이해는 교사에게도 영향을 미치는데, 특히 다양한 영유아들의 특성을 구체적으로 이해하고 있지 않으면 교사는 심리적 소진이 높았으며, 낮은 회복 탄력성을 보이는 것으로 나타났다(구효진 외, 2017).

그렇다면 영유아교사가 영유아기의 발달에 관해 기본적으로 이해하고 유념해야 할 점은 무엇일까? 미국 국립의학연구소의 영유아발달 통합위원회에서는 다음과 같이 10가지를 제안하고 있다(Shonkoff & Phillips, 2000).

첫째, 유전과 환경 모두 영유아발달에 영향을 미친다. 유전은 인간이 타고나는 것으로 영유아의 성장과 발달에 영향을 준다. 그러나 영유아에게 주어지는 양육, 경험, 교육 등의 환경 역시 영유아의 발달에 영향을 준다는 점에 대해서는 논란의 여지가 없다. 이 점은 영유아를 돌보고 있거나 교육을 담당하는 사람들이 깊이 주의를 기울여야 할 점이다.

둘째, 영유아가 속한 사회문화는 영유아의 양육에 대한 신념과 실제에 영향을 준다. 모든 문화는 자녀 양육에 대한 생각을 지배하는 독특한 습관, 관습을 가지고 있다. 사람들은 자신의 문화라는 렌즈를 통해 세상을 보고, 가족 사회의 관습에 따라 자녀를 양육하게 된다.

셋째, 영유아의 자기조절능력은 발달의 중요 지표 중 하나이다. 자기조절능력(self-regulation ability)이란 음식을 먹기 위해 잠시 기다리고, 무엇인가에 집중하기 위해 소음을 무시하는 등 세상에 대한 자신의 반응을 조절할 수 있는 능력이다. 이러한 자기조절능력은 영유아가 앞으로 학습을 하기 위한 기초가 된다. 즉, 자기조절능력은 영유아가 과제에 집중하도록 하고, 다른 사람의 피드백에 초점을 맞출 수 있게 하고, 긍정적 방식으로 정서를 조절할 수 있게 하는 역량의 토대가 된다.

넷째, 영유아는 적극적인 탐색활동을 통해 자신의 발달에 이바지한다. 영유아는 걸을 수 있게 되기 위해 특별히 훈련을 받거나, 말하는 것을 위해 인위적으로 연습할 필요가 없다. 영유아는 이 세상을 이해하기 위해 호기심을 가지고 있고, 에너지가 넘치고 동기화되어 있다.

다섯째, 만족스럽고 즐거운 인간관계 속의 상호작용은 건강한 발달의 토대가 된다. 만약 초기 관계가 만족스럽고 즐겁다면 영유아는 신뢰, 협상, 공감, 부모나 또래와 협동하기 등을 배우며, 이러한 것들은 후에 바람직한 대인관계의 토대가 된다. 대인관계가 불안하거나 혼란스럽거나 두렵지 않고, 편안하고 안정적이고 일관성이 있는 경우 영유아는 탐색과 조사에 집중할 수 있는 안정감을 느끼게 되고 이것이 학습의 중요한 요소가 된다.

여섯째, 영유아의 발달에는 개인차가 있다. 어떤 영아는 10개월에 첫 말을 하지만 어떤 영아는 15개월이 되어야 첫 말을 하는 것처럼 개인차가 있다. 발달에는 정상적 발달범위가 있어 지나치게 개인차를 염려하지 않아도 된다. 그러나 발달이 다소 느리지만, 중재가 필요하지 않은 정상적 발달의 범위 안에 있는 영유아들이 있는 반면, 적절한 중재가 이루어져야 할 정도로 발달이 늦는 영유아가 있다. 이렇게 발달이 늦는 발달지체 영유아를 조기에 선별하여 지도하는 것이 필요하나 단순히 발달이 늦은 영유아와 발달지체 영유아를 구별하기가 어렵다는 문제점이 있다.

일곱째, 영유아의 발달은 연속적이기도 하고 비연속적이기도 하다. 일반적으로 영유아의 신체발달을 보면 연속적이다. 그러나 영유아의 행동적 측면을 보면 비연속적임을 알 수 있다. 예를 들어, 2개월경과는 달리 7개월경이 되면 마치 자신의 생각과 감정, 행동이 다른 사람에 의해 이해될 수 있다고 여기는 것처럼 행동한다. 두 돌경이 되면 한 돌경과는 달리 독립성이 싹트게 된다.

여덟째, 영유아는 손상을 입기 쉬운 동시에 회복력도 높다. 영유아기는 무기력한 시기로, 빈곤, 가정의 스트레스, 부모의 학대 등 발달에 위험을 줄 수 있는 요인들에 취약하다. 이러한 요인들은 성장 후 부정적인 영향을 줄 가능성이 높다. 그러나 회복력도 높아 빈곤의 경우 영양을 적절히 공급해 줄 때, 가정의 스트레스로 인한 문제의 경우도 가족이 애정을 보여 주고 그들과 긍정적 상호작용을 하게 될 때 그 부작용이 해소될 수 있다.

아홉째, 영유아의 경험은 그 시기가 중요하다. 생애 초기 3년 동안의 반응적이고 애정적인 환경의 중요성은 논쟁의 여지가 없다. 그러나 한 번 맞으면 면역이 생기는 예방주사와는 달리, 만족할 만한 영유아기를 지냈다고 하여도 이후의 삶에서 발생하는 어려움에 면역이 생기는 것은 아니다. 영유아기를 잘 보낸 아동도 십대 초반이나 청소년기에 들어서면서 대단한 정신적 충격에 직면할 수도 있다.

열째, 조기 중재가 중요하다. 조기 중재에는 위험에 처해 있거나 장애가 있는 영유아와 그 가족을 위한 서비스 및 프로그램이 포함된다. 영유아를 위한 조기중재와 가족을 위한 지원은 영유아에게 준 위험요인을 줄이고 취약성을 개선하여 회복력을 증진시킬 수 있다.

(2) 영유아 권리존중 역량

영유아들은 영유아교육기관에서 오랜 시간 지내면서 영유아교사의 말투, 행동, 성격, 태도 등을 모델링하며(서현 외, 2013; Gronlund, 2006), 영유아교사의 돌봄과 교육을 통하여 그들의 일상적 권리를 존중받는 경험을 하게 된다. 또한 영유아들 주변의 성인에 의해 권리를 존중받는 영유아들은 자라서 성인이 되었을 때 영유아 자신이 배운 대로 자녀, 주변의 영유아들을 대하게 되므로 영유아교육기관에서의 일상적 권리로 존중받는 경험은 영유아의 일생에서 매우 중요하다. 따라서 영유아 주변의 영향력이 강한 성인으로서의 영유아교사는 영유아들의 권리를 존중해야 하는 것은 당연하고도 중요한 사명이라 할 수 있으며, 인간으로서의 존엄과 가치를 지닌 주체로서 영유아를 인식하고 영유아의 능력 및 권리를 지원해 줄 수 있는 교육실천가로서의 역량을 키워나가는 것은 매우 중요하다(조숙영 · 원혜경, 2018).

영유아권리는 유엔의 아동권리협약에 의거한 것으로, 영유아가 보호의 대상만이 아니라 영유아에게 생존 · 발달 · 보호 · 참여의 4대 권리를 조건 없이 부여해야 한다는 것이다. 이러한 아동권리협약에서는 영유아권리의 실천됨에 있어서 '아동이익 최우선의 원칙'(제3조)을 대전제로 하여 '무차별의 원칙'(제2조), '생존, 보호, 발달의 원칙(제6조)' 및 '의사 존중 및 참여(제12조)의 원칙'이 기반이 되어야 한다고 권고하고 있는데, 이를 구체적으로 살펴보면 다음과 같다.

'아동 이익 최우선의 원칙'이란 공공 또는 민간 사회복지관, 입법기관 등에 의해 실시되고 있는 아동에 관한 모든 활동은 아동의 이익이 최우선으로 고려되어야 한다는 규정이다.

'무차별의 원칙'은 아동을 인종, 피부, 성별, 언어, 종교, 정치적 견해 등 어떠한 종류의 차별 없이 권리를 존중하고 보장하여야 하며, 국가는 모든 형태의 차별이나 처벌로부터 아동이 보호되도록 보장하여야 한다는 규정이다.

'생존, 보호, 발달의 원칙'은 모든 아동이 생명에 관한 고유의 권리를 가지고 있고 가능한 최대한도로 아동의 생존 및 발달을 보장하여야 한다는 규정이다.

'의사 존중 및 참여의 원칙'은 아동이 본인에게 영향을 미치는 모든 문제에 대해 자신의 견해를 표현할 권리가 보장되며, 연령과 성숙도에 따라 정당한 존중이 이루어져야 한다는 규정이다.

정리하면, 영유아도 인간으로서 존엄과 가치를 지닌 주체로써 그 능력과 수단이 보장되고 실현될 수 있도록 지원받아야 할 대상으로 교사는 일상생활에서 영유아를 존중하는 인식과 실천이 수반되어야 한다. 특히 영유아는 영유아교육기관에서의 장시간 보내며 영유아교사의 돌봄과 교육을 통하여 일상적 권리를 존중받는 경험을 하게 되므로 영유아의 능력 및 권리를 지원해 줄 수 있는 전문적 교육가로서의 역량을 키워나가는 것이 필요하다.

2 교육과정 운영 및 학급경영 역량

1) 교육과정 운영역량

(1) 영유아교육기관의 교육과정 특성

현재 영유아교육분야 교육과정과 관련해서는 2019 개정 누리과정이 2019년 7월 24일에 교육부·보건복지부를 통해 고시되고 난 후, 2020년 3월부터 유치원과 어린이집의 영유아교육기관에서 만3~5세 영유아에게 적용되고 있다. 2019 개정 누리과정은 영유아중심·놀이중심 교육과정으로 일컬어지는데, 영유아중심·놀이중심 교육과정은 영유아의 '놀이' 그 자체를 교육과정의 의미로 담고 있으며, 놀이를 배움 그 자체로 두고 있다. 이는 놀이가 영유아에게 의미 있는 배움을 지원한다는 학습자중심 교육의 일환으로 교사는 영유아들의 놀이시간을 충분히 편성하도록 하고 영유아의 자발적 놀이가 실행될 수 있도록 교사의 놀이지원과 교육과정 운영의 자율권이 강조된다.

2019 개정 누리과정을 이전 교육과정과 비교하여 변화를 살펴보면 우선 교육과정의 방법적인 측면에서 3~5세 연령별 단계적 접근했던 누리과정 내용을 3~5세가 공통적으로 경험해야 할 최소한의 내용으로 5개의 영역 내용을 간략화하였다. 또한 '목적, 목표'와 '교수·학습'에서는 충분한 놀이시간을 확보하도록 권장하고, 영유아의 흥미와 관심, 자발적 참여를 강조하며 다양한 상호작용을 지원하도록 하고 있다. 특히 교사가 미리 계획한 활동보다는 영유아 주도적인 놀이가 중심이 되도록 하기 위해 교사가 제안하는 자유선택활동에서 영유아가 주도하는 자유놀이로 대체하여 운영하도록 제안하고 있다(교육부·보건복지부, 2019). 이는 영유아가 경험해야 하는 내용을 연령에 따라 인위적으로 제한하기 어렵고, 연령별 구분이 개별 영유아의 배움의 특성을 제한할 수 있다는 우려를 반영한 것이다. 또한, 2019 개정 누리과정에서의 교육내용의 간략화는 교사가 과다한 내용을 모두 가르쳐야 한다는 생각에서 벗어나 영유아의 놀이를 통한 배움을 용이하게 하기 위함이다. 2019 개정 누리과정은 연·월·주간·일일 계획의 당위적이고 형식적인 부분을 개선하여 다양한 방식으로 계획안을 작성할 수 있다. 또한 흥미영역의 운영방식 자율화, 평가의 자율화, 5개 영역 통합 방식의 다양화 등 구조적, 내용적 변화가 제시되어 있다.

앞서 간략하게 살펴본 2019 개정 누리과정의 개정 특성을 정리하면 다음과 같다(교육부·보건복지부, 2019).

첫째, 누리과정의 성격을 '공통의 교육과정'으로 명시하였다. 누리과정을 공통의 교육과정으로 명시함으로써 그동안 유치원의 교육과정과 어린이집의 보육과정이라는 차원에서 가져온 현장의 혼란을 최소화하였다. 어린이집과 유치원에 다니는 3~5세 영유아들에게 양질의 교육과정을 제공하고, 경험의 격차를 해소하고자 하는 노력이 보다 명시적으로 이루어질 수 있게 되었다.

둘째, 교육과정 구성 체계를 확립하였다. 이번 개정 누리과정에는 「3~5세 연령별 누리과정」에서 누락되었던 누리과정의 성격과 추구하는 인간상을 초중등학교 교육과정의 인간상과 연계성을 고려하여 명시하였다. 이는 누리과정이 교육과정으로서 구성 체계를 확립하고자 한 것이며, 동시에 21세기 미래지향적 인간을 길러내기 위한 핵심역량을 반영하여 인간상을 제시한 2015 초중등학교 교육과정과의 연계성 측면이 적극 반영된 것이다.

셋째, 기존 구성 체계 유지 및 5개 영역의 내용을 간략화하였다. 신체운동·건강, 의사소통, 사회관계, 예술경험, 자연탐구의 5개 영역의 명칭을 그대로 유지하되, 연령별 내용 구성을 3~5세 '영유아가 경험해야 할 내용'으로 연령 구분 없이 제시하였다. 또한, 내용범주를 영역별 3개 정도로 조정하고, 특히 연령별로 제시한 세부내용의 핵심요소를 내용과 통합 조정하여 59개의 내용으로 간략화하였다.

넷째, 영유아중심·놀이중심을 추구한다. 개정 누리과정에서는 영유아교육의 기본 정신인 '놀이'를 중심으로 영유아들의 배움을 지원하는 영유아중심, 놀이중심교육과정을 재정립하고자 '놀이'를 강조하고, '놀이시간을 충분히 편성'하는 등의 문장을 명시하였다. 이를 통해 정부의 교육혁신 방향에서 강조하는 놀이와 쉼, 학습자를 중심으로 하는 교육의 방향을 통일감 있게 추진하고자 한다.

다섯째, 누리과정 실행력과 현장의 자율성을 강조한다. 개정 누리과정 총론에서는 놀이중심의 누리과정을 실행하는 데 어려움을 주는 용어 등을 조정하여 현장에서 영유아가 중심이 되고 놀이가 살아나는 누리과정이 실행될 수 있도록 최대한 교사의 자율권을 지원하고자 한다. 또한 5개 영역의 내용을 간략히 하고 경험과 놀이를 강조하여 현장교사가 교사용 지도서가 아닌 개정 누리과정 고시문을 통해 보다 수월하게 교육과정을 실행할 수 있도록 누리과정 실행력 고취에 중점을 둔다.

여섯째, 평가의 간략화이다. 누리과정의 평가는 평가의 목적, 평가의 대상, 평가의 방법, 그리고 평가의 활용을 기본 원리로 하는 간략한 문구로 기술하였다. 이를 통해 영유아에 대한 이해와 누리과정 운영 개선을 위한 현장 중심의 자율적 평가가 실행될 수 있도록 지원하게 된다.

(2) 영유아교사의 교육과정 운영 역량

2019 개정 누리과정은 영유아중심·놀이중심의 교육을 추구하며 누리과정 실행력과 현장의 자율성 강조, 평가의 간략화 등을 강조하고 있다. 이에 따라 영유아교사의 교육과정 운영은 보다 자율화되었고, 교사의 높은 전문성과 교육과정 운영역량은 더욱 중요하게 되었다. 이전 교육과정에서는 영유아교사의 사전에 체계적인 교육계획을 하고 교육계획에 따른 실행과 평가를 구체적으로 하여 다음 교육계획에 반영하는 전문적인 교육과정 운영이 중시되었다면, 2019 개정 누리과정은 영유아교사가 영유아의 흥미와 경험에 기초한 놀이에서 유의미한 의미를 파악하고 영유아의 놀이를 확장하여 배움으로 이끄는 놀이지원자로서의 역할이 부각된다. 이에 여기서는 교육과정 운영과 관련한 교육과정 이해와 적용 역량, 교수-학습 역량, 놀이지원 역량을 중심으로 살펴보고자 한다.

① 교육과정 이해와 적용 역량

교육과정은 교육목적을 성취하는 통로이고, 영유아가 학습하는 내용의 조직된 체계이므로 교육목적과 영유아들의 발달수준에 적절한 교육과정을 개발하는 교사의 역량은 매우 중요하다(Jalongo & Isenberg, 2001). 교육과정은 교사에게 연령에 적절한 교육프로그램의 방향을 제공하고, 그 방향을 성취하는 방법에 관련된 의사결정의 체계를 제공하는 것으로 영유아교육과정은 다음 세 가지 요소를 포함하는 조직된 체계로 정의된다(Bredekamp & Rosegrant, 1992).

첫째, 교육과정의 교과이며, 영유아들의 학습활동의 목적과 목표를 말한다. 잘 계획된 교육과정을 통해 영유아들에게 내용이 전달되고 학습내용을 배우게 되는 핵심적인 요소이다.

둘째, 절차이다. 학습을 위한 교육활동이며, 교사가 가르치는 방법, 영유아가 교육과정의 목적을 성취하는 방법을 의미한다. 이는 교사, 영유아, 교사–영유아에 따라 각각 다르게 구현될 수 있으며, 교육내용에 따라서도 달라질 수 있는 부분이다.

셋째, 상황이다. 이는 학습이 일어나는 환경 및 상황을 말한다. 이는 교육내용을 배우는 시기 및 영유아의 상황까지 포함하는 개념이며, 상황은 영유아 교육현장에서 '융통성'의 의미로 다양하게 조절되어 나타난다.

정리하면, 교육과정이란 영유아들의 학습활동의 목적과 목표, 절차, 상황을 유기적으로 융합된 것으로, 이러한 요소들 모두가 잘 실천되기 위해서는 영유아들의 강점, 흥미, 요구, 생활하는 사회적·문화적 상황을 이해하는 역량이 수반되어야 한다.

한편 최근 통합적 교육과정이 강조되며 교사의 교육과정 재구성 역량이 강조되고 있다. 교육과정 재구성이란 교육과정의 중앙 집중성에서 탈피하고, 교육과정 구조의 획일성을 극복하고, 교육과정 내용의 적합성을 확보하며, 교육과정에 대한 교사들의 관심을 포함한 개념이다. 이러한 교사의 교육과정 재구성은 교육계획과 교과서의 교육내용 및 교육활동의 재조직화, 수정, 추가, 대체, 보완, 순서 조정, 삭제, 통합 등의 형태로 다양하게 나타나며 다음과 같은 중요한 의미를 지닌다(최은영 외, 2019).

첫째, 교육과정 재구성은 교과별로 상호 관련되는 내용을 통합하여 제시함으로써 필수적인 교육내용을 선정하는 데 도움을 주고 중복된 내용들을 줄임으로써 학생들이 필수적으로 알아야 할 교육내용을 배울 시간을 확보해 줄 수 있다.

둘째, 교과들 간의 관련성을 파악하는 데 도움을 주고, 교과학습과 생활과의 연관성을 높여 교과 학습의 의미를 삶과 관련지어 인식할 수 있게 해 준다.

셋째, 학생들의 흥미와 관심을 반영할 수 있으며 활동중심 교육과정으로 학생들의 적극적인 참여를 가능하게 하고, 학습동기를 높이고 학습에 대한 책임감을 갖게 할 수 있다.

넷째, 정보를 유형화하고 관련지어 제시하여 학생들이 교과의 경계를 벗어나 독립적으로 문제를 해결하는 능력과 비판적으로 사고하는 능력을 기를 수 있도록 해 준다.

② 교수-학습 역량

교수-학습에서 교수는 학습을 촉진하기 위해 교사에 의해 성취되는 활동을 의미한다(Eisner, 1983).

교사는 교수-학습에서 영유아발달의 두 가지 측면을 고려하여야 한다(권기욱, 2006). 하나는 영유아의 현재 생활과 행동에 관련된 방법이고, 다른 하나는 영유아에게 다가올 미래에 관한 것이다. 영유아를 보는 이 두 가지 관점은 균형이 요구되는데, 현재를 살아가는 영유아들에게 적절한 방법과 내용을 지도해야 할 것이고, 다가올 미래를 위한 대처방법과 그에 따른 지식·태도·능력도 가르쳐주어야 할 것이다.

수업에서의 활동은 지도라기보다 교사 및 영유아들의 상호작용이라고 할 수 있는데 교사는 일과의 상당 부분을 영유아와 상호작용하는 데 할애하기 때문이다. 그리고 영유아와 함께 소집단 또는 대집단 활동을 수행한다. 교사는 영유아들의 관심을 모으고, 흥미를 유발하고, 활동 간의 전환을 원만하게 수행하고, 흥미 있는 방법으로 정보를 제시하는 기능을 가져야 한다. 교사는 영유아의 학습방법과 자신의 교수방법을 세심하게 생각하여야 하는데, 이는 학습 환경이 교수를 의미하고, 교수는 적절한 학습 자료를 제공하여 영유아가 자료를 적절하게 활용하도록 지원해야 함을 의미한다. 영유아교육의 교수원리는 다음과 같다(이기숙 외, 2014).

첫째, 학습활동과 자료는 구체적이고 실제적이며, 영유아의 생활과 관련된 것이어야 한다.
둘째, 영유아 개인의 흥미와 능력에 따라 다양하고 융통성 있는 교수방법과 교수자료를 사용하여야 한다.
셋째, 다양한 활동과 자료들 중에서 영유아가 선택할 수 있어야 한다.
넷째, 교육활동은 영유아의 사회적·인지적·정의적·심동적 발달영역에서 통합적 발달이 이루어지도록 계획되어야 한다.
다섯째, 영유아에게 제시되는 활동들은 균형을 이루어 다양하게 전개되어야 한다.
여섯째, 영유아들이 학습활동과 상호작용에 능동적으로 참여하도록 하여야 한다.
일곱째, 영유아들이 친숙하고, 흥미를 가지고, 적절한 대화를 할 수 있는 활동과 자료를 사용하여야 한다.

③ 놀이지원 역량

놀이지원 역량이란 영유아의 흥미와 관심을 토대로 영유아에게 유의미한 배움이 일어날 수 있도록 지원하는 것을 의미한다. 즉, 교사는 영유아의 주도성을 존중하며, 영유아의 흥미와 관심을 교육과정 안에 반영될 수 있도록 영유아의 놀이를 관찰하고 영유아의 놀이 행동이 어떤 의미를 담고 있는가를 파악할 수 있는 능력이 매우 중요하다고 볼 수 있다. 이러한 교사의 놀이지원 역량은 2019 개정 교육과정의 놀이중심 방향(교육부, 2019)과 일치하는 것으로 놀이지도보다는 놀이지원 측면에서 영유아의 자발성과 주도성을 존중하는 태도가 우선되어야 한다.

구체적으로 놀이를 통한 학습에서는 무엇보다 교사의 역할이 중요한데 이 중에서 이전의 교육과정운영에 비해 더 강조되는 역량은 교사의 관찰 능력과 비판적 사고능력이다. 교사는 영유아가 무슨 활동을 하고 있는지, 어떤 활동에 흥미가 있는지, 영유아의 놀이에서 어떻게 학습이 일어나는지, 영유아가 놀이를 어떻게 변화시키거나 확장해나가는지 등을 관찰할 수 있어야 한다. 이를 기반으로 놀이환경, 놀잇감, 놀이주제, 놀이공간, 놀이시간, 놀이결과물 전시 등을 포함한 적절한 지원과 개입을 하여야 한다. 또한, 비판적 사고능력으로 교사가 자신의 교수실제를 되돌아볼 수 있는 능력도 중요하다. 놀이중심 교육과정에서는 영유아의 의견을 중요시하고 계획서에 의거하여 활동을 실행해야 한다는 관점에서 벗어나지만, 그러기에 교사의 영유아 놀이에 대한 평가는 더욱 중요하다. 교사는 비판적 사고능력으로 놀이를 평가하고, 다음 학습을 계획하고, 영유아의 흥미를 발견하여 교육과정과 연결시킬 수 있어야 한다.

정리하면, 놀이지원 역량은 영유아들의 자발적인 놀이에서 발현된 주제가 다양한 활동으로 연계될 수 있는 측면과 영유아들의 놀이를 관찰하고 맥락 있게 지원할 수 있는 교사의 노력을 포함한 개념이라 할 수 있다.

2) 학급운영 역량

(1) 학급운영의 개념과 영역

학급운영은 교사가 담당하는 학급을 경영하는 일이다. 즉, 학급운영은 학교교육의 단위조직인 학급을 교육목적에 따라 효과적으로 운영하기 위해 영위하는 일련의 행위, 또는 학급의 교육활동을 효율적으로 실시하기 위해 학급 안의 여러 가지 일을 운영하는 일로 정의된다(최희선, 2001). 따라서 영유아교사의 학급운영은 인간이 교육을 통해서 성장·발전한다는 신념 아래, 영유아 개개인의 흥미와 발달을 고려하여 창의적인 능력을 기르고 민주시민을 위한 사회화된 성인에 도달할 수 있도록 운영되어야 한다. 이를 위해서 담임교사가 학급운영을 할 때 영유아들이 학급 안에서 어떻게 생활하는지, 분위기 및 태도는 어떠한지에 대한 내용은 필수적이다. 정리하면, 학급운영이란 영유아교육기관의 교육목표를 달성하기 위해 담임교사가 교육목표와 연계한 교육의 기능을 효율적이고 보다 바람직하게 적용하기 위해 제반 조건을 정비하는 것으로 볼 수 있다.

그렇다면 특히 영유아교육에서 학급운영이 중요한 것은 무엇일까? 우선 영유아기는 가소성이 커 주변의 환경과 사람들에 의해 영향을 많이 받게 된다. 최근의 맞벌이 부부의 증가와 핵가족화로 인해 영유아들은 하루의 많은 시간을 영유아교육기관의 학급 안에서 보내고 있다. 학급 내에서 이루어지는 다양한 교사−영유아, 영유아−영유아의 관계를 통해 학급에서 일어나는 다양한 문제 상황을 경험하면서 성장하고 발달한다. 또한, 교육활동의 대부분이 학급 내에서 이루어지고, 학급경영이 영유아들에게 직·간접적으로 영향을 미친다는 점을 고려해 볼 때 학급경영은 구성원 간에 신뢰관계를 유지하는 기반이 된다는 데 의의를 가지게 된다.

한편 학급운영의 영역에 대해서는 학자마다 범위에 차이를 두고 있다. 권기욱(2006)은 학급운영의 구성요소로 교육과정, 영유아집단, 교사, 물리적 환경, 수업활동, 건강과 안전, 생활지도, 가족 및 지역사회 관계, 산출 및 평가를 언급하였고, 서동미와 엄은나(2013)는 교육과정 운영, 교육환경과 시설관리, 영유아 생활지도, 학부모 및 지역사회 연계, 행사 운영으로 구분하였다. 한편 학급운영을 별도로 제시하기보단 영유아교육기관 운영관리 영역에 포함하기도 하는데 데커와 데커(Decker & Decker, 2001)는 영유아교육기관 운영에 필요한 공통적인 관리 영역을 프로그램 서비스관리, 행정관리, 교직원관리, 영유아관리, 건강관리, 재정관리, 문서관리, 학부모관리, 대외관리 등 9가지 영역을 제시하였다.

(2) 영유아교사의 학급운영 역량

학자들이 제시한 학급운영의 공통된 영역 중 앞서 살펴본 교육과정 운영을 제외한 물리적 환경, 생활지도, 가정 및 지역사회와의 협력, 학급사무 관리영역을 중심으로 영유아교사에게 필요한 역량을 살펴보고자 한다.

① 생활지도 역량

생활지도는 영유아의 각 개인의 자율성을 돕고, 영유아가 자신의 인성적 특성과 잠재적 능력을 발견하고 이해하도록 함으로써, 일상생활의 문제를 해결하고 사회에 보다 잘 적응할 수 있도록 돕는 활동이다.

영유아는 교사 및 또래들과의 건강한 관계 속에서 자신과 주변 세계에 대해 학습하기 위해 다른 영유아 및 성인과의 지속적인 긍정적 관계성을 필요로 한다. 특히 영유아들은 발달과정 속에서 있으므로 생활을 통해 수많은 문제와 위기 사태에 직면하게 될 경우가 많이 있다. 가정이라는 한정된 공간 속에서 생활하던 영유아가 영유아교육기관에 입학하여 새로운 생활 환경에 쉽게 적응하는 것으로부터 시작하여 생활 속에서 많은 문제에 직면하게 되는데, 이때 영유아들은 신체적·지적 발달의 완전체가 아니기에 위기를 위기로써, 문제를 문제로써 인식하지 못하는 경우가 생기며 때로는 이러한 것들은 자연스러운 발달이 지연시키고, 부적응 행동 또는 이상행동이 유발되거나 어느 시점에서 고착(fixation)되는 경우가 많이 나타나게 된다.

따라서 영유아교육현장에서 영유아를 지도하는 교사는 영유아로 하여금 자기 스스로 그 위기와 문제를 올바르게 인식하고 해결해 나갈 수 있도록 도와주어야 한다. 또 더 나아가 영유아 자신이 가지고 있는 성장·발달의 가능성을 최대한으로 계발하고 실현할 수 있도록 도와주고 궁극적으로 원만한 사회생활을 할 수 있도록 지원하는 역량을 갖추어야 한다.

② 물리적 환경관리 역량

학급의 물리적 환경은 시설, 설비, 자료, 기타 환경을 총칭한다. 여기에는 교실 규모, 공간, 실외접근의 용이성, 가구 배치와 같은 교사와 영유아들에게 영향을 미치는 외적 요소들이 모두 포함된다. 특히 영유아교육기관의 물리적 환경은 교육과정의 전반에 많은 영향을 미치며, 영유아 스스로의 행동을 조절하도록 돕고, 영유아들의 놀이를 일정한 장소에서 지속적으로 참여할 수 있도록 함에 의의가 있음을 인지하고 영유아교사는 물리적 환경관리 역량을 키워나가야 한다.

한편 학급의 물리적 환경관리에서 고려해야 할 사항을 알아보면 다음과 같다(권기욱, 2006).

첫째, 물리적 환경의 설계는 학급 영유아들의 성장, 발달, 학습의 상태에 근거하여야 하고, 교사가 영유아들에게 교육과정을 제공하는 데 적절해야 하며 더 나아가 물리적 환경이 체계적으로 조직되고, 미학적으로 구성되어야 한다.

둘째, 영유아가 물리적 환경에 흥미를 유발하도록 하기 위해서는 물리적 환경이 영유아에게 예측할 수 있고 이해되어야 한다.

셋째, 물리적 환경은 즐거운 장소여야 한다. 식물, 편리한 가구, 부드러운 조명과 색, 개방적인 공간으로 구성해야 하며, 교사와 영유아들이 직접 참여하도록 해야 한다.

넷째, 물리적 환경은 영유아의 신체적·심리적 안정과 건강을 지원하고, 국가가 요구하는 질적 기준을 충족시켜야 한다. 예를 들어, 미술 재료를 보관하는 공간이 잘못 배치되면 영유아들이 자료를 가져오거나 정리할 때 병목현상이 일어나서 활동력을 떨어뜨리게 되어 학습준비를 하는데 쓸데없이 시간을 낭비하게 된다. 또한, 교구장을 잘못 배열하면 다른 활동 영역을 가리거나 사각지대(blind spot)가 생기게 되어 활동의 혼란을 가중되고, 교사나 영유아들이 교실 내를 이동하는 데 어려움을 주기 때문에 물리적 환경의 배치도 매우 중요하다.

살펴본 바와 같이, 물리적 환경을 구성할 때의 고려사항들은 영유아교사가 교수활동을 하는 데 있어 성패에 큰 영향을 미치게 되므로 영유아교사는 영유아의 성장 및 신체발달에 알맞고, 생활주제에 적합하고 안전한 환경으로 구성하는 역량을 갖추어야 한다.

③ 가정 및 지역사회와의 협력

학급에 속해 있는 영유아들의 가정, 그 가정이 속해 있는 지역사회와 긍정적인 관계를 형성하고 긴밀한 협력을 이루는 것은 교육의 주된 목적인 교육의 효과를 극대화한다는 점에서 매우 중요한 의미가 있다.

특히 가정과 영유아교육기관의 협력은 부모 역할을 강화하고, 기관과 가정이 서로 긍정적인 관계를 형성하여 궁극적으로 영유아의 바람직한 성장을 돕는데 의미가 있으므로 현대 사회에서는 가정과 영유아교육기관의 협력, 더 나아가 이를 통한 가족지원의 중요성이 더 부각되고 있다(Constantino, 2003). 영유아교사는 가족과의 협력을 위해 가족 형태의 대한 고정관념을 내려놓고, 사회적 변화를 적극적으로 수용하여 다양한 가정을 지원하고 연계할 수 있는 역량이 필요하다. 영유아교육현장에서 가정과 교사 간의 협력은 영유아의 교육적 성취의 토대가 되는데, 구체적으로 영유아, 부모, 교사 각각에 미치는 효과를 살펴보면, 영유아에게 나타나는 효과는 자아개념의 향상 및 영유아기 환경의 안정적으로 확보할 수 있게 되었으며, 부모에게는 영유아교육에 대한 지식과 기술을 습득하고, 부모로서의 자아개념이 향상되었으며, 교사에게 나타나는 효과는 다양한 지원을 통한 교육의 질이 향상된 것으로 나타났다(Gestwicki, 2000).

또한, 제4차 산업혁명시대를 맞이하면서 교육공간에 대한 한계를 극복하기 위해 교육환경이 교실을 넘어 지역사회로 연결되고 '공간을 허물기'에 대한 논의가 다양해지고 있다. 이를 위해 교사가 영유아의 놀이를 지원하고, 영유아의 창의적인 사고를 증진하기 위해 지역사회와의 연계하는 역량을 필요로 한다. 이는 기관이 속한 지역사회의 특성을 파악하여 학급운영에 반영함으로써 효율적인 경영을 도모할 수 있으며, 지역사회가 지닌 인적·물적 자원을 활용함으로써 더 질 높은 교육을 제공할 수 있기 때문이다. 지역사회는 역사적·지리적·문화적인 특성에 따라 각 지역사회만의 고유한 자원을 보유하고 있으므로 영유아교사는 지역사회가 가지고 있는 여러 인적·물적·문화적 자원을 파악하고, 이를 교육에 활용하여 영유아들에게 생생한 삶과 문화의 현장을 경험하게 해주고, 실제적으로도 체험할 수 있게 해줄 수 있어야 할 것이다.

④ 학급사무 관리

학급사무 관리는 교사가 해야 하는 기본적인 행정업무 중 하나이다. 교사는 수업활동 등의 교수·학습 업무를 주로 수행하지만, 직무수행을 위해 각 관할부서에서 요구하는 교직실무 관련 학급경영을 위한 사무 및 각종 사무관리를 담당하게 된다.

실제로 영유아교육현장에서는 영유아와 수업하는 시간을 제외하고는 대개 많은 시간을 컴퓨터를 통해 문서를 작성하며 업무를 처리하는 것으로 할애된다. 즉, 교사가 수업 외에 행하는 모든 업무는 학급사무의 영역이 되고, 그와 관련하여 행해지는 결과물이 학급사무의 관리 대상이 된다. 구체적으로 영유아와 관련한 업무로 영유아의 기본적인 정보를 정리하고 작성하는 영유아명부작성, 상담활동 등이 있으며, 학급경영 및 영유아의 성장을 위해 다양한 결과물을 처리하는 활동인 영유아 포트폴리오 작성, 학급경영록 작성 등이 포함된다. 그 밖의 영유아교육기관에서 행해지는 행정업무 활동으로 공문처리 및 사무관리 분야를 포함하는 업무관리 시스템 업무, 예산과 관련된 에듀파인 업무, 영유아학비 업무, 교원능력개발평가 업무 등 원활한 교육과정 운영을 위해 맡은 업무를 추진하는 모든 활동이 교사의 사무관리 분야에 포함되므로 이에 대한 역량을 갖추는 것이 필요하다.

3 정보화와 전문성 역량

1) 영유아교사의 정보화 역량

(1) 정보화 시대 특성

현대사회의 가장 큰 특성은 변화와 정보의 시대로 흔히 '정보화 시대', '지식기반사회'로 표현되고 있다. 정보란, 사물의 이름이나 사실, 사건을 이르는 말로, 이러한 개개 정보가 체계화된 것을 지식이라 부르며, 지식도 넓은 의미에서는 정보에 해당한다. 즉, 정보란 관찰이나 측정을 통하여 수집한 자료를 실제 문제에 도움이 될 수 있도록 정리한 지식이나 그 자료를 말한다.

정보화 시대에서는 이러한 정보가 인간 생활 및 경제 생산에 이용되며 중요한 자원이 된다. 정보는 어떤 형태로든 기록되어 지거나 전달되고, 의사소통할 수 있는 것으로 그것으로부터 우리가 무엇인가를 학습할 수 있고 지식을 산출할 수 있는 대상자원이 된다. 정보자원은 기록된 것뿐만 아니라 기존의 인쇄 매체, TV, 컴퓨터는 물론 사람을 포함하여 도움이 될 수 있는 각종 기자재를 말한다. 이를 정리하면, 정보자원이란 어떤 목적 수행에 유용하도록 조직되거나 선택된 자료가 인간의 정신적 활동에 다시 동원된 것을 의미하는 것으로, 여기에는 인적 및 물적 자원이 모두 포함된다고 할 수 있다.

정보화 시대란 이러한 정보가 사회를 움직이고 변화시키는 중요한 매체가 되는 시대라 할 수 있다. 그러므로 정보화 시대에는 정보기술의 발달로 인해 폭증하는 정보의 홍수 속에서 과연 어떤 정보가 나에게 필요한 것인가, 그것을 어떻게 구성하고, 재구성하여 새로운 지식으로 창출, 활용할 수 있을까와 같은 정보의 가치, 구성, 활용에 대하여 평가, 선택, 판단하고 관리할 수 있는 능력이 요구된다.

(2) 영유아교사의 정보화 역량

과학과 기술의 발전으로 지식정보화 시대의 변화속도는 하루가 다르게 급변하고 있다. 지식의 탄생과 소멸기간이 짧아지며, 지식의 양에 있어서 전문가와 일반인의 차이가 줄어들 미래사회에서 지식 전수형 교육의 가치는 약화된다. 또한, 얼마나 빨리 지식정보를 탐색하고 가공하여 자신의 목적에 맞게 활용할 수 있는가가 더욱 중요하다. 즉, 변화 속도가 빨라지는 지식정보화 시대에서는 단순한 정보의 습득을 넘어 실제상황에서 부딪히는 다양한 문제를 해결하기 위해 수집된 지식과 정보를 목적에 맞게 응용·적용할 수 있는 역량이 요구된다.

정보화 시대의 영유아교사는 바람직한 영유아교육의 실천적 유용성을 도모하고 영유아교사에게 요구되는 역할을 성공적으로 수행하려면 그에 적절한 지식에 근거하여 교육할 수 있어야 한다.

영유아교사들이 정보를 적절히 활용하며 스스로의 전문성을 발달시키는 방안을 살펴보면 다음과 같다.

파웰과 스트렘멜(Powell & Stremmel, 1989)은 영유아교사의 전문성을 발달시키는 실제적 형태로 전문서적, 교사회의, 유치원 자체교육, 강습회 및 워크숍, 인적 자원 등의 이용과 전문적 협회의 회원 가입을 제안하였다.

교사의 전문성이 단계적으로 발달을 제시한 카츠(Katz, 1977)는 각 발달 단계에 적합한 훈련적 요구에 활용할 수 있는 정보자원으로, 현장에서의 지원과 기술적 보조, 전문가와의 접촉, 동료교사의 충고 및 상담, 회의, 저널, 잡지, 시범프로젝트의 참관, 세미나, 전공서적, 책, 회의 등의 참가를 제안하였다. 박진희(1990)는 영유아교사가 영유아를 교육할 때 사용하는 정보자원의 활용 경향에 대해 영유아교육과 관련된 전공서적, 영유아지도에 도움을 주는 인적 자원, 전문적 협회의 회원 가입, 새로운 지식을 습득·축적시키게 하는 것을 돕는 강습회 및 워크숍 참가, 외부기관에서 실시하는 현직교육의 이용뿐만 아니라 기관 자체 교사 교육, 교사회의 등을 제시하고 있다. 스포덱과 사라초(Spodek & Saracho, 1994)는 영유아교사는 기본적인 건강과 안전에 대한 지식, 영유아들에게 활동을 제시하는 기술, 학급운영기술, 영유아교육 과정의 내용에 대한 지식 등이 요구되는데, 이때 다양한 정보자원을 적극적으로 활용할 필요가 있다고 주장한다.

앞서 살펴본 정보화 시대에 요구되는 영유아교사의 전문성을 정리해 보면 영유아교사는 원장, 동료 교사와의 상호작용이나 서적, 교사회의, 신문, 잡지기사, 전문단체의 연수참여와 인터넷 등에서 정보자원을 수집할 수 있어야 하며, 이를 적절히 판단하여 학급운영과 교사업무에 활용할 수 있어야 한다.

2) 영유아교사의 전문성 역량

(1) 전문성 개념과 중요성

전문성이란 직업에 종사하는 자들이 보여주는 행동과 태도로, 자신의 직업에 헌신하는 태도, 자신의 일에 대한 신념, 전문가로서 지니는 지식에 의해 결정할 자유가 있다고 믿는 태도이다(백은주·조부경, 2004). 즉, 장기간 그와 관련된 내용에 대한 이론을 숙지하고 훈련과 교육을 받아야 하며 업무수행에 있어서 다른 업무와 구분되는 수월성과 독자성이 필요할 때 우리는 전문성을 지닌다고 한다. 따라서 전문성의 개념을 교육 분야에 적용한 교육의 전문성이란 교육, 즉, 가르치는 일은 다른 어떤 일보다 특수성을 가지기 때문에 업무수행에 있어 독자적인 이론과 기술을 갖추어 탁월한 업무수행 역량을 갖추고 있다는 것을 의미한다.

특히 영유아교사에게 전문성이 중요한 이유는 영유아교사는 영유아가 건강하고 안전하게 성장할 수 있도록 영양, 안전, 건강 등의 보호와 영유아의 신체와 정서적 욕구충족 및 환경구성과 같은 보호적 양육의 역할을 하는 것과 더불어 영유아에게 교육적 경험을 제공하는 중요한 역할을 하며, 이들을 둘러싼 가족과 함께 서비스를 제공하는 전문 인력이기 때문이다. 또한, 영유아교사는 영유아의 전인적인 발달에 영향을 미치는 교육활동의 진행자, 참여자, 조력자로서 교육서비스의 질을 높이는데 중요한 역할을 하게 되므로 교육의 질적 향상을 위해서는 가장 중요한 교사의 전문적 자질이 요구되며, 영유아에게 적절한 교육적 환경을 조성해 주고 우수한 프로그램을 제공하는 일도 교사의 전문성과 관련이 깊다 할 수 있다.

(2) 영유아교사의 전문성 역량

영유아교사의 전문성에 포함되는 역량의 요소는 학자마다 다양하게 제시하고 있다. 먼저, 조동섭(2005)은 영유아교사의 전문성에 요구되는 역량을 세 가지 측면으로 보았는데 첫째, 지식기반 전문성은 일반교육학과 교과수업과 관련한 제반 지식의 다양한 활용방법과 교과교육학에 대한 지식 및 교과지식이 포함된다. 둘째, 능력기반 전문성은 지식을 활용하여 교육활동을 성공적으로 수행할 수 있는 능력이다. 셋째, 신념기반 전문성으로 뚜렷한 교직관, 교직 수행과 관련된 적성, 소명의식, 인성과 태도 등이다.

다음으로, 김휘경(2006)은 영유아교사의 전문성과 관련된 역량으로 효과적인 의사소통, 교사로서의 자신감, 영유아에 대한 이해, 자신에 대한 이해, 전문적 성장의 욕구 등의 5가지를 제시하고 있는데 구체적으로 살펴보면 다음과 같다.

첫째, 효과적인 의사소통은 영유아뿐만 아니라 동료교사와 주임, 원장과도 효과적인 의사소통을 의미하는 것으로 관계 형성에 매우 중요하며 능동적인 근무를 위해 개방적이고 존경하는 분위기가 전제되어야 한다. 영유아교사에게 효과적인 의사소통이 중요한 이유는 의사소통을 통해 영유아와 가족에게 적절한 서비스를 제공하고 나아가 의사, 심리학자 및 지역사회 봉사자, 사회복지사들과 같은 외부 자문위원들과도 상호작용하기 때문이다. 또한 영유아교사의 역할에 대해 행복감을 느끼고 전문적 발달 수준이 높은 교사는 효과적인 의사소통을 하기 때문이다. 그러므로 영유아교사는 다양한 사람들과 일상적인 대화를 통해 방법을 강구하고 전문적 발달 수준을 높여야 한다.

둘째, 교사로서의 자신감은 영유아와 함께 활동을 하거나 학부모와 대화를 할 때 자신의 일에 독립성과 주도성을 갖고 편하게 대화할 수 있음을 의미한다. 또한, 교사회의시간에 자신의 의견을 자신 있게 말하며 갈등 시 이를 해결하려는 노력이 포함된다. 영유아교사로서 자신감을 갖게 되면 누군가에게 의존하기보다는 어떠한 일이든 어떻게 해야 할지 판단하고 일을 하게 된다. 나아가 자신의 생각에 책임을 갖게 된다. 영유아교사의 전문성 발달 수준에서 교사의 자신감은 큰 영향력을 주며 프로그램의 참여를 통해 자신감을 키우며 변화를 가져올 수 있다.

셋째, 영유아에 대한 이해는 영유아와 함께 지내다 보면 영유아에 대한 전문적 시각이 생기면서 지식과 이해의 폭이 넓어진다. 초기에는 영유아의 민감한 반응을 가볍게 넘어갈 수 있지만, 영유아에 대한 이해가 깊어지면 영유아를 주의 깊게 관찰하고 영유아의 요구에 민감해지며 전인적 발달의 상호 연관성을 이해하는 능력을 발전시킨다.

넷째, 자신에 대한 이해는 교사가 영유아와 함께 활동하면서 이루어지는 수업에 대한 반성적 사고가 자연스럽게 자신의 태도와 행동을 변화시키는 것을 말한다. 그래서 교육의 중요성을 인지하고 스스로 교육을 하며 자신을 학습자로 인식하게 된다. 또한 자신이 하는 일이 교육에 중요한 역할임을 인지하며 자아존중감이 생기고 경력에 따른 발달과제를 보다 잘 해결할 수 있게 된다.

다섯째, 전문적 성장의 욕구는 영유아교사가 경험이 적고 자신의 역할에 기대가 적거나 자신감이 없으면 개인적이며 눈에 보이는 보상에 만족하지만 전문적 발달 수준이 높아지면서 그 욕구가 달라진다. 새로운 프로그램을 계획, 수행하며 동료교사와 협력해 일하는 것을 좋아한다. 더 나아가 가족과 지역사회 일에 적극적으로 참여하며 교육 관련 전문단체에 참여하기도 한다. 이러한 전문적 성장 욕구는 적절한 환경에서 일하며 충분한 기회를 가졌을 때 변화한다.

이미화(2005)는 교육과정활용에 있어 교사의 역할 그리고 이에 따른 수행과 전문성이 중요하다고 보고 교육의 질에 영향을 미치는 요인에 대한 연구들은 공통적으로 영유아교육기관의 중추적 인적 자원이자 환경인 교사의 전문성이 교육의 질을 결정하는 중요한 요인으로 나타났다고 하였다. 또한, 박은혜(2013)는 영유아교사가 되기 위해서는 영유아교사로서의 사명감 및 전문성에 대한 이해가 필수적임을 주장하며, 영유아교사로서의 전문성은 전문성 자체를 이해하는 것과 교사 자신이나 영유아 그리고 교육과정을 평가할 수 있는 능력과 다양한 집단과 의사소통할 수 있는 능력까지 포함한다고 보았다.

이처럼 영유아교사의 전문성에 대하여 학자들은 영유아교사로서 필수적으로 점검되고 지속적으로 발달되어야 하는 측면으로 강조하며, 직전 및 현직교육 등의 교사교육과 관련지어 지식과 기술 발달, 자기이해발달, 생태적 발달 세 측면의 통합적 성취를 강조하고 있는데, 이를 구체적으로 살펴보면 다음과 같다(박은혜, 2013; 조부경 · 백은주, 2002; Hargreaves & Fullan, 1992; Vonk, 1993).

첫째, 지식과 기술 측면이란 영유아의 전인적 발달을 위한 교사의 교수방법과 전문 지식으로 교사가 담당하고 있는 교육과정, 일과계획 및 수행, 상담, 환경구성, 영유아와의 활동을 수행하는 능력을 의미한다. 교사의 전문성 발달을 위한 지식과 기술 발달 접근은 교사에게 올바른 교수방법과 지식을 요구하고 이를 학습하고 경험할 기회를 가져야 한다는 관점이다. 즉, 영유아와의 경험을 쌓아감에 따라 교수 학습방법과 관련된 지식 및 태도 등을 변화, 발달할 수 있다는 것으로 지속적인 학습과 각종 연수 등에 참여하고자 하는 인성이 필요함을 시사한다.

둘째, 자기이해 측면이란 자기 자신에 대한 이해로, 영유아교사로서의 자신감, 영유아에 대한 자신감과 주변사람에 대한 긍정적인 생각과 태도, 전문성 발달에 대한 적극성과 자아개념과 같은 특성을 말한다. 이와 같은 관점에서 본다면, 교사의 전문성 발달이란 교사의 내면에 있는 측면을 토대로 이루어지며, 교사 전문성 발달은 자기 자신에 대한 이해를 위한 노력과 이를 기반으로 한 긍정적인 삶의 태도의 인성이 관련됨을 알 수 있다.

셋째, 생태적 변화란 교사의 전문성 발달은 다양한 환경적 상황과 꾸준히 상호작용하면서 이루어진다는 측면으로 교사의 전문성을 기르기 위해 교수방법, 교육 기회와 경험을 지원하는 직무 환경조성이 중요하다고 강조하고 있다. 이러한 생태적 상황이 교사의 전문성 발달의 성공과 실패를 좌우하고 교수방법 자체가 교사의 전문성 발달의 초점이 될 수 있다는 점은 연구를 기반으로 하는 학습공동체 참여를 위해 노력하는 인성의 필요성을 시사한다.

한편 전문성은 교사가 개인의 노력뿐만 아니라 사회적 체계 속에서 적절히 발전해 갈 수 있기에 교사 자신이 전문성 수준을 키워나가기 위해 노력해야 할 것이며, 더불어 교사의 전문성 수준이 교육 및 교육의 질에 상당한 영향을 끼친다는 측면이 강조되어 지속적인 교사교육이 이뤄질 수 있어야 할 것이다.

정리하면, 교사의 역할은 대리양육자, 환경제공자, 상호작용자, 교육제공자 등의 다양한 역할을 하고 있으며, 이에 적합한 역할수행을 위해서는 기술의 배양과 전문적인 지식, 책임성을 가지며 교육의 질을 향상하기 위해 지속적인 교육과 영유아교사에 대한 전문적인 훈련이 필요하다. 또한, 교사 전문성 발달의 세 가지 측면은 그 각각의 요소도 매우 중요하지만 진정한 교사 전문성 발달은 세 가지 측면의 요소 발달이 통합적으로 이루어질 때만 성취될 수 있다는 관점에 따라 영유아교사 자신도 지식 기술 측면, 자기이해 측면, 생태적 측면에서의 조화로운 발달이 이루어질 수 있도록 하여 전문성을 발달시키도록 노력하여야 할 것이다.

생각해 봅시다

1. 교사 전문성 수준을 발달시키기 위해서 모의수업이나 영유아 놀이장면을 분석해 보고, 이를 토대로 놀이의 지속, 확장을 위한 교사의 다양한 지원 방안을 토론해 본다.
2. 가족 및 지역사회와의 협력을 끌어내기 위한 교사의 역량을 토론해 본다.
3. 영유아교사의 정보화 역량의 범위를 구체화하고 정보화 역량을 발달시키기 위한 방안을 토론해 본다.

Chapter 05

예비영유아교사 양성과정

배울내용 유치원이나 어린이집에 근무하기 위해서는 자격증을 소지하고 있어야 한다. 자격은 일정한 신분이나 지위를 가지거나 일정한 일을 하는 데 필요한 조건이나 능력을 말하며, 자격증은 일정한 자격을 인정하여 주는 증서이다. 유치원교사와 보육교사 자격증을 취득하기 위한 기준과 과정을 본 장에서 제시하고자 한다.

학습목표

1. 유치원교사와 보육교사 자격취득을 위한 세부기준을 이해한다.
2. 유치원 원감 및 원장, 어린이집 원장의 자격취득을 위한 세부기준을 이해한다.
3. 교육실습과 보육실습에 대한 정의를 내릴 수 있고, 실습의 역할과 절차를 이해한다.
4. 유치원과 어린이집 교원으로 신규임용이 되기 위한 조건과 절차를 이해한다.

1 유치원 2급 정교사 자격증 취득을 위한 기준

유치원 2급 정교사 자격증을 취득하기 위한 기준은 「유아교육법」과 교육부 관련 고시를 통해 제시되어 있으며, 매년 발행하는 교원자격검정 실무편람을 통해서 확인할 수 있다.

1) 세부 이수기준

2013학년도 입학자부터 적용되는 유치원 정교사 2급 자격증 취득을 위해 이수해야 할 전공 및 교직과목은 다음과 같다.

구분		세부 이수기준
전공		• 50학점 이상
		– 기본이수과목 21학점(7과목) 이상 포함 – 교과교육영역 8학점(3과목) 이상 포함
교직과목 (총 22학점)	교직이론	• 12학점(6과목 이상) – 교육학개론 – 교육철학 및 교육사 – 교육과정 – 교육평가 – 교육방법 및 교육공학 – 교육심리 – 교육사회 – 교육행정 및 교육경영 – 생활지도 및 상담 – 기타 교직이론에 관한 과목
	교직소양	• 6학점 이상 – 교직실무(2학점 이상), 특수교육학개론(2학점 이상)

구분		세부 이수기준
		• 영재교육 영역(단원) 포함, 학교폭력 예방 및 학생의 이해(2학점 이상)
	교육실습	• 4학점 이상 – 학교현장실습 2학점 이상(수업실습, 참관실습, 실무실습 등), 교육봉사활동 2학점(P/F제 가능) 이내 포함 가능
기타		• 교직 적성 및 인성검사 적격판정 2회 이상 • 응급처치 및 심폐소생술 실습 2회 이상(단, 2016. 3. 1 시행일 당시 교원양성과정을 이수할 때까지 2학기의 교원양성과정이 남은 사람은 1회 실시하며, 2학기 미만이 남은 사람은 제외)

출처: 교육부(2020). 2020년도 교원자격검정 실무편람. 세종: 교육부.

2) 전공 기본이수과목

자격종별	기본이수과목 또는 분야
유치원 2급 정교사	영유아교육론, 영유아교육과정, 영유아발달과교육, 영유아언어교육, 영유아사회교육, 영유아과학교육, 영유아수학교육, 영유아미술교육, 영유아음악교육, 영유아교사론, 영유아동작교육, 영유아놀이지도, 영유아교육기관운영관리, 아동복지, 영유아건강교육, 영유아관찰및실습, 부모교육, 영유아안전교육

출처: 교육부(2020). 2020년도 교원자격검정 실무편람. 세종: 교육부.

2 보육교사 2급 자격증 취득을 위한 기준

「영유아보육법 시행규칙」 제12조 제1항 [별표 4]에 의한 현행 보육교사 2급 자격 취득을 위한 교과목 및 학점은 표 5-1과 같다. 총 17개 과목 이상, 51학점 이상을 이수하여야 한다.

1) 보육교사 2급과 3급 양성 이수기준 및 관련 교과목

표 5-1 보육교사 2급 양성 교육과정

영역		교과목	이수과목(학점)
가. 교사 인성		보육교사(인성)론, 아동권리와 복지	2과목(6학점)
나. 보육 지식과 기술	필수	보육학개론, 보육과정, 영유아발달, 영유아교수방법론, 놀이지도, 언어지도, 아동음악(또는 아동동작, 아동미술), 아동수학지도(또는 아동과학지도), 아동안전관리(또는 아동생활지도)	9과목(27학점)
	선택	아동건강교육, 영유아 사회정서지도, 아동문학교육, 아동상담론, 장애아 지도, 특수아동 이해, 어린이집 운영관리, 영유아 보육프로그램 개발과 평가, 보육정책론, 정신건강론, 인간행동과 사회환경, 아동간호학, 아동영양학, 부모교육론, 가족복지론, 가족관계론, 지역사회복지론	4과목(12학점) 이상
보육실무		아동관찰 및 행동연구, 보육실습	2과목(6학점)
전체		17과목 51학점 이상	

보육교사 3급 자격취득을 위한 교과목 및 학점은 「영유아보육법 시행규칙」 제12조 제2항 [별표 5]에 의해 표 5-2와 같다. 총 22과목 65학점 이상을 이수해야 하며, 각 교과목당 평가점수가 70점 이상인 경우에만 이수한 것으로 인정한다.

표 5-2 보육교사 3급 양성 교육과정

영역	교과목(학점)	이수과목(학점)
가. 교사 인성	보육교사(인성)론(3학점), 아동권리와 복지(3학점)	2과목(6학점)
나. 보육지식과 기술	보육학개론(3학점), 보육 과정(3학점), 영유아 발달 및 지도(3학점), 아동생활지도(3학점), 영유아 문제행동지도 및 상담(3학점), 특수아동 이해와 지도(3학점), 놀이지도(3학점), 언어지도(3학점), 아동음악과 동작(3학점), 아동미술지도(3학점), 아동수학지도 · 아동과학지도(3학점), 영유아 교수방법론(3학점), 교재교구개발(3학점), 부모교육(3학점), 영유아 건강지도(2학점), 영유아 영양지도(2학점), 아동안전관리(3학점), 어린이집 운영관리(3학점)	18과목(52학점)
다. 보육 실무	아동관찰 및 실습(3학점), 보육실습(4학점)	2과목(7학점)
계	22과목(65학점) 이상	

2) 보육교사 양성 관련 강화된 기준

2016년 1월 12일 「영유아보육법 시행규칙」에서 개정된 현행 보육교사 자격취득을 위한 교육과정에서 강화된 주요 내용은 대면교육 강화와 현장실습기간 확대로 정리할 수 있다. 이에 대한 구체적 내용을 살펴보면 다음과 같다.

(1) 대면교육 강화

① 교과영역별 대면 교과목

- 인성영역: 보육교사(인성)론, 아동권리와 복지
- 보육 지식과 기술 영역: 놀이지도, 언어지도, 아동음악(또는 아동동작, 아동미술), 아동수학지도(또는 아동과학지도), 아동안전관리(또는 아동생활지도)
- 보육실무영역: 아동관찰 및 행동연구, 보육실습

② 대면교과목 실시방법

과목당 8시간 이상 출석 수업, 1회 이상 출석 시험 실시

(2) 현장실습기간 확대

보육실습은 이론수업과 현장실습으로 운영해야 하고, 보육교사의 보육현장 적응력을 높이기 위해 실습시간을 6주 240시간을 원칙으로 하되 2회에 나누어 실시 가능하며, 평가에서 보건복지부장관이 정하는 등급 이상을 받은 어린이집 또는 방과후 과정을 운영하는 유치원에서 실습을 받도록 하였다. 현행 보육실습기준은 표 5-3과 같다.

표 5-3 보육실습기준

구분	기준
실습 운영	이론수업과 보육 현장실습으로 운영
실습 기간	6주 240시간(2회에 나누어 실시 가능)
실습 기관	• 정원 15명 이상이고 법 제30조 제1항에 따른 평가에서 보건복지부장관이 정하는 등급 이상을 받은 어린이집 • 방과후 과정을 운영하는 유치원
실습 지도교사	• 보육교사 1급 또는 유치원 정교사 1급 • 실습 지도교사 1명당 보육실습 3명 이내 지도
실습 인정시간	• 평일(월요일~금요일) 오전 9시~오후 7시 • 실습시간은 하루에 8시간을 초과할 수 없음
실습의 평가	• 보육실습일지와 실습평가서 작성 • 평가점수 80점 이상

3 유치원과 어린이집 교사 자격 취득하기

유치원 교사와 원감, 원장의 법적인 자격기준과 보육교사와 원장의 법적인 자격기준과 자격취득절차를 제시하면 다음과 같다.

1) 유치원 교사와 원감, 원장의 자격

(1) 법적 자격 기준

「유아교육법」 제22조에 명시된 바에 따르면 유치원 교원이라 함은 원장, 원감 및 교사를 의미한다. 유치원 교사의 자격기준은 「유아교육법」 제22조 제2항 관련 [별표 2]와 같고, 원장과 원감의 자격 기준은 「유아교육법」 제22조 제1항 관련 [별표 1]과 같은데, 표 5-4와 표 5-5에 제시하였다.

표 5-4 유치원 교사 자격 기준

급별 \ 자격	자격 기준
정교사 1급	1. 유치원 정교사(2급) 자격증을 가진 자로서 3년 이상의 교육경력을 가지고 소정의 재교육을 받은 자 2. 유치원 정교사(2급) 자격증을 가지고 교육대학원 또는 교육부장관이 지정하는 대학원의 교육과에서 유치원 교육과정을 전공하여 석사학위를 받은 자로 1년 이상의 교육경력이 있는 자
정교사 2급	1. 대학에 설치하는 유아교육과 졸업자 2. 대학(전문대학 및 이와 동등 이상의 각종 학교와 「평생교육법」 제31조 제4항에 따른 전문대학 학력인정 평생교육시설을 포함한다)졸업자로서 재학 중 소정의 보육과 교직 학점을 취득한 자 3. 교육대학원 또는 교육부장관이 지정하는 대학원의 교육과에서 유치원 교육과정을 전공하고 석사학위를 받은 자

급별 \ 자격	자격 기준
	4. 유치원 준교사 자격증을 가진 자로 2년 이상의 교육경력을 가지고 소정의 재교육을 받은 자
준교사	1. 유치원 준교사 자격 검정에 합격한 자
비고	1. 원장 · 원감, 「초 · 중등교육법」의 규정에 의한 교장 · 교감, 교육장 · 장학관 · 장학사 · 교육연구관 · 교육연구사의 경력연수는 교육경력연수로 볼 수 있다. 2. 이 표 중 전문대학에는 종전의 초급대학 · 전문학교 및 실업고등전문학교를 포함한다.

표 5-5 원장 및 원감 자격 기준

급별 \ 자격	자격 기준
원장	1. 유치원 원감 자격증을 가지고 3년 이상의 교육경력과 소정의 재교육을 받은 자 2. 학식 · 덕망이 높은 자로서 대통령령이 정하는 기준에 해당한다고 교육부장관의 인정을 받은 자
원감	1. 유치원 정교사(1급) 자격증을 가지고 3년 이상의 교육경력과 소정의 재교육을 받은 자 2. 유치원 정교사(2급) 자격증을 가지고 6년 이상의 교육경력과 소정의 재교육을 받은 자
비고	1. 원장 · 원감, 「초 · 중등교육법」의 규정에 의한 교장 · 교감, 교육장 · 장학관 · 장학사 · 교육연구관 · 교육연구사의 경력 연수는 교육경력 연수로 볼 수 있다.

(2) 자격증 취득 절차

유치원 정교사 2급 자격증을 취득할 수 있는 방법은 대학에 설치된 유아교육과 졸업, 대학(전문대학 및 이와 동등 이상의 각종학교 포함) 졸업자로서 재학 중 소정의 교직학점을 취득한 경우, 교육대학원 또는 교육부장관이 지정하는 대학원의 교육과에서 유치원 교육과정을 전공하고 석사학위를 받는 경우, 그리고 유치원 준교사 자격증 소지자로 2년 이상의 교육경력을 가지고 소정의 재교육을 받는 것이다. 유치원 교사 자격증 취득은 무시험검정으로 이루어진다.

「교원자격검정령」에 따르면 교육부장관은 자격검정에 합격한 자에 대하여 교육부령이 정하는 교원자격증(이하 "자격증"이라 한다)을 수여하도록 되어 있으며,

그 합격의 기준은 전공과목 50학점 이상, 교직과목 22학점 이상을 취득하고 졸업 평점 환산점수가 전공과목은 75/100점 이상, 교직과목은 80/100점 이상인 경우이다.

2) 보육교사와 어린이집 원장의 자격

(1) 법적 자격 기준

보육교사는 영유아의 보육, 건강관리 및 보호자와의 상담 그 밖에 어린이집의 관리·운영 등의 업무를 담당한다(「영유아보육법」 제2조 제5항). 「영유아보육법 시행령」 제21조 [별표 1]에 명시되어 있는 보육교사의 등급별 자격 기준은 표 5-6과 같다.

표 5-6 보육교사 등급별 자격 기준

등급	자격 기준
보육교사 1급	가. 보육교사 2급 자격을 취득한 후 3년 이상의 보육업무 경력이 있는 사람으로서 보건복지부장관이 정하는 승급교육을 받은 사람 나. 보육교사 2급 자격을 취득한 후 보육 관련 대학원에서 석사학위 이상을 취득하고 1년 이상의 보육업무 경력이 있는 사람으로서 보건복지부장관이 정하는 승급교육을 받은 사람
보육교사 2급	가. 전문대학 또는 이와 같은 수준 이상의 학교에서 보건복지부령으로 정하는 보육 관련 교과목 및 학점을 이수하고 졸업한 사람 나. 보육교사 3급 자격을 취득한 후 2년 이상의 보육업무 경력이 있는 사람으로서 보건복지부장관이 정하는 승급교육을 받은 사람
보육교사 3급	고등학교 또는 이와 같은 수준 이상의 학교를 졸업한 사람으로서 보건복지부령으로 정하는 교육훈련시설에서 정해진 교육과정을 수료한 사람

어린이집의 원장은 어린이집을 총괄하고 보육교사와 그 밖의 직원을 지도·감독하며 영유아를 보육한다(「영유아보육법」 제18조). 「영유아보육법 시행령」 제21조

[별표 1]에 명시된 어린이집 원장의 자격 기준은 일반 기준을 공통으로 하며, 가정, 영아전담, 장애아전문의 4가지 시설유형별로 자격 기준이 다르다. 이 중 어느 하나에 해당하는 사람은 보건복지부령으로 정하는 사전직무교육을 받아야 한다. 이러한 어린이집 원장의 자격 종류 및 자격 기준은 표 5-7과 같다.

표 5-7 어린이집 원장의 자격기준

자격 종류	자격 기준
일반 기준	일반기준: 300인 이하 어린이집 1) 보육교사 1급 자격을 취득한 후 3년 이상의 보육 등 아동복지업무 경력이 있는 사람 2) 「유아교육법」에 따른 유치원 정교사 1급 자격 또는 같은 법에 따른 특수학교(유치원 과정을 말한다)의 정교사 자격을 취득한 후 3년 이상의 보육 등 아동복지업무 경력이 있는 사람 3) 유치원 원장의 자격을 가진 사람 4) 「초 · 중등교육법」에 따른 초등학교 정교사 자격 또는 같은 법에 따른 특수학교(초등학교 과정을 말한다)의 정교사 자격을 취득한 후 5년 이상의 보육 등 아동복지업무 경력이 있는 사람 5) 「사회복지사업법」에 따른 사회복지사 1급 자격을 취득한 후 5년 이상의 보육 등 아동복지업무 경력이 있는 사람 6) 「의료법」에 따른 간호사 면허를 취득한 후 7년 이상의 보육 등 아동복지업무 경력이 있는 사람 7) 국가 또는 지방자치단체에서 7급 이상의 공무원으로 보육 등 아동복지업무에 5년 이상 근무한 경력이 있는 사람
가정 어린이집	가정 어린이집: 5인 이상 20인 이하의 어린이집 1) 일반기준에서 정한 자격을 갖춘 사람 2) 보육교사 1급 이상의 자격을 취득한 후 1년 이상의 보육업무 경력이 있는 사람
영아전담 어린이집	영아전담 어린이집: 만 3세 미만의 영아만을 20명 이상 보육하는 어린이집 1) 일반기준에서 정한 자격을 갖춘 사람 2) 간호사 면허를 취득한 후 5년 이상의 아동간호업무 경력이 있는 사람
장애아전문 어린이집	장애아전문 어린이집: 「장애아동복지지원법」 제32조에 따른 장애영유아를 보육할 수 있는 어린이집 • 일반기준에서 정한 자격을 갖춘 사람으로서 다음의 어느 하나에 해당하는 사람 1) 대학(전문대학을 포함한다)에서 장애인복지 및 재활 관련 학과를

자격 종류	자격 기준
	전공한 사람 2) 장애영유아 어린이집에서 2년 이상의 보육업무 경력이 있는 사람
「고등교육법」에 따른 대학(전문대학을 포함) 또는 법 제21조 제2항 제2호에 따른 교육훈련 시설이 운영(위탁 또는 부설 운영을 말한다)하는 어린이집	1) 일반기준에서 정한 자격을 갖춘 사람 2) 어린이집을 운영하는 대학의 조교수 또는 교육훈련시설의 전임교수 이상으로서 보육 관련 교과목에 대하여 3년 이상의 교육경력이 있는 사람

(2) 자격증 취득 절차

보육교사 자격증은 「영유아보육법 시행령」 제21조 [별표 1]에 해당하는 기준을 만족시키는 경우 보건복지부장관이 검정·수여하는 국가자격증을 발급받을 수 있다. 2010년 1월부터 「(재)한국보육진흥원 보육인력개발국」에서 위탁 발급하고 있다.

4 실습 경험

1) 실습의 정의 및 의의

교육실습과 보육실습은 유치원교사와 보육교사가 되기 위한 필수과정의 하나로 교사가 갖추어야 할 지식과 기술, 태도, 품성 등을 형성·발달시켜 나가는 사전 준비과정이다. 즉, 유치원이나 어린이집에서 교사가 아닌 학생의 신분으로 교사 및 영유아를 관찰하고 놀이 활동에 참여하며 가르치는 등 영유아교사의 역할을 직접 경험해 보는 것이다.

교육 및 보육실습의 의의는 첫째, 교육현장에 참여하여 직접 교육과정을 경험함으로써 영유아교사직에 대한 인식을 새롭게 할 수 있다. 둘째, 영유아교사로서 필요한 지식과 기술을 획득하는 과정을 알게 된다. 셋째, 현직 교사의 교수법을 관찰하고 배우는 기회를 얻게 된다. 넷째, 영유아와 직접 접촉하는 경험을 통해서 영유아에 대한 이해를 높이는 기회를 얻게 된다. 다섯째, 영유아교육현장에서 정한 일정 기간의 직접적인 교수 경험을 통하여 교직의 단면을 체험하는 기회를 얻게 된다. 여섯째, 기관 내의 교직원들과의 역동적인 인간관계를 체험함으로써 인간관계의 중요성을 인식하게 된다. 일곱째, 기관 운영에 필요한 관리기술을 관찰하고 배우는 기회를 얻게 된다. 여덟째, 유치원이나 어린이집의 전반적인 운영과정을 파악할 수 있다. 아홉째, 기관과 지역사회의 연계에 대해 이해를 높이는 기회를 얻게 된다. 마지막으로 예비교사로서 자신을 평가해 보는 기회를 갖게 된다(김정희 외, 2017). 이를 구체적으로 살펴보면 다음과 같다.

① 영유아교육현장을 이해하는 과정이다

실습이 이루어지는 유치원과 어린이집은 영유아들이 온종일 생활하는 곳으로, 영유아·교사·학부모에게까지 다양한 상황이 공존할 수 있다. 영유아교육현장은 다양한 상황과 사건이 일어날 수 있다는 것으로, 상황마다 교사의 역할이 다르게 요구된다. 그러므로 예비교사의 현장에 대한 이해는 한 달 이상의 현장경험을 통해서 제대로 이해할 수 있다.

② 영유아교육이론을 실제에 적용하는 과정이다

학교에서 배운 교육/보육과정에 대한 이론을 현장에서 실제로 적용시켜 보는 경험의 시공간이 될 수 있다. 영유아들과 함께하는 다양한 상황에 따라 발달이론이나 교육과정, 교수법을 활용하고 분석함으로써 학교에서 배운 이론이 현장에서 어떻게 적용되는지 이해할 수 있는 시간이다.

③ 능력 있는 교사로서 전문성을 준비하는 과정이다

예비보육교사의 단순한 지식이나 단편적인 지식만으로는 교사의 자질을 다 갖추었다고 하기 어렵다. 실습 과정에서 영유아들에게 영향을 미치는 일과지도와 생활지도, 학급 운영에 필요한 실제적이며 구체적인 기술을 배울 수 있다. 또한 학교생활 중 전공 교과목의 탐구를 통해 형성된 아동관은 영유아와의 경험을 통해 구체화될 수 있으며, 부분수업과 종일수업을 통해 보육 전반에 걸친 내용을 파악함으로써 전문성을 높일 수 있다.

④ 교육 전반에 관한 내용과 문제점을 파악하여 새로운 시각을 형성하는 과정이다

교육현장에 참여함으로써 보육과정 운영의 실제를 익히고 보육과 관련하여 발생하는 여러 가지 문제를 인식·파악하여 개정할 수 있는 계기가 될 수 있다. 또한 현장에서 일어나는 구체적이고 특별한 요구와 상황을 경험하면서 수직적이고 수평적인 인간관계를 통하여 건전한 인간관계 형성의 기회를 얻는 새로운 학습의 장이다.

⑤ 영유아교사로서 적성과 능력을 점검하는 과정이다

실습 기간에 영유아를 보호하고 교육하면서 영유아교사의 역할을 이해할 뿐만 아니라, 평가의 과정을 통해 자신이 교사의 자질을 가지고 있는지 또는 교사라는 직업이 자신의 적성에 맞는지 등을 검토할 수 있게 된다.

2) 실습의 형태

교육실습과 보육실습은 각각 유치원과 어린이집에서 4주와 6주 동안 이루어지는 정규실습으로 정의될 수 있다. 정규실습 이외에도 사전실습과 사후실습을 모두 포함하는 광의의 개념으로 실습을 사용하고 있다. 이처럼 실습의 형태는 다음

과 같이 세 가지로 구분되며 시차를 두고 실습기관에서 이루어지게 된다.

(1) 사전실습

사전실습은 정규실습을 위한 준비과정이며 연계과정으로, 정규실습 이전에 단기간에 걸쳐 현장 경험을 하게 하는 것이다. 이를 통하여 정규실습을 하게 될 기관 및 교직원, 영유아의 특성을 미리 살펴봄으로써 정규실습에 대한 막연한 두려움을 줄여 정규실습의 효과를 높이는 데 의미가 있다. 일반적으로 사전실습 시기는 정규실습 1~2개월 전 또는 1~2학기 전부터 시작되며, 실습 시간 및 요일은 학기 중에 규칙적으로 진행되는 경우가 대부분으로 관찰이나 부분 참여수업이 주를 이루게 된다.

사전실습의 목적

- 실습기관의 환경, 시설, 교직원, 하루 일과, 프로그램 등을 개괄적으로 이해할 수 있도록 도와준다.
- 영유아의 개인차를 발견하고 영역별 발달 특성에 대해 폭넓게 이해할 수 있도록 도와준다.
- 영유아의 연령 및 발달 수준에 적합한 교육 및 교수방법에 대해 이해할 수 있도록 도와준다.
- 학교에서 배운 이론과 현장에서의 실제에 대한 차이를 체험하며, 교육목표, 내용, 과정, 방법 등에 대한 이해를 도와준다.
- 영유아교사의 다양한 역할에 대한 전반적인 이해 및 교사로서의 교육관 확립에 도움을 준다.
- 다양한 문제 상황을 미리 경험함으로써 정규실습에 좀 더 쉽게 적응할 수 있도록 도와준다.
- 교육현장의 제반 조건에 대한 기본적인 이해를 도와준다.

(2) 정규실습

정규실습은 유치원/보육교사 자격 취득을 위한 필수과정의 하나로, 교육실습은 4주, 보육실습은 6주에 걸쳐 이루어진다. 「영유아보육법 시행규칙」 개정(2016. 1. 12. 공포, 보건복지부령 제392호)에 따라 보육실습을 2회로 나누어 실시할 경우 실습 기간을 나누는 방식은 양성교육기관과 보육실습기관이 협의하여 진행한다. 6주를 한 기관에서 실습하거나, 2주와 4주, 3주와 3주, 4주와 2주로 나누어 한 기관 혹은 두 기관에서 나누어 실습할 수 있다. 이 기간에 실습생은 보육활동을 직접 계획 · 실시 · 평가해 보며 학교에서 배운 보육 관련 이론이나 지식을 보육현장에 실제로 적용해 본다. 정규실습은 보통 관찰실습, 참여실습, 실제 지도실습의 3단계로 나누어 볼 수 있다.

관찰실습은 일반적으로 정규실습 기간에서 초반에 해당하며, 실습생이 현장의 제반사항을 객관적인 관점에서 관찰하게 된다. 참여실습은 실습생이 주교사의 보조교사로서 주교사가 계획하고 진행하는 교육활동에 여러 형태로 참여하게 된다. 실제 지도실습은 실습의 마지막 과정으로 실습생이 지도교사의 지도하에 영유아를 직접 지도하게 된다. 실제 지도실습은 부분수업(지도교사가 전체 교육활동을 진행하고 실습생은 부분적으로 한 가지 수업 및 활동만 준비하여 실행해 보는 과정), 연결수업(지도교사가 전체 교육활동을 진행하고 실습생은 연계된 두 가지 수업 및 활동을 준비하여 실행해 보는 과정), 전일수업(일과 전체를 실습생이 준비하여 직접 진행하는 과정)으로 나누어 단계적으로 진행된다. 실습의 마지막에는 실습생에 대한 평가회를 가지게 되며, 정규실습의 내용에는 관찰, 놀이 및 활동지도, 일과지도, 생활 및 행동 지도, 사무관리가 모두 포함된다.

보육실습 기간이 6주 240시간 이상으로 늘어남에 따라 보육교사 양성과정 및 보육실습 매뉴얼(보건복지부 · 육아정책연구소, 2016)에서 제안된 보육현장실습의 운영 모형 사례는 그림 5-1과 같으며, 6주 연속형 보육실습 진행과정의 예시는 표 5-8과 같다. 상황에 맞게 최적의 보육실습 운영 모형을 선택할 필요가 있다.

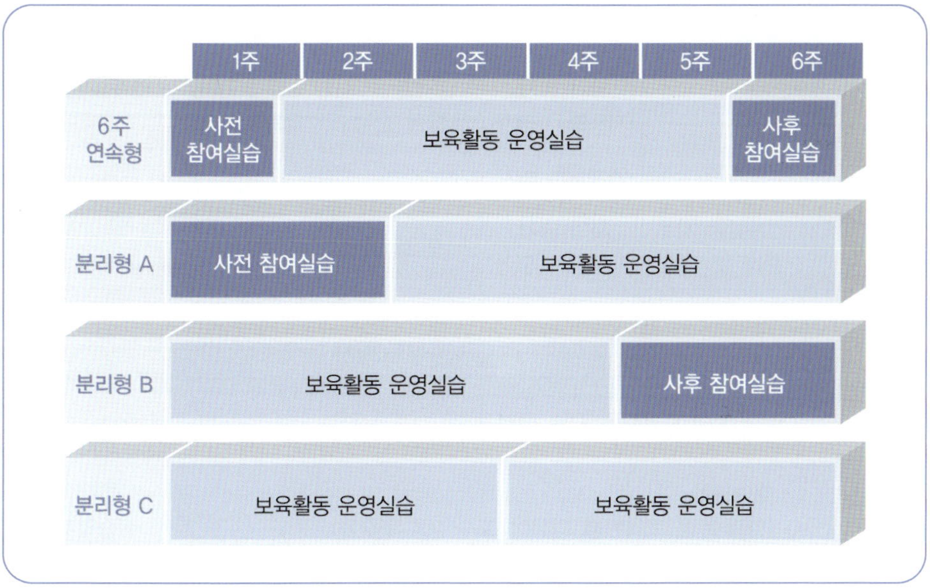

그림 5-1 보육실습 운영 모형 사례

6주 연속형 보육실습 진행과정의 예시는 표 5-8과 같다.

표 5-8 6주 연속형 보육실습 진행과정의 예시

주		1일차	2일차	3일차	4일차	5일차
사전 방문과 교육		• 사전 방문하여 사전교육을 함 • 보육실습 일정과 내용, 준비물, 준비 서류 및 기타 유의사항 협의				
사전 참여 실습 (1주)	1주	• 어린이집의 운영 철학 및 서비스 등의 특징 파악 • 어린이집 보육교직원들과 친밀감 형성 • 모든 연령의 반 참여관찰: 일과 운영, 보육환경, 영유아-교사 상호작용 등 • 보육실습일지 작성과 지도교사의 평가				
보육 활동 운영 실습 (4주)	2주	• 실습반 영유아와 친밀감 형성하기 • 보육실습생으로서의 역할 수행				
		• 실습반 관찰(일과 운영, 보육 환경, 영유아-교사 상호작용 등)		• 영역별 보육활동 선정 및 계획안 제출과 지도교사의 평가		
	3주		영역별 보육 활동 실습		영역별 보육 활동 실습	

<table>
<tr><th colspan="2">주</th><th>1일차</th><th>2일차</th><th>3일차</th><th>4일차</th><th>5일차</th></tr>
<tr><td rowspan="5"></td><td></td><td></td><td>자기 평가,
지도교사 평가</td><td>영역별 보육
활동 선정</td><td>자기 평가,
지도교사 평가</td><td>연계활동계획안
제출</td></tr>
<tr><td rowspan="2">4주</td><td></td><td>연계활동 실시</td><td></td><td></td><td></td></tr>
<tr><td>연계활동 자료
준비 및 제작</td><td>자기 평가,
지도교사 평가</td><td colspan="2">반일(일일) 보육계획 협의</td><td>반일(일일)보육
계획안 제출</td></tr>
<tr><td rowspan="2">5주</td><td></td><td></td><td>일일(반일)
보육활동 실시</td><td></td><td></td></tr>
<tr><td colspan="2">일일(반일) 보육활동 자료 점검</td><td>자기 평가,
지도교사 평가</td><td></td><td></td></tr>
<tr><td>사후
참여
실습
(1주)</td><td>6주</td><td colspan="3">• 참여관찰
(일과 운영, 보육환경, 영유아-교사 상호작용 등)
• 보육실습생 역할 수행하기
• 보육실습일지 작성 및 참관 경험에 대한 저널 작성하기</td><td>최종 어린이집
실습평가회
(원장, 지도교사
등 참여)</td><td>실습일지 및
기타 실습 관련
서류 제출</td></tr>
</table>

정규실습의 유의점

- 실습 계획은 관찰실습의 기초 위에서 일관성 있게 수립되어야 한다.
- 실습의 목적 및 목표를 명확히 인식하고 그에 적합하게 행동해야 한다.
- 지도교사와 협의하고 실제 지도활동을 계획하며 그에 필요한 시설 및 자료 등 제반 조건을 충분히 준비하여야 한다.
- 영유아 교수법의 원리를 적용하여 지도상의 제반 문제를 발견하고, 해결하며, 예비보육교사로서 교직에 관한 여러 능력을 배양해야 한다.
- 실습생은 일관된 체제에 따라 학급 경영의 제반활동을 내면화 또는 행동화의 상태까지 발전시켜야 한다.
- 실습으로 인해 교실 내 영유아에게 피해가 가지 않도록 본래 교육활동의 분위기에서 벗어나지 않도록 해야 한다.

지도교사가 평가하는 일반적인 실습생 평가항목의 예시는 표 5-9와 같다.

표 5-9 실습생 평가항목

영역	평가 항목
근무 태도	근무 상태(출 · 결석, 지각, 조퇴 등), 성실성
일반 자질	영유아에 대한 태도, 인성, 교사로서의 품위, 신념 등
학습지도 능력	활동 계획 및 계획안 작성, 지도 기술, 교재 제작 및 활용, 평가 기술 · 교재 연구 등
연구조사 활동	연구 태도 및 자세, 자료 수집 및 처리 분석, 동료와의 협력 등
학급 경영 및 사무처리 능력	생활지도, 환경 정리, 사무처리, 영유아 관리 등

출처: 김정희 외(2017). 보육실습. 서울: 창지사.

(3) 사후실습

사후실습은 일정 기간의 정규실습 이후에 갖게 되는 현장 경험으로 정규실습 과정을 보완하고 심화시키는 과정이다. 정규실습 이후에도 실습 과정에서 나타난 문제점을 보완하고 학급 운영에 더욱 능동적으로 참여하며, 반성적 사고를 통해 교육철학 및 보육에 대한 정체성을 확립하는 과정으로 지속적인 사후실습을 하는 것이 필요하다. 사후실습기관은 정규실습기관과 같은 곳을 선택할 수도 있으나 다른 기관을 선택하는 것도 가능하며, 의무적인 과정은 아니므로 사후실습의 참여 여부, 시기 또는 기간은 교육기관이나 현장, 실습생의 필요에 의해 결정될 수 있다.

(4) 예비영유아교사들이 실습과정 중 경험한 내용에 대한 자기성찰일지

다음의 자기성찰일지는 2019년 서울에 있는 A대학교 학생들이 한 달간의 유치원 실습을 하면서 경험하고 생각한 내용을 담은 것이다.

표 5-10 교육실습 경험에 대한 자기성찰일지

날 짜	2019년 4월 1일
주 제	교육 실습 첫날!

두려워하던 교육실습이 시작되었다. 두려움의 이유는 보육실습을 배우려는 욕심없이 끝마쳤기 때문이었다. 아무렴 이미 보육실습은 지나갔고, 졸업 전 마지막 실습인 교육실습이 시작되었다.

'실습이 이런 것이구나'를 체감한 첫날이었다. 사실 이곳으로 사전실습도 여러 번 왔던 터라 크게 다르지 않을 줄 알았는데 굉장히 다르다. 굉장히! 우선 유치원 행사가 많은 관계로 첫 주부터 부분 수업을 하게 되었다. 바로 이틀 뒤다! 그래서 첫날인 오늘 일지를 쓰고, 유아관찰일지도 쓰고, 부분수업계획안도 작성했다. 바쁘다 매우 바쁘다.

같이 간 교대원 선생님과 끝나고 함께 나오는데 선생님께서는 지도교사 선생님과의 관계 때문에 고민하시는 것 같다. 나도 걱정이 없는 것은 아니다. 하지만 뭐랄까. 각오가 되어 있다. 보육실습 평가회 때 교수님께서 돌직구를 날려주셔서 교육실습은 마음을 굳게 먹고 임하게 되었다. 또, 이번 실습을 두고 하나님께 기도하는 것 때문이기도 하다.

아무래도 매일 일지 쓰고, 교구 만들고, 수업 계획하고, 관찰일지 쓰고 하다 보면 몸과 마음이 지칠 수 밖에 없는데, 그것과 별개로 이 실습 기간동안 날마다 하나님의 영광을 위해서 살아가는 하루하루가 되길 원한다는 마음 때문이다. 내가 지치고 힘들어서 일지를 쓰거나, 교실 청소를 하거나, 유아와 이야기를 하는 순간에 하나님께 부끄러운 모습으로 임하고 싶지 않다. 모든 순간, 무엇을 하든지 하나님의 영광을 위해, 하나님이 기뻐하시는 모습으로 이 실습기간을 잘 마치고 싶다는 마음이 크기 때문이다.

그래서 생각한 것보다 실습기간이 힘들겠다는 생각은 들지만 그럼에도 힘이 빠지거나 괜히 억울하기보다는 '어떤 환경이든지 간에 열심히 해 보자!'라는 생각이 드는 것에 하나님께 또 감사했다.

아직 반 아이들 이름을 다 외우지 못했는데 얼른 외워서 아이들 한 명 한 명과 진심으로 상호작용하며 마음을 나누고 싶다. 아이들에게도 나에게도 기억에 남는 따뜻한 봄날의 시간이 되었으면 좋겠다.

날 짜	2019년 4월 7일
주 제	국공립 유아교육기관의 현실

본 실습을 나오기 전 나는 사립유치원이나 교회법인유치원에서의 경험밖에 없었다. 그래서 공립유치원에 대한 기대가 크고 나라의 교육정책을 얼마나 잘 수행하고 있는지 궁금증도 많이 있었다. 하지만 이곳에서 한 주간 생활해 보고 나니 그런 공교육기관에 대한 기대가 많이 사라졌다.

먼저는 계획안 작성에 대한 것이다. 다른 유치원에서는 계획안이 보통 목요일에 나와 금요일에 발송하는 시스템이었다. 하지만 이곳은 월간, 일간계획안이 없는 것은 고사하고 주간계획안도 금요일 수업이 끝난 후, 부랴부랴 준비를 한다. 물론 연구부장 선생님께서 너무 바쁘셔서 제때 연령별 계획안 틀을 주시지 못하는 것이다. 하지만 실습하는 나의 입장에서는 당장 다음주 화요일에 수업을 해야 하는데 주간계획안이 나오지 않았기에 주제에 맞는 수업을 준비할 수 없었다. 유치원 홈페이지에서 생활주제나 주간주제 등을 보고 준비하라고 하셔서 준비를 했지만, 다음 주 생활주제가 갑자기 금요일에 바뀌는 바람에 결국 수업준비를 다시 해야 하는 상황이 생겼다. 하지만 담임 선생님의 배려로 동식물과 자연 수업에서 봄이라는 활동 주제를 가지고 활동할 수 있도록 해 주셨다.

다음으로는 계획안 실행에 대한 것이다. 하루에 계획되어 있는 수업은 3가지 이상이다. 하지만 선생님께서는 진짜 하시는 활동은 보통 1개에서 많으면 2개의 활동이다. 또한 자유선택활동에 계획되어 있는 생활주제별 활동은 90% 이상 실행되지 않는다. 하지만 그 이유가 선생님들이 관심이 없으셔서가 아니라 수업 이외의 잡무가 너무 많아 교구나 교재를 제작할 시간이 없어서 충분한 자료를 유아들에게 제공할 여력이 없는 것이라 아쉬울 따름이다. 이렇게 아쉬운 점도 있지만 유아들은 특별한 활동을 하지 않아도 생활습관이나 사회성 발달에는 큰 도움이 될 것 같다.

내가 공립 유치원을 오려는 이유는 무엇일까. 보수인가 안정성인가 사회적 인식인가 아이들을 위한 것인가 앞으로 남은 3주의 실습을 통해 잘 고민해 보아야겠다.

날 짜	2019년 4월 26일
주 제	마지막 날

오늘은 실습 마지막 날이자, 올데이 수업 날이다. 다른 친구들은 올데이 수업을 모두 마쳐서 마음이 굉장히 편해 보였고 여유로워 보였는데, 나는 마지막 날까지 긴장을 늦추지 못해서 아쉬웠다. 오늘 올데이 수업은 정말 그 어느 때보다도 열심히 준비했다. 연계 수업 때 받았던 피드백이 아주 긍정적으로 반영되어 오늘 그 결과를 본 날이다. 우선 선생님께서는 나의 올데이 수업을 보시고 긍정적으로 말씀해주셨다. 다른 친구들에 비해 진행하는 수업도 많았지만 선생님께서는 여태 했던 수업 중에 가장 여유로워보였고 잘해주셨다고 말씀해주셨다. 그 말에 또 눈물이 났다. 오늘은 안도의 눈물이었다. 실습을 하면서 눈물이 정말 많아졌다. 그만큼 많이 배웠고, 나에게 있어 커다란 작용을 했다는 의미라고 생각한다.

오늘 올데이를 하면, 다시 한 번 교사라는 직업에 대해 진지하게 생각해보는 시간이었다. 원래도 유치원이랑은 맞지 않은 생각이 들었는데, 올데이를 하며 나쁘지는 않았지만 나는 그래도 교육보다는 보육이 더 잘 맞는다는 생각이 들었다. 유아기 시절에 교육도 중요하지만 놀이를 통한 학습, 경험을 무엇보다도 중요하게 생각하기 때문이다. 교육도 중요하지만 현재까지의 교육을 살펴보면 주입식 교육이 많기 때문에 이런 교육이 바뀌지 않는 이상 나는 교육보다는 경험, 놀이를 더 추구할 것이다. 보육은 교육과는 다르게 놀이를 통한 학습이 이루어지고 있다는 느낌이 강해 나는 보육을 더 선호하게 되었다.

또한, 아이들과의 상호작용, 수업시간에 수업을 진행함에 있어서 내가 예비교사로서 많이 부족함을 깨달았다. 교사는 항상 시야를 넓게 가지고 있어야 하는데 나는 당장 눈 앞에 보이는 영유아만을 지켜보다보니 그 뒤에 있는 아이들을 신경써주지 못해 크고 작은 오해들이 생겼다. 지도선생님께서는 자유선택활동시간을 비롯해 모든 수업 시간에 어떤 유아와 특별한 상호작용이 없더라도 그 상황이 무엇이었는지 다 알고 계셨다. 너무 신기하기도 했고, 정말 교사라면 시야를 넓게 갖는 것이 중요함을 느꼈다. 이뿐만 아니라 아이들이 어떤 말을 하였을 때 모든 아이들의 반응을 다 살펴주는 것도 중요하지만 수업의 흐름에 지장이가는 것은 과감하게 쳐 낼 필요가 있다는 것도 깨달았다. 아이들이 하는 질문에 다 답하려다 보니 나도 힘들고 시간도 가고, 수업은 진행이 안 되는 등 다양한 문제들이 생겼다.

평소 선생님의 수업을 관찰만 했을 때는 쉽지는 않지만 어려워 보이지도 않았다. 하지만 수업을 하면서 선생님의 자리에 대한 책임감, 어려움 등을 고스란히 느낄 수 있었다. 4주간의 실습은 나에게 있어 나를 더욱 성장시키고 교사에 대한 생각을 다시금 할 수 있었던 귀한 시간이었다.

날 짜	2019년 4월 28일
주 제	교육과정 실행의 정도는 교사의 역량이다.(부분, 연계, 일일 수업을 돌아보며)

내가 배운 유아교육과정의 유형은 총 6가지가 있다. 교과중심 교육과정, 경험중심 교육과정, 학문중심 교육과정, 인지과정중심 교육과정, 사회재건중심 교육과정, 인간중심 교육과정이 그것이다. 이번 교육실습을 통해 유치원 현장에서 이루어지고 있는 교육과정은 여러 가지 융합된 것 같다고 생각했다. 먼저 유아기라는 특성 때문에 다른 연령보다 경험으로 생성되는 지식이나 삶의 가치들이 많다. 따라서 경험중심의 교육과정을 특별활동으로 실행하고 있었다. 예를 들어, 격주로 과학 실험을 하고 사물놀이, 오르프활동 등을 통해 과학적 개념과 음악적 요소들을 파악하는 활동이 있다. 또한 지식 그 자체보다 문제해결력과 창의력 등을 키워주어 인지과정 중심의 교육도 이루어지고 있다. 예를 들어, 교사가 진행하는 활동 중 동화와 같은 경우가 지식을 가르치지는 않지만 주어진 상황 속에서 스스로 문제 상황을 해결하고 나아가 사고의 폭을 확장시킬 수 있는 기회를 제공한다. 또한 유아교육진흥원에서 지원하는 인형극, 마술쇼, 그림자쇼 등은 유아의 흥미를 자극하고 창의력 등을 키워줄 수 있는 교육의 일환으로 실행되고 있다. 또한 사회재건 교육과정의 특징으로 사회문제였던 세월호에 관련하여 사건을 알고 추모하는 마음을 가지며 나아가 선박안전교육을 함으로써 사회문제와 관련된 사안을 안전교육과 맞물려 교수하는 모습을 보았다.

이렇게 유치원 교육은 초중등교육과는 다르게 지식 전달의 목적보다는 기본생활습관과 사회성의 발달을 우선하며 부수적으로 위에 나누었던 지식이나 현상들을 경험과 특별한 활동과 연결지어 교수한다. 하지만 어떤 교육과정을 따르던 간에 그 교육과정이 잘 실행되는지는 교사의 역량이라고 생각한다. 교사가 열정을 가지고 수업을 준비하는 만큼 유아들이 학습하고 또 사회를 익혀나갈 수 있다.

그렇다면 나는 부분, 연계, 일일 수업을 하며 유아들의 수준에 적절하고 흥미를 유발시키는 수업을 했을까. 내가 한 수업들을 돌아봤을 때, 나는 아직 유아들을 다루는 스킬이 부족하기 때문에 재미난 활동들보다는 지식 전달의 수업을 했다. 사실 현대 영상이 너무 발전해서 웬만한 영상이나 수업자료로는 유아들의 흥미를 사로잡을 수 없다. 그래서 그 영상들만큼 신기하고 자극적인 실험과 같이 직접해 볼 수 있는 활동이 없으면 유아들이 많이 지루해하는 것을 느꼈다. 그래서 수업준비를 더 철저히 열심히 하지 못해 미안한 마음이 들었다. 그렇지만 게임 활동을 할 때는 유아들이 간단한 게임이지만 재미있게 참여하는 모습을 보며 영유아들은 역시 뛰어놀 때 가장 즐겁구나를 느꼈다. 또 나에게도 내가 준비한 활동을 열심히 하는 모습이 가장 뿌듯했고 나의 역량이 유아들을 지루하게 할 수도 웃게 할 수도 있구나 라는 생각을 했다. 훗날 내가 현장에 나갔을 때, 나의 최선이 유아들에게 닿아 최선의 교육을 할 수 있도록 학문을 더 배우고 실천해야겠다.

5 신규임용의 절차

1) 임용의 개념 및 절차

임용이란 개인에게는 신분을 설정하는 행위를 의미하고 기관이나 조직에서는 업무 수행을 위한 충원을 의미한다. 일정한 자격요건을 갖춘 사람 가운데서 기관의 업무 수행에 필요한 인원을 선발하여 일정한 일을 하도록 하는 행위는 모두 임용에 해당된다. 「교육공무원법」 제2조 제6항의 규정에 의하면 교원의 임용에는 신규채용, 승진, 승급, 전직, 전보, 겸임, 파견, 강임, 휴직, 직위 해제, 정직, 복직, 면직, 해임 및 파면 등이 포함된다.

(1) 국 · 공립 유치원

국 · 공립 유치원 교사는 교육공무원의 일종으로 국가 공무원의 특례로서 규정된 「교육공무원법」의 적용을 받는다. 국 · 공립 유치원 교사의 신규채용 과정은 크게 모집, 선발, 임용의 절차로 이루어진다.

교육공무원법

① 교육공무원의 임용은 그 자격, 재교육 성적, 근무 성적, 그 밖에 실제 증명되는 능력에 의하여 한다(제10조 제1항).

② 교육공무원의 임용은 교원으로서의 자격을 갖추고 임용을 원하는 모든 사람에게 능력에 따른 균등한 임용의 기회가 보장되어야 한다(제10조 제2항).

① 모집

일반적으로 모집이란 유능한 후보자가 어떤 조직의 구성원으로 지원하도록 유치하는 과정이다. 모집에서 가장 중요한 단계는 유능한 후보자를 적극적으로 유치하는 과정이다. 모집이 성공적으로 이루어지려면 보수, 근로조건, 직종에 대한 사회적 평가를 높이려는 노력과 공개경쟁 시험의 정기적 실시, 시험 방법의 개선, 지원 절차의 간소화와 같은 모집 방법의 개선 등 다각적인 노력이 필요하다.

② 선발

선발이란 모집을 통해 모여든 후보자들 가운데 적임자를 선택하는 과정으로 자격이나 성적에 기초하여 적격자를 선발한다. 일반적으로 선발 과정은 시험과 면접으로 구성된다. 국·공립 교육기관에서의 교사 선발은 「교육공무원법」 제11조에 근거하여 공개 전형 방법에 의한다. 공개 전형의 방법을 규정한 「교육공무원임용령」 제11조에 따르면 공개 전형은 필기시험, 실기시험 및 면접시험 등의 방법에 의한다. 2017년부터 2020년까지 국·공립 유치원에 대한 시·도교육청별 지원 및 경쟁률 현황은 표 5-11과 같다.

표 5-11 시·도교육청별 국·공립 유치원 지원 및 경쟁률 현황(2017년부터 2020년)

지역	구분	2017년도			2018년도			2019년도			2019년도 추시			2020년도		
		모집	응시	경쟁률	모집	응시	경쟁률	모집	응시	경쟁률	모집	응시	경쟁률	모집	응시	경쟁률
서울	일반	34	579	17.03	252	1767	7.01	159	1869	11.75	55	2209	40.16	96	1776	18.5
	장애	3	5	1.67	18	5	0.28	11	4	0.36	4	6	1.5	7	3	0.43
경기	일반	191	1714	8.97	371	2152	5.8	233	2358	10.12	149	3409	22.88	377	3816	10.12
	장애	12	9	0.75	25	10	0.4	17	3	0.18	11	5	0.45	28	5	0.18
인천	일반	21	228	10.86	87	442	5.08	19	286	15.05	32	632	19.7	13	288	22.15
	장애	2	2	1	6	1	0.17	2			3	1	0.33	2		
세종	일반	37	421	11.38	102	731	7.17	28	311	11.11				7	102	14.57
	장애	3	2	0.67	8			2	2	1						
대전	일반	13	150	11.54	54	422	7.81	35	446	12.74	16	636	39.8	20	400	20
	장애				2	1	1	1	2	2	1	1	1	1	1	1

지역	구분	2017년도			2018년도			2019년도			2019년도 추시			2020년도		
		모집	응시	경쟁률	모집	응시	경쟁률	모집	응시	경쟁률	모집	응시	경쟁률	모집	응시	경쟁률
대구	일반	52	448	8.62	63	377	5.98	34	322	9.47	25	518	20.72	21	396	18.86
	장애	3	2	0.67	5	2	0.4	3	1	0.34	2	1	0.5	2	1	0.5
광주	일반	12	213	17.75	27	270	10	13	215	16.54	11	500	45.5	34	404	11.88
	장애	1	0	0	3	1	0.33	1			1	2	2	3	1	0.33
부산	일반	27	311	11.52	65	482	7.42	40	388	9.7	25	946	37.84	62	737	11.89
	장애	2	0	0	5	4	0.8	3	2	0.67	2	3	1.5	6	3	0.5
울산	일반	13	119	9.15	67	347	5.18	10	127	12.7	21	448	21.33	27	288	10.67
	장애	1	0	0	2			1			2	2	1	3	1	0.33
강원	일반	21	252	12	21	221	10.52	30	295	9.83	25	442	17.68	54	502	9.3
	장애	1	0	0	1			3			2			4		
충북	일반	20	213	10.65	55	325	5.91	40	460	11.5	25	549	21.98	75	656	8.75
	장애	2	0	0	4			3			2	2	1	6	1	0.17
충남	일반	53	382	7.21	33	222	6.73	28	357	12.75	16	444	27.75	611	647	10.61
	장애	4	2	0.5	3			2			2	1	0.5	5	1	0.2
경북	일반	25	216	8.64	68	330	4.85	29	277	9.55	45	698	15.51	40	538	13.45
	장애	2	1	0.5	5			2			4	1	0.25	3	1	0.33
경남	일반	22	236	10.73	41	306	7.46	139	1155	8.31				118	1041	8.82
	장애	2	1	0.5	3	3	1	11	1	0.09				9	1	0.11
선북	일반	34	338	9.94	19	223	11.74	38	462	12.16	22	680	30.9	74	780	10.54
	장애	3	2	0.67	1	1	1	2	2	1	2	2	1	6	2	0.33
제주	일반	4	90	22.5	9	105	11.67	21	175	8.33	10	207	20.7	12	201	16.75
	장애				1	1	1	2	1	0.5	1			1	1	
총계	일반	596	6,133	10.29	1,365	8,992	6.59	948	9,955	10.5	482	12,505	25.94	1,154	13,103	11.35
	장애	42	26	0.62	95	31	0.33	70	21	0.3	39	21	0.54	90	22	0.24
	계	638	6,159	9.65	1,460	9,023	6.18	1,018	9,976	9.8	521	12,526	26.44	1,244	13,125	10.55

출처: 임용모집인원 및 경쟁률(2020). http://www.ssamplus.com/

③ 임명

임명은 모집과 선발 과정을 통해 확보된 인재를 직무에 맞추어 적재적소에 배치하는 행위로, 임용권자나 임용제청권자가 시험 실시 기관에 임용 후보자의 추천을 요구하면 시험 실시 기관은 임용후보자 명부에 근거하여 후보자를 추천하며, 임용후보자는 시보 기간을 거쳐 정규 직원으로 임명되는 절차를 거친다.

(2) 사립 유치원

사립 유치원 교사는 「사립학교법」의 적용을 받는다. 이 중 교사로서의 자격 취득은 국·공립 유치원 교사와 동일 규정(제52조)의 적용을 받지만 임면에 있어서는 학교 법인 또는 사립학교 경영장에 의해 임면된다.

교원의 임면

① 법인체 사립 유치원: 원장의 제청으로 이사회 의결을 거쳐 결정한다.
② 사립 유치원: 원장의 제청에 의하여야 한다(「사립학교법」 제53조의2).

각급 학교의 교원의 임명권자가 교원을 임면(각급 학교의 장으로서 임기 만료로 해임된 경우는 제외한다)한 때에는 임면한 날부터 7일 이내에 관할청에 보고하여야 한다.

사립 유치원은 사학의 자율성을 보장하는 측면에서 교원임용의 권한이 기관경영자에게 위임되어 있는데, 각 기관에서 나름대로의 선발 도구 및 기준을 가지고 임용하고 있다. 일반적인 사립 유치원의 교사 선발 및 채용 절차는 교사충원에 대한 현황분석, 지원자 모집, 서류 심사, 면접 심사, 수업 시연, 최종 결정의 단계를 거치게 된다. 교사충원에 대한 현황분석은 유치원의 특성상 매년 말 원아모집이 끝난 후 그 결과에 따라 다음 연도의 운영 계획을 결정하는 시기와 동시에 진행된다. 지원자 모집은 대학, 친분이 있는 주변 유치원 원장, 실습생 등과 같은 내부 조직을 이용하는 경향이 있다.

(3) 어린이집

「영유아보육법」 제19조에 따르면 어린이집의 원장은 보육교직원의 임면에 관한 사항을 특별자치도지사·시장·군수·구청장에게 보고하도록 되어 있다. 특별자치도지사·시장·군수·구청장은 보육교직원의 권익 보장과 근로여건 개선을 위하여 보육교직원의 임면과 경력 등에 관한 사항을 관리하여야 한다.

보육교직원의 채용은 공개경쟁을 원칙으로 한다. 보육교직원 채용 시 임금, 근로시간 및 그 밖의 근로조건을 명시한 근로계약을 체결하되, 이 경우 근로계약과 관련하여 부당한 내용(결혼, 출산, 육아휴직 등으로 인한 퇴직 강요 등)이 포함되어서는 안 되며, 관할 행정기관은 이를 적극 지도·감독하여야 한다.

2) 신규 임용에 필요한 서류 준비

(1) 유치원 교사

유치원 교사가 관할교육청에 임용 보고를 할 때는 다음과 같은 구비 서류가 필요하다.

- 공무원채용신체검사서 1부(최근 3월 이내 발행분)
- 가족관계증명서·기본증명서 각 1부
- 신원진술서 1부
- 주민등록증·초본 각 1부
- 교원자격증 사본 1부
- 최종학교(대학) 졸업증명서 1주
- 석사 및 박사학위 증명서(학위수여증명서 사본 1부, 성적증명서 1부) 각 1부 (해당자만 제출)
- 경력증명서 각 2부
- 사진 2매
- 범죄경력조회동의서, 개인정보공개동의서, 각서 각 1부
- NEIS 인사기록 등록카드 1부

(2) 보육교사

보육교사가 관할구청에 임용 보고를 할 때는 다음과 같은 구비 서류가 필요하다.

- 인사기록카드
- 주민등록등본
- 채용신체검사서
- 자격증사본
- 성범죄경력조회결과서
- 아동학대 관련 범죄 전력 조회 회신서

생각해 봅시다

1. 신임교사로 채용되기 위해 갖추어야 할 자질과 현재 부족한 점을 점검해 본다.
2. 교육실습과 보육실습을 통해 얻고자 하는 우선순위를 5가지로 나열해 본다.
3. 유치원과 어린이집 원장의 시각에서 바라본 능력 있는 교사의 이미지에 대해 이야기해 본다.

Chapter 06

영유아교사의 발달

배울내용 교사발달에 대한 이해를 돕기 위해 현재까지 정리된 교사발달의 핵심적인 개념을 정리하고, 영유아교사의 발달 단계를 직선적 · 순차적 모형과 순환적 · 역동적 모형으로 구분하여 제시한다. 영유아교사의 전문성 발달에 원동력이 되는 교수능력과 반성적 사고에 대한 정의와 특징을 다루고자 한다. 마지막으로 초임교사, 경력교사, 원장의 관점에서 바라본 교사발달이론에 대한 생각을 현장에서 진행된 면담의 결과를 통해 본 장에서 제시하고자 한다.

학습목표

1. 영유아교사 발달에 대한 정의와 중요성을 제시한다.
2. 영유아교사의 전문성 발달과 관련된 교수능력과 반성적 사고에 대한 정의와 특징을 설명한다.
3. 영유아교사의 발달 단계를 직선적 · 순차적 모형과 순환적 · 역동적 모형으로 구분하여 설명한다.

1 영유아교사 발달의 개념

발달이란 보편적인 순서에 따라 점진적으로 환경과의 접촉을 통하여 인간에게 지속적으로 일어나는 변화를 의미한다. 인간 생애에 걸쳐 진보하는 영유아발달, 아동발달, 청년발달, 성인발달처럼 교직사회에서도 교사발달이라는 용어가 사용된다. 교사발달이란 교사가 교직생활을 하는 동안 개인적인 신념이나 교직관, 가치관, 개인의 경험을 토대로 교직과 관련된 제반 영역에서의 지식, 기술, 태도에 있어서 전반적인 변화와 발전을 의미한다(이윤식, 2002).

교사발달에 관한 연구는 크게 교직 기간 동안 교사가 새로운 지식을 습득하는 과정이나 교수 전략을 어떻게 수행하는지를 밝히는 데 초점을 둔 연구와 교사가 일상적으로 경험하는 일들을 그들의 관점에서 이해하고자 하는 시도로서 교직을 선택한 동기, 직전 교육과 교육 실습 기간에 이루어진 탐구, 현직에 있는 동안 이루어지는 교사 발달의 과정과 단계 등에 관한 연구로 나누어 볼 수 있다(백은주, 2002).

교사발달에 관한 학자들의 공통적인 정의는 교사로서 지녀야 할 가치관, 교직에 대한 신념, 태도, 교과지식, 기능, 행동 등 교직 관련 제반 영역에서 끊임없는 성장과 변화의 과정을 거치며 지속적으로 양적·질적인 발전이 이루어지는 것으로 정리된다. 교사발달은 초임교사로서 교직생활을 시작하는 순간부터 교직 생활을 마칠 때까지 전 기간에 걸쳐 일어난다(백승관, 2003). 이러한 교사발달의 단계나 양상은 교사 개개인의 능력과 경험에 따라 조금씩 차이를 보일 수 있다.

카츠(Katz, 1985)는 교사교육에 있어 발달적 접근의 중요성을 다음과 같이 제시하였다.

첫째, 교사 스스로 자기 자신을 발달해 가는 존재로 인정할 수 있다. 교사들은 현재 위치에서 자신의 능력을 평가함으로써 과거를 돌아보고 미래를 예측할 수 있다.

둘째, 교사들이 지속적인 학습자로서 독서습관 향상, 동료 및 전문가와의 상담, 수업향상을 위한 자원 활용, 전문단체 참여, 상급학교진학 등을 통해 스스로 자신을 발전시킬 수 있는 새로운 목표와 방향설정, 접근방법을 개발할 수 있게 한다.

셋째, 주위 동료교사들의 행동도 발달적 관점으로 볼 수 있게 되고, 초임교사들을 자신의 경험 속에 우러난 지혜를 통해 지지, 격려해주고, 유용한 정보를 제공하며, 전문적 성숙과 발달을 촉진시켜 주고자 하는 동기를 갖을 수 있다.

이러한 발달적 관점은 교사교육자의 측면에서는 교사가 일련의 발달단계를 가진 존재로 변화와 발전을 거듭해 나간다는 점을 인식하게 함으로써 그에 상응한 적절한 교육을 제공할 수 있게 하고, 교사의 측면에서는 스스로를 교육자인 동시에 학습자로서 인정하게 함으로써 보다 나은 전문적 발달을 위해 노력할 수 있도록 동기화한다는 점에서 결국 교사교육자와 교사 모두에게 도움을 주게 된다(정효진, 2010).

2 영유아교사의 전문성 발달

영유아교육현장에서 교사가 영유아들을 가르치는 일은 매우 복잡하고 불확실하며 많은 사건들이 동시에 일어나므로 영유아교사는 이러한 상황에서 유연한 대처능력과 상황에 맞는 의사결정능력을 포함한 다양한 전문적 능력을 필요로 한다

(박은혜, 2017). 따라서 아무리 좋은 교육 환경과 프로그램이 마련되어 있더라도 그것을 활용하고 운영하는 교사의 전문성이 미흡하다면 교육적 효과를 기대하기가 힘들다.

특히 영유아기는 전 생애에 걸쳐 기초가 되는 성장과 발달이 급격히 이루어지는 중요한 시기로 영유아들의 발달은 성인에게 많이 의존하는 특성이 있다(김하종, 2015). 따라서 영유아를 담당하는 교사의 전문성은 교육의 질과 개별 영유아의 학습과 발달에도 많은 영향을 미치게 되므로 교사로서 전문성 증진을 위한 노력은 필수적이다(김은영 · 박은혜, 2006). 이러한 영유아교사의 전문성은 어느 순간 다다르는 것이 아니라 끊임없이 성장, 발전해나간다. 즉, 교사 자신의 끊임없는 노력으로 경력이 쌓임에 따라 자신이 가지고 있는 교직관, 신념, 교육관 등의 태도 변화뿐만 아니라 교수 지식 및 교수학습 기술, 개별 영유아를 지도하는 능력, 업무 수행 능력 등과 같이 교직 수행과 관련된 모든 영역에서 양적 · 질적인 변화와 향상이 함께 일어남을 알 수 있다(조부경, 1994). 또한 영유아교사의 다양한 교육 경험 가운데 각 교사의 개인적인 특성이나 조직 환경 등과 같은 여러 가지 요인으로 인해 서로 다른 변화가 나타날 수 있다.

교수능력의 향상은 교사의 전문성 발달의 핵심이라 할 수 있다. 이는 단순히 가르치는 행위뿐만 아니라 얼마나 효율적인 교수학습 방법을 활용하여 영유아들의 수업목표 도달을 이끌어주는가가 중요한 문제로 대두되고 있다(안효일, 2007). 교사는 교수학습과정을 계획, 실행, 평가하는데 필요한 지식과 기술, 자질, 능력, 가치관에 관한 전문성을 갖추어야 한다. 교사의 전문성은 교수와 학습의 상호작용 속에서 수업의 내용과 방법, 영유아들의 반응과 수업 맥락 등을 역동적으로 연계시키며, 이러한 요인들이 새로운 상황에서 지속적으로 변화하고 재구성될 때 나타난다(김민성, 2012).

반성적 사고는 교사의 전문성 향상의 또 다른 중요한 요인이다. 교사의 반성적 사고능력의 발달은 단순히 교육적 이론이나 원리를 교육실제에 그대로 적용하는 것이 아니라 교육현장에서 직면하는 다양하고 복잡한 문제를 합리적으로 해결하는데 도움을 준다. 교사는 자기반성과 성찰을 통해 자율성과 의사결정능력을 증가시키게 된다. 이러한 반성적 사고가 발휘되지 않는다면 교직 경력이 많더라도 교사의 전문성 성장은 이루어지지 않고 멈추게 된다. 따라서 점차 교사의 전문성 개발의 핵심개념으로 반성적 사고가 중요하다(김선희, 2010).

이처럼 영유아교육의 질적 수준 향상을 위한 핵심은 영유아를 교육하는 교사의 전문성을 발달시키는 것으로 교사는 자신의 전문성 강화를 위해 교수 능력의 향상, 반성적 사고능력의 발달을 위한 노력을 끊임없이 하게 된다. 교사의 전문성은 역할수행과 관련하여 시대와 사회적 요구에 부합하는 방식으로 재정의될 필요가 있으며, 지식, 자질, 태도 등을 포함한 능력과 신념의 요소들을 개념적으로 포함해야 한다. 본 연구에서의 교사의 전문성은 교수능력과 교사의 반성적 사고로 나누어 살펴보고자 한다.

1) 교수능력

수업은 모든 교육활동의 핵심적인 과정이다. 교실 내 상황에 대해서는 교사 자신이 가장 잘 알기 때문에 수업개선을 위해서는 교사들이 수업전문성을 발휘하여 수업의 질을 높이고자 하는 노력이 요청된다. 따라서 교사들은 단순히 지식이나 사실을 전달하는 수동적 전달자가 아닌 이론과 실제적 지식을 활용하여 그들이 부딪히고 있는 여러 문제를 해결하기 위한 적극적 연구자가 될 필요가 있다(김태석, 2008).

교사의 교수능력이란 영유아교육현장에서 교사와 영유아가 상호작용할 때 교사가 나타내는 행동으로, 교사가 놀이와 활동이 진행되는 시간에 영유아들의 행동을 유도하거나 변화시키기 위하여 보이는 다양한 교수 방법과 행동특성을 의미한다. 여기에는 교사의 질문과 발문, 수업방식, 피드백, 행동 방식 등이 있다(김영순, 2010). 또한 교수능력은 영유아의 발달과 학습을 촉진하고 바람직한 학습결과를 성취하도록 하기 위해서 교사가 학습자와 상호작용하는 일련의 행동 중에 나타나는 것으로 하루일과를 통해 일어나는 총체적인 교수 활동이다.

교사의 전문성은 수업전문성이 핵심적인 것으로 이것을 함양하기 위해서는 교사의 교수능력 개선을 위한 스스로의 반성적 수업분석이 필요하다. 반성적 수업분석은 교사가 자신의 수업행동을 실질적으로 개선하기 위한 자료 수집과 분석 및 평가에 활용되는 방법으로 교사가 스스로 자신의 수업을 평가해 보도록 함으로써 자각심을 가지고 자기의 수업을 정확히 평가할 수 있는 기술의 습득 및 교수능력의 함양을 도와주며, 수업의 대상인 아동에 대한 책임감도 고취할 수 있게 되는 장점이 있다(김태석, 2008).

2) 교사의 반성적 사고

우리나라에서 영유아교사의 반성적 사고에 대한 관심은 1990년대 후반 이후 교사의 전문성 향상을 위한 반성적 사고에 대한 필요성이 언급되면서 시작하였다. 반성적 사고란 교사들이 교육현장에서 직접 경험하며 일어나는 문제 상황을 인식하고 문제를 해결하기 위하여 개방적인 자세와 적극적인 태도를 가지고 계속 사고하며 의미를 창출하고, 결론을 얻어가는 질적 변화의 사고 과정을 의미한다 문제 상황에 대해 다른 사람의 도움을 받지 않고 자기 스스로 문제를 인식하며 원인을 분석하여 문제를 해결해가려는 사고를 자기반성적 사고로 보았으며, 다른 사람과 협의 및 지원을 받으며 문제를 재구성하거나 문제를 해결하려는 사고를 지원적 반성의 의미로 본다(유흥옥, 2005).

반성적 사고가 교사의 전문성 향상에 중요한 영향을 미친다는 것이 인정되면서 반성적 사고를 향상시켜 전문성을 높이려는 여러 가지 전략과 프로그램의 개발이 활발히 이루어지고 있는데, 반성적 사고의 특징은 다음과 같다(Campbell, 2000).

첫째, 반성적 사고는 가르치고 배울 수 있는 사고 과정이며, 훈련에 의해 학습이 가능한 사고 과정으로, 반성적 사고를 배우기 위해서는 반성적 사고를 하는 습관을 발달시키는 것이 필요하다. 둘째, 반성적 사고에는 개인차가 존재한다. 즉, 반성적 사고를 학습하지 않아도 높은 수준으로 자신의 수업에 대해 반성적 사고가 가능한 반면, 이를 힘들어하는 교사도 있다.

이처럼 반성적 사고는 다양한 문제를 해결하기 위해 문제 상황을 면밀히 분석하고, 그 원인과 해결책을 마련해나가는 일련의 사고과정으로, 창의적이고 통합적인 교육현장에서 영유아교사가 지속으로 훈련하고 갖추어야 할 중요한 요인이며 반성적 사고를 통해 영유아교사는 교수행동에 대한 통찰력을 바탕으로 보다 효율적인 의사결정이 가능해진다(Stout, 1989). 또한 교사가 자신의 수업 경험을 되돌아보고, 숙고하고, 평가하는 반성의 과정은 수업의 질을 높이기 위한 과정으로, 교수신념에 의한 교수기술 적용과정에 있는 영유아교사들에게 교수행위에 대한 끊임없는 반성의 노력은 반드시 필요하다(조희정, 2012).

수업에 대한 반성은 교사의 수업전문성 신장과 관련하여 교사 자신의 교수활동의 질을 개선하기 위한 유용한 방법으로 반성적 교사교육에서 사용되고 있다. 교수행위에 대한 자기반성을 위해 반성적 저널쓰기가 많이 사용되고 있는데, 반성적 저널쓰기는 모든 교수행위를 관찰, 분석, 평가하는 도구를 제공해줌으로써 교사들의 반성적 사고능력의 향상을 도모한다(박은혜, 2017). 즉, 반성적 저널쓰기는 교사가 주기적으로 현장에서의 경험과 교수행위에서 발생하는 질문들을 글로 작성하여, 자신의 사고와 신념을 효율적인 사고로 전환시키는 글쓰기를 의미한다(이세나 · 이영석, 2005). 교사의 교수신념, 교수행위 등을 되돌아보는 좋은 방법으로서 교사의 반성적 사고를 자극하는 방법을 교사교육에서 사용할 수 있다.

교사들은 교실 현장에서 여러 가지 문제에 직면하게 되고 그 문제에 적용할 수 있는 지식이나 교수 방법을 모두 습득하기란 불가능하므로 교사들에게 필요한 지식과 기술을 충분히 교육하는 것도 필요하지만 더 나아가서는 당면한 문제를 최선의 방향으로 판단하고 결정, 해결할 수 있는 태도와 능력을 길러주는 것이 장기적인 관점에서 더욱 중요하다. 이처럼 반성적 사고는 교사의 전문성 향상과 직결되며 교사 교육에 있어 매우 중요한 요소 중의 하나가 된다.

3 영유아교사의 발달 단계

1) 직선적 · 순차적 모형

영유아교사의 발달 단계 모형 가운데, 직선적 · 순차적 모형은 교사가 교직생활 동안 교직 경험이 쌓여감에 따라 교수-학습과 관련된 지식, 기술, 태도 등의 변화 및 발달이 직선적이고 순차적으로 이루어진다는 관점이다(고학재, 2010). 많은 학자들이 교사의 전문적 발달단계를 연령과 경력을 기준으로 한 직선적 · 순차적 발달 모형으로 제시하고 있으며, 세부적인 발달단계의 구분은 표 6-1과 같다(박준기, 2010).

표 6-1 직선적 · 순차적 모형

학자	발달단계
Fuller(1969)	교직이전단계-초기교직단계-후기관심단계
Unruh & Turner(1970)	교직이전시기-초기교수시기-안전구축시기-성숙시기
Katz(1972)	생존단계-강화단계-갱신단계-성숙단계
송근영(2014)	예비교사-초보교사-일반경력교사-전문가경력 교사

이들의 공통점은 교사 발달단계를 교직 경력에 따라 직선적이고 순차적인 발달 모형을 제시하고 있으며, 교사의 교직경력이 많아짐에 따라 교사로서의 자긍심, 사고형태, 창의성 등의 수준이 높아지며 교직에서 보다 높은 전문성을 발휘하는 것으로 나타났다. 직선적 · 순차적 모형은 새로운 정보나 실제 상황의 변화와 필요에 따라 계속적으로 반응하고 끊임없이 수정되어 가는 과정으로, 교육과정의 요소나 단계들이 하나의 연속선상에서 나타나고 사회적인 요구 등의 상황 변화에 따라 능동적으로 대처할 수 있다는 점에서 융통성을 가지고 있다(강양자, 2016).

교직경력이 낮은 초임교사의 경우 교직생활에서 겪게 되는 다양한 어려움에 대한 두려움과 막막함으로 자신의 생존에 초점을 두게 된다. 어느 정도 교직경력이 쌓이면서 안정감과 자신감을 가지게 되고 다른 업무와 기술의 숙달이 이루어지면서 영유아의 개별적인 문제 상황 및 교수 상황, 그리고 아동들의 학업성취에 관심을 가지게 되며 이러한 관심의 폭이 점차 자기 자신에서 타인으로 옮겨간다(Fuller, 1969).

또한 교직경력이 많아짐에 따라 교사의 관심사 및 욕구가 달라져 서로 다른 연수의 내용과 방법을 사용한다는 점에 의견을 같이하여 현직 연수 프로그램을 보완하고, 교사들의 취약점을 감소시켜 수업지도 기술을 증대시켜 줄 수 있는 프로그램 개발을 위해 교사들을 위한 현직연수 프로그램 개발 및 교사의 발달단계에 따른 훈련방법을 제시하였다(Katz, 1972; Unruh & Turner, 1970).

카츠(Katz, 1972)가 제시한 영유아교사의 발달단계에 따른 훈련의 방법은 그림 6-1과 같다.

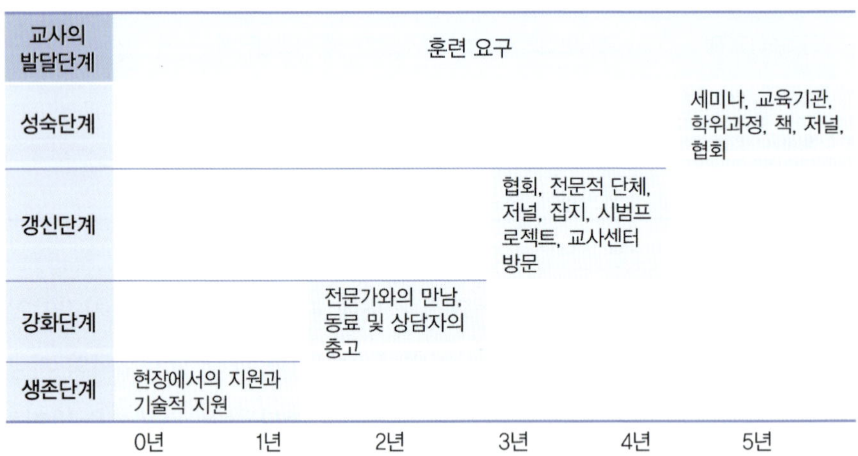

그림 6-1 카츠(Katz)의 영유아교사의 발달단계 및 훈련 요구

출처: 강주연(2017). 영유아교사의 발달단계에 따른 자기장학 모형개발 및 적용. 경북대학교 대학원 박사학위논문.

Burden(1979)은 관심사 이론에서 전체 교직 생활 기간 동안의 개인적, 전문적 발달에 대해 초등교사들을 대상으로 한 면담을 기초로 교사의 발달단계를 구분하였다. 교직 첫해 생존단계의 교사들은 새로운 방법을 시도하기보다 교과 중심적으로 수업을 진행하려는 경향이 있으며, 학급 분위기 유지, 교과목 지도, 교육내용 이해 등에 많은 관심을 지니고 있지만 전문적 통찰력은 부족하며, 교직경력 5년째가 되었을 때, 교직에 대한 안정감과 자신감을 가지게 되면서 성숙한 교사에 이른다고 보았다.

2) 순환적 · 역동적 모형

순환적 · 역동적 모형은 교사발달 단계가 교직 경력에 따라서 변화하지만 교직 현장의 환경요소 및 개인적 · 가정적 환경 등 다양한 요소들에 의하여 복합적 · 역동적으로 발달되어 간다는 관점이다. 이 모형은 교사의 직무만족과 직무부담 등과 같은 요인들이 교사발달을 촉진하거나 저해한다고 본다(고학재, 2010). 또한 이 모형에 의하면 선 생애 동안 교직 입문과정을 거쳐 지신의 능력을 구축하고 기술단계에 이른 후 직업적 쇠퇴를 거치는데, 그 과정에서 성장과 좌절, 안정과 침체의 현상이 중복적으로 일어나는 것으로 교사의 인지적 · 정의적 · 심리적 영역의 특성을 기술하는 데 적합하다(김태영, 2016). 직선적 · 순차적 모형에 근거한 연구가 활발히 진행되다가 최근에는 점차 순환적 · 역동적 모형에 근거한 연구가 증가하고 있는 추세이며, 순환적 · 역동적 모형을 연구한 학자와 세부적인 발달단계는 표 6-2와 같다(강양자, 2016).

표 6-2 순환적 · 역동적 모형

학자	발달단계
Burke, Christensen, Fessler (1984); 이윤식(2002)	교직이전단계 – 교직입문단계 – 능력구축단계 – 열중성장단계 – 직업적 좌절단계 – 안정침체단계 – 직업적 쇠퇴단계 – 퇴직단계
Steffy(2000)	선행 – 전문가/숙련 – 쇠퇴 – 재생 – 퇴임
강양자(2016)	생존 – 성장발전 – 성숙 – 원숙 – 영향력

교사발달에 있어서 개인적 · 조직적 환경 간의 긍정적 · 부정적 영향 관계를 밝힌 교사발달 순환 모형(Teacher Career Cycle Model, TCCM)을 개념화한 연구에 의하면 교사발달은 직선적 · 순차적인 발달이 아닌 개인이 처한 여러 가지 환경에 따라 발달 순서가 달라질 수 있으며, 때로는 이전 상태로 퇴보하기도 한다. 또한 반드시 이전의 단계에서 다음의 단계로의 순차적 이동이 아니며 상위단계가 하위단계보다 바람직하다거나 가치롭다고 가정하지도 않는다(Burke et al., 1984).

교사발달 순환 모형을 준거 모형으로 하여 한국적 상황을 고려한 한국적 모델로서 우리나라 교사들을 대상으로 한 연구 결과를 살펴보면(이윤식, 2002) 교사의 개인 환경 요인들과 학교의 조직적 환경 요인들이 교사발달에 긍정적 · 부정적 영향을 미친다고 하였다. 교사발달에 영향을 미치는 요인으로 개인적 환경 요인으로는 ① 가정 배경, ② 긍정적 사건, ③ 위기적 사건, ④ 종래의 경험, ⑤ 직업의 관심사, ⑥ 개인의 성향 등이 있다. 조직적 환경 요인으로는 ① 학교 규정 · 제도, ② 관리자의 학교경영 형태, ③ 근무조건, ④ 조직 내 인간관계, ⑤ 교내 · 외 교원단체활동, ⑥ 사회적 신뢰 · 후원 등이 해당한다. 이 모형은 교직 전 기간에 걸쳐 교사의 발달을 환경적 요인과 관련짓고 있다는 데 의의가 있다.

또한 우리나라 40대 이후의 교사들은 승진과 좌절의 경험을 겪으며 발달과정이 복합 · 역동적으로 흐를 수 있다. 순환적 · 역동적 모형은 교육과정 요소 등 어느 요소에서든지 시작할 수 있고 어떤 순서로든지 진행시킬 수 있는 과정으로, 다소 복잡하고 혼란스럽기는 하지만 교육과정에서 상황의 변화를 잘 반영해 준다는 점에서 실제적으로 교육과정 개발의 역기능이 적다(김용숙, 2005).

그러나 우리나라 영유아교육은 아직 공교육화되지 못하여 사립영유아교육기관에 의존도가 높은 상태로, 대부분의 영유아교사들이 사회적 인식 부족, 정부지원 미흡, 열악한 근무환경, 업무량의 과다 등의 이유로 이직률이 높은 편이며, 이에 따라 평균 교직경력 또한 다른 상급학교 교사에 비해 짧은 점과 이직의도가 높은 점에서 영유아교사의 전문적 성장과 발달을 논의할 때 비교적 긴 교직경력을 바탕으로 적용되는 순환적·역동적 모형을 영유아교사에게 적용하기가 어렵다.

4 초임교사, 경력교사, 원장의 관점에서 바라본 교사발달이론에 대한 생각

교사발달이론에 대한 생각과 현장에서의 관련 경험을 영유아교육기관을 방문하여 초임교사, 경력교사, 원장님을 대상으로 심층면담하여 얻은 내용을 다음과 같이 정리하였다.

1) 면담 주제: 현재 유아교사로서 가장 신경 쓰고 있는 본인의 관심사는?

- **초임교사:** 본인의 가장 큰 관심사는 유아 개개인의 유능함을 찾는 것이다. 유아의 행동들이 멀리서 바라보면 이해가 되지 않는 일들이 많은데 그런 유아들 하나하나의 개인차를 살피고 그 아이만의 유능함을 인정하는 게 우선이라고 생각해서 가장 신경 쓰고 있는 부분이다.
- **경력교사:** 끊임없는 관계 맺기가 가장 큰 관심사이다. 유아, 학부모, 동료교사, 원장님뿐만 아니라 교육과정이나 교구, 어린이집 행사, 프로그램들 같은 환경과의 관계 맺기도 중요한 것 같다. 교직을 시작할 때부터 쭉 사람과 환경의 관계에서 얼마나 매끄러운 관계를 유지하고 더 나은 방향을 추구하고 있는가가 가장 관심사이다.
- **원장:** 원장으로서 기관에 있는 교사들이 유능한 교사로 잘 성장하고 있는지, 그러기 위해 어떤 지원이 필요한지가 가장 관심사이다.

출처: 2020년 2월 서울소재 A 어린이집 초임교사, 경력교사, 원장 인터뷰 내용

2) 면담 주제: 교사의 발달이 직선적으로 이루어진다고 생각하시나요? 아니면 순환적으로 이루어진다고 생각하시나요?

- **초임교사:** 순환적이라고 생각한다. 교사발달은 직선적이라기보다 여러 가지 상황이 반복해서 이루어지면서 수정, 보완되고 순환적으로 이루어진다고 생각한다.
- **경력교사:** 질문지와 이론을 참고로 개인적으로 공부해 본 결과 순환적인 것 같다. 분명히 좌절을 마주하는 경험이 있으며 교사 개인의 성숙과 관심에 따라 달라지고 어떻게 극복하는가에 달려 있다고 생각하지만 교사개인의 성장으로 봤을 때는 순환적이라고 생각한다.
- **원장:** 개인차라고 생각한다. 어떤 교사는 1년차부터 쭉 성장하거나 계단식으로 성장하는 교사도 있다. 또 한 명의 교사라고 해서 한 형태만을 띠지도 않는다. 그래서 많은 교사 발달이론들이 있긴 하지만 이것은 어느 정도 평준화된 발달단계이지 이런 형태로 반드시 발달하지는 않는다.

출처: 2020년 2월 서울소재 D유치원 초임교사, 경력교사, 원장 인터뷰 내용

3) 면담 주제: 카츠(Katz)와 풀러(Fuller) 등 여러 학자들이 교사발달 단계를 말하고 있는데, 이러한 단계를 경험한 본인의 경험담을 들려주세요.

- **초임교사:** Katz의 생존단계가 눈에 들어왔다. 이제 9개월 차인데 첫 1학기는 정말 생존의 단계였다. 언어표현이 잘 안 되는 만 1세 영아들과 9시부터 6시까지 일과를 함께 하는 것 자체가 에너지가 많이 드는 일이다. 신체적 표현이 많아 울거나 떼쓰거나 꼬집는 영아도 많고, 걷는 것이 서툴러서 안전사고도 많다보니 항상 예의주시해야 하는 터라 교사로서 체력이 정말 많이 소요됐던 것 같다.
- **경력교사:** 레지오 에밀리아를 접하게 되면서 Katz가 제시한 단계에서는 갱신의 단계, Fuller가 제시한 단계에서는 교수 상황 관심사 단계와 연관되는 것 같다. 이것은 경력에 관계가 있다기보다는 새로운 것을 마주하면 교사발달 단계가 새롭게 시작하는 것 같다. 프로그램을 마주해서 생존의 단계에서는 프로그램을 이해하여 내면화하려고 애썼고 교육환경에 어떻게 도입할지를 고민했다면 강화단계에서는 프로그램을 통해 영유아 개인이 어떤 변화를 갖게 되는지 궁금했다. 갱신의 단계라고 생각하는 지금은 다른 선생님들은 이 프로그램을 어떻게 활용하고 있는지 궁금하고 새로운 활동에 대한 고민도 하고 있다.
- **원장:** 교사발달이론이 제시한 단계들이 크게 봐서는 맞긴 한데 1년차 안에서도 생존, 강화, 갱신, 성숙이 일어난다고 생각한다. 생존은 새로운 영유아와 학부모 만나기, 강화는 경험한 생존들을 부류로 구분해 보기, 갱신은 이러한 경험들이 숙달되는 것이라고 예를 들 수 있겠다. 그렇지만 교사도 3~5년차가 되면 매너리즘에 빠지게 되기 때문에 기관에서는 3년차에 승급교육을 참여하게 하고 2년마다 재직교육을 받게하며 갱신을 지원한다. 갱신 없이는 성숙이 없다고 생각한다.

출처: 2020년 2월 서울소재 E어린이집 초임교사. 경력교사. 원장 인터뷰 내용

4) 면담 주제: 버크(Burke)의 8단계에서 본인은 어느 정도의 단계에 있다고 생각하시나요?

- **초임교사:** 1학기 동안은 생존시기여서 교직 입문단계에 머물렀던 거 같다. 배웠던 이론들이 현장에 있을 때와 많이 달랐고 현장에서 요구하는 능력들을 수행하기 위해 노력하다보니 1학기 때는 교직 입문단계에 머물러 있었던 것 같은데 점점 능력구축단계로 전환되고 있는 것 같다. 왜냐하면 당장 생존보다는 여유가 생겨서 재단에서 하고 있는 교육을 신청해서 듣기 시작하는 여유가 생겼기 때문이다.
- **경력교사:** 열중과 성장단계와 능력추구단계(유능감 형성기) 그 어디쯤 있는 것 같다. 최근 재단 전체가 레지오 에밀리아 프로그램을 새롭게 정착시키는 단계라 현재 어린이집의 구성과 프로그램들을 많이 바꿔나가고 낯설게 보는 과정에 있다. 이러한 흐름 중에 프로그램을 어떻게 잘 적용할지, 새로운 교수자료나 방법들을 어떻게 활용할지에 대해 계속 고민하고 있고 영유아를 바라보는 관점에 대한 변화도 생각하고 있기 때문에 교사로서 발달하기 위해 능동적으로 계발하는 단계에 있다고 생각한다.
- **원장:** 원장 13년차인데 13년차 안에서도 버크의 순환모형이 반복된다. 13년차에서 다양한 많은 교사와 영유아들과 부모를 만났다고 해서 잘하는 거 같지만 어느 순간 보면 굉장히 입문 같은 상태들의 사건들도 있다. 그럼에도 불구하고 경력이 도움이 되는 건 회복탄력성이다. 모든 것을 늘 경험하지만 경험이 쌓일수록 입문, 열정, 성장, 좌절을 빨리 경험하고 빨리 회복하게 된다고 생각한다.

출처: 2020년 2월 서울소재 E어린이집 초임교사, 경력교사, 원장 인터뷰 내용

5) 면담 주제: 앞으로 본인의 교직생애주기를 그려본다면?

- **초임교사:** 굴곡들이 있겠지만 전체적으로 보면 상승그래프일 것 같다.
- **경력교사:** 갱신과 성숙의 단계들이 계속 이루어지겠지만 쇠퇴와 퇴직의 경우도 현실적으로 마주하게 될 것 이다.
- **원장:** 지금 50살이기 때문에 앞으로 한 10년 정도 일을 할 수 있으니까 안정과 침체, 교직의 쇠퇴, 퇴직 이렇게 가지 않을까 싶다.

출처: 2020년 2월 서울소재 D유치원 초임교사, 경력교사, 원장 인터뷰 내용

5 예비영유아교사가 바라본 유능한 영유아교사의 조건

다음은 「보육교사론」 수업을 듣는 C대학교 유아교육과 3학년 수업시간에 진행된 토의 결과를 통해 예비교사의 시각에서 본 유능한 영유아교사에 대한 생각들을 제시하였다.

1) 영유아 입장에서 바라본 유능한 교사

토의 1. 영유아의 입장에서 유능한 교사란 어떤 교사인가?

A: 융통성 있는 교사가 영유아에게 유능한 영유아교사라고 생각된다. 많은 교사들이 답을 정해놓고 아이들을 가르치거나, 자신이 정해놓은 과정이나 계획을 아이들이 따라주지 않으면 낙심하고 좌절하기도 한다는 이야기를 들었다. 유능한 교사라면 답을 정해 놓거나 틀에 박혀있는 것이 아니라, 아이들의 요구와 흥미에 따라 융통성 있게 수업을 진행할 수 있어야 한다고 생각한다. 또 영유아가 자신이 생각하는 것과 다른 답을 제시하더라도 이에 대해 부정적인 반응을 보이기보다 아이의 생각을 수용하고 받아들일 수 있는 교사가 유능한 교사라고 생각한다.

B: 영유아의 입장에서 유능한 교사란 영유아의 요구에 맞는 감정적인 교류를 잘 해 주는 교사라고 생각한다. 각 영유아가 하는 행동을 누구보다 영유아의 입장에서 잘 이해해 주고, 영유아를 사랑하고 있다는 마음을 드러내고 그것을 진심으로 전달할 수 있는 교사가 유능한 교사라고 생각한다. 영유아를 이해할 수 있다는 것은 영유아에 대한 전문적이 지식이 충분히 있다는 것이기 때문에 더욱 그러하다.

C: 언제든 영유아의 곁에 있는 교사가 유능한 보육교사라고 생각한다. 핸드폰을 하거나 다른 것에 집중하기보다, 영유아 그 자체에 집중하고 영유아에게 시간과 애정을 쏟는 교사가 유능한 교사라고 생각한다.

D: 영유아에게 좋은 교사란 사랑이 눈에 보일 정도로 넘쳐흐르는 교사, 모든 영유아를 평등하고 차별 없이 대하는 교사라고 생각한다. 주일학교에 봉사할 때도, 특정 아이의 작은 실수에도 쉽게 짜증나게 느껴지는 반면 어떤 아이는 실수를 해도 예뻐 보이는 경우가 있다. 교사도 인간이기에 교사의 개인적 기준에 맞추어 아이들을 차별하게 될 수 있다. 하지만 이러한 차별은 아이에게 좋지 않은 영향을 줄 수 있다는 것을 느꼈다. 따라서 영유아에게 사랑을 표현하는 교사와 모든 영유아를 차별 없이 사랑할 수 있는 인성을 가진 교사가 유능한 보육교사라고 생

각한다.

E: 만일 내가 영유아라면 나에게 관심을 많이 주는 교사가 유능한 교사라고 느껴질 것 같다. 내가 어떤 옷을 입고 왔는지, 어떤 것에 신경을 쓰고 있는지 알아주고, 항상 관심을 가져주며 격려하고 칭찬해주는 교사가 유능한 교사라고 느껴질 것 같다. 또 영유아로서는 그러한 관심을 받을 때 자신이 진정으로 사랑받는다고 느낄 것 같다

2) 학부모 입장에서 바라본 유능한 교사

토의 2. 학부모의 입장에서 유능한 교사란 어떤 교사인가?

A: 내가 만일 학부모라면, 학부모와 소통하는 교사를 좋은 보육교사라고 생각할 것 같다. 실제로 현대사회의 많은 학부모들이 교사가 아이에게 쏟는 관심과 애정을 교사와의 소통을 통해 확인받고 싶어 하는 경우를 많이 보았다. 예를 들어, 교사가 아이들의 사진을 찍어주고 그날그날 아이들의 상태와 아이들을 지원해줄 수 있는 방법들에 대한 정보를 제공해줄 때, 교사를 보다 신뢰하게 된다고 생각한다. 따라서 정보화시대인 현대 사회에서 다양한 매체와 다양한 방법들을 활용하여 학부모들과 적극적으로 상호작용하고 소통하는 교사가 유능한 보육교사라고 생각한다.

B: 학부모에게 유능한 교사가 되기 위해서 가장 우선시 되는 것은 자신의 아이를 안전하게 교육할 수 있는 교사라고 생각한다. 영유아의 어린이집에서의 안전은 학부모에게 있어 아주 큰 걱정거리이며 중요시 되는 부분이다. 교사는 아이들이 안전하게 원에서 활동할 수 있도록 환경적·물리적 지원을 해주고 직접 보호해주어야 한다. 또한 영유아의 개인적인 발달 수준을 잘 파악하고 적절한 교육을 할 수 있는 교사가 학부모의 입장에서는 유능한 교사라고 생각한다. 아무리 좋은 교육방법과 교육내용이라고 하여도 교육대상의 발달에 적합하지 못하면 이는 성공한 교육이라고 할 수 없다. 따라서 각 영유아의 발달을 잘 탐색하고 관찰하여 발달단계에 적절한 교육을 진행하는 것이 중요하다.

C: 실력 있는 교사가 좋은 보육교사라고 생각한다. 구체적으로, 영유아의 전인격적인 발달을 위하여 연계성 있는 교육을 제공해주는 교사, 또 자신만의 교육신념을 가지고 있는 교사가 유능한 교사라고 생각한다. 교육신념과 교육 가치관을 가지고 있는 교사라는 것은 아이들에 대해 많은 관심과 생각을 하는 교사라는 의미이기 때문이다.

D: 나의 아이를 사랑해주는 교사는 기본이고, 전문적인 지식을 정말 많이 갖추고 있는 교사여서, 교육하는 방식 등에 있어서 전문성을 띠고 그것을 드러내고 제공해주는 교사가 유능한 교사라고 생각한다. 지식은 갖추고 있지만 그것을 활용하지 못하는 교사도 많기 때문에 자신이 가진 능력과 재능, 또 지식을 잘 활용하고 제공해주는 교사가 유능한 교사라고 생각한다. 또, 학부모의 입장에서 아이를 생각해주는 교사가 유능한 교사라고 생각한다. 교사의 시각이 아닌 부

모의 시각에서 아이들을 바라봐 줄 수 있는 교사가 유능한 교사라고 생각한다.

E: 부모가 아이의 문제에 대해 상담할 수 있는 교사가 좋은 교사라고 생각한다. 학부모가 겪는 문제와 힘든 점들을 잘 알아주고 대화를 나누며 상담해줄 수 있는 교사가 유능한 교사라고 생각한다. 즉, 전문성과 많은 지식을 갖추고 있는 교사를 학부모가 믿고 신뢰하며 자신의 이야기를 털어놓을 수 있다고 생각한다.

3) 영유아교육기관 입장에서 바라본 유능한 교사

토의 3. 영유아교육기관 입장에서 유능한 교사란 어떤 교사인가?

A: 이상적으로 어린이집이나 유치원에서 원하는 교사는 정말 실력 있는 교사라고 생각한다. 기관에서 사회적으로 자랑하고 싶고, 다른 기관으로 보내고 싶지 않을 만큼의 실력을 가진 교사가 유능한 교사인 것 같다. 즉, 학벌과 실력, 외모, 소통 등 모든 면에서 유능한 교사가 좋은 교사라고 생각한다. 좀 더 현실적으로 생각하면, 큰 문제를 일으켜 뉴스에 대문짝만하게 어린이집이나 유치원이 실리지 않게 하는 교사가 좋은 교사라고 생각한다.

B: 좋은 영유아교사는 다양성을 수용하는 교사라고 생각된다. 자신의 가치관이나 주장이 너무나도 강하다거나, 아이들의 다양성을 두루 수용하지 못하는 교사는 아이들과의 상호작용에서는 물론, 교사와 원장과의 상호작용도 원활하게 이루지 못할 것이라고 생각한다. 겸손함을 갖추고 자신과 다른 생각과 방법들, 또 조언들을 적극적으로 수용하며 인정해주는 교사가 기관에서 환영받는 좋은 교사일 것이라고 생각한다. 또 원장의 입장에서도 교사가 자신의 문제점에 대해 올바르게 수용하고 이를 개선하기 위해 노력한다면, 그 교사에 대한 애정과 신뢰도가 더욱 상승할 것이라고 생각한다.

C: 원장선생님과 동료 교사와의 트러블이 잘 나지 않는 교사가 좋은 교사라고 생각한다. 현장의 교육이념과 신념에 어긋나지 않고 잘 어우러지는 교사가 좋은 교사라고 생각한다. 또, 타교사와 기관의 사상을 잘 수용하며 자신의 능력을 그것에 맞추어 잘 표현할 수 있고, 어떤 지식을 갖고 있거나 능력을 잘 갖추고 있다면 어디를 가도 존중받을 수 있기 때문에 모든 능력을 갖춘 교사가 유능한 교사라고 생각한다.

D: 원장님의 입장에서 생각해보면, 기관의 발전에 기여할 수 있는 교사가 유능한 교사라고 생각한다. 주어진 것에만 잘하는 것이 아니라, 교사가 어린이집에 애정을 갖고 자발적으로 많은 고민을 하고 아이디어를 내준다면 어린이집 입장에서 보았을 때 유능한 교사라고 느껴질 것 같다. 원장선생님이 무엇을 요구할 때까지 기다리는 것이 아니라 고민하고 개선하며 유치원을 더 좋은 곳으로 만드는 교사가 유능한 교사라고 생각될 것 같다. 다만 원장의 교육철학과 설립이념 등의 측면에서 충분히 현장을 존중해 주는 교사가 요구될 것 같다.

E: 부모님들에게 흠을 보이지 않는 교사가 유능한 교사라고 생각될 것 같다. 지식도 많고 아이들에 대한 관심을 많이 갖고 있어서 "선생님이 그것도 몰라요?"와 같은 이야기가 들리지 않도록 하는 교사가 좋은 교사라고 생각될 것 같다. 현장의 문제점에 있어서 교사가 스스로 해결할 수 있는 능력을 갖추고 있는 교사, 또 원장선생님과 소통하는 교사가 좋은 교사라고 생각한다.

그림 6-2 유능한 보육교사에 대한 예비교사들의 생각

(2019년 C대학교에서 「보육교사론」 수업시간에 나눈 이야기들 중에서)

생각해 봅시다

1. 현재 예비영유아교사로서 가장 신경 쓰고 있는 본인의 관심사를 알아본다.
2. 예비영유아교사가 바라본 유능한 영유아교사의 조건을 3가지 이상 나열해 본다.
3. 본인의 교직생애주기를 그려본다.

PART 03

영유아교사의 실천

Chapter 07

현직교육과 장학

배울내용 본 장에서는 현직교육 및 장학의 개념, 필요성, 유형을 살펴보고, 교사가 지속적으로 자질과 역량을 키워나가기 위해 할 수 있는 성장의 방법을 탐색하고자 한다.

학습목표
1. 현직교육의 개념과 유형을 살펴보고 현직교육을 통한 성장의 방법을 탐구한다.
2. 수업 장학의 개념과 유형을 살펴보고 수업 장학을 통한 성장의 방법을 탐구한다.

1 현직교육

1) 현직교육의 개념과 필요성

현직교육은 교직원 능력 개발의 중요한 기능이다. 교직은 전문직이기 때문에 계속적인 자기 성장이 있어야 한다. 지식과 기술의 폭발적인 증가는 교원의 연수 활동을 강력히 요구하고 있으며, 교육과정 개정은 교원의 현직교육의 강화를 요구하고 있다. 교육 환경은 빠르게 변화하고 있으며 영유아와 학부모는 달라지고 있다. 그러므로 교원의 전문성은 직전교육만으로는 완성될 수 없으므로 더욱 현직교육이 필요하다고 할 수 있다.

교사교육은 교사가 되기 전에 받는 예비교사를 위한 양성교육(pre-service education)과 교사가 된 이후의 현직교육(in-service education)으로 구분된다. 예비교사 양성교육은 대학 등에서 예비교사들에게 교육자로서의 기본적인 자질과 역량을 길러주는 과정이다. 현직교육은 일반적으로 현직 교사들에게 변화된 사회·문화적 맥락에 맞게 추수 및 보완교육을 실시하는 것으로 정의할 수 있으나, 그 개념은 학자들에 따라, 교육의 목적에 따라 다양하게 정의되고 있다. 교사는 일정 수준에 머무르지 않고 끊임없이 변화, 발전해 가야 하는 전문적 존재이므로 현직교육을 받는 과정은 교사의 전문성을 고취시키기 위한 중요한 과정이라 할 수 있다.

먼저, 현직교육의 사전적 정의를 살펴보면, 현직교육이란 교육현직에 있는 사람이 재직 중에 받는 교육(표준국어대사전, 2020)이다. 이는 계속교육(continuing education), 현직 연수(in-service training), 재교육(re-education) 등의 용어와 같은 의미로 사용되고 있다. 한국영유아교육학회(2011)는 현직교육을 교사들이 교직에 입문한 이후 계속적으로 성장과 발달이 이루어질 수 있도록 도움을 주기 위해 제공되는 형식적·비형식적 연수나 교육으로 정의하고 있다. OECD(1982)

는 현직교육을 교원들이 자격증을 취득한 이후에 영유아들을 보다 효과적으로 교육하기 위하여 전문적 지식·기술·태도를 증진하고 발전시킬 목적으로 참여하는 교육 및 훈련 활동으로 정의한다. 더불어 교직 생활을 하는 전체 기간 중에 다양한 형태로 제공되는 모든 교육과 훈련을 의미한다고 제시하고 있다. 즉 현직교육을 정의할 때, 현직교육의 목적이 무엇인가에 따라 그 개념을 다르게 정의할 수 있는 것이다.

다른 한편에서는 현직교육의 개념을 새로운 의미로 해석하고 있다. 과거의 현직교육의 개념은 직무와 관련되어 있거나 교사 개인에게 즉각적으로 활용할 수 있는 것, 직무관련 기술을 개발할 수 있는 것 등 개별적인 교사 집단에 초점을 맞추어 비교적 제한적이고 협소한 개념으로 정의하였다. 최근에는 보다 넓은 의미로 해석하고 있다. 즉, 현직교육이 즉각적인 교육·훈련의 목적뿐만 아니라, 교사 개인이 지속적이고 의미 있는 교육 및 활동 시간을 지향하며 조직의 문제해결력과 지도 능력을 개발하는 것 등을 포괄하는 넓은 개념의 정의로 변화하고 있다. 이러한 의미로 근래 외국에서는 교직원 개발(staff development)이라는 용어를 널리 사용하고 있는 실정이다.

이상의 정의를 종합하여 살펴보면, 현직교육은 단순히 직무관련 교육과 훈련의 좁은 의미로서가 아니라 보다 넓은 의미를 가지는 것으로서, 공동체 전체의 발전을 도모하는 것뿐만 아니라 개개인의 지도성 개발을 포함하는 것으로 볼 수 있다. 즉, 현직교육은 시대적·사회적으로 빠른 변화에 대처하고 직무를 성공적으로 수행하는데 필요한 지식과 기술을 습득하기 위해 자격취득과정 이후 현직에 있는 동안 받는 지속적인 교육이라고 정의할 수 있다(고은미, 2017).

최근 교사의 현직교육이 예비교사의 교육에 비해 소홀히 되고 있다는 의견과 함께 현직교육의 중요성이 강조되고 있다. 현직교사의 전문성 향상을 위한 요구와 필요성이 그 어느 때보다 크게 부각되고 있다(오교선·이병환, 2019). 특히 최근에는 UNESCO, EU, OECD와 같은 국제기구들에서 영유아기의 중요성을 더욱 강조함에 따라 세계 각국에서 영유아교육의 질적 향상을 위한 방안으로 다양한 교원정책을 제시하고 있으며, 교사의 전문성 개발을 위한 현직교육은 교육의 질적 향상을 위한 핵심과제로 부각되고 있다(이효림 외, 2018).

그동안 현직교육은 소홀히 여겨져 왔다. 그 이유는 교사들에게 강제로 참여하도록 하기 어렵다는 점, 교육의 필요성이나 시급성이 덜하다는 점, 교사의 자발성에 의존해야 된다는 점 때문이었다(Richardson, 1997). 그러나 2017년 교육부 유아교육발전 기본계획(2018~2022)의 유아교육혁신방안에서 영유아교사의 현직교육과 관련된 논의가 있어, 현직교육의 중요성이 더욱 부각되었다. 즉, 영유아교육 혁신방안에 제시된 현장중심의 유아교육 혁신구축, 현장 교사 간 다양한 수업방법의 적용 및 이해를 위한 공유체계 마련, 유아교육기관 운영 전반에 대한 단위학교의 자율성 대폭 강화, 교사자율역량 강화 등은 영유아교사의 현직교육의 중요성을 전제로 하고 있다고 볼 수 있다(오교선·이병환, 2019).

2) 현직교육의 유형

영유아교사를 위한 현직교육은 유치원과 어린이집에서 다양한 형태로 이루어지고 있다. 유치원과 어린이집의 관할부처는 각각 교육부와 보건복지부로 이원화되어 있어 현직교육의 형태도 관할부처와 근거법령에 따라 다르게 적용되고 있다.

표 7-1 유치원과 어린이집 교사의 현직교육 비교

구분	유치원	어린이집
관련법	「교육기본법」 제14조 제2항, 교육부령 제4호 「교원 등의 연수에 관한 시행 규칙」	「영유아보육법」 제51조
관할부처	교육부	보건복지부
연수유형	• 기관중심 연수(자격연수, 직무연수, 특별연수) • 단위학교중심의 교육연수 • 개인중심의 능력개발	• 일반직무교육: 보육교직원의 자질향상을 위해 보육에 필요한 지식과 능력을 유지 · 개발하기 위하여 정기적으로 받거나 신규원장의 직무를 위한 교육 • 특별직무교육: 특별한 직무, 즉 영아 보육, 장애아 보육, 방과 후 보육에 대한 지식과 능력을 유지, 개발하기 위한 교육
현직교육 유형	• 원장, 원감, 1급 정교사 등의 자격취득을 위한 자격취득교육	• 40시간의 직무교육과 80시간의 승급교육으로 구분 • 일반직무교육: 보육교사, 신규어린이집 원장, 어린이집 원장을 대상으로 제공 • 특별직무교육은 영아보육, 장애아보육, 방과 후 보육으로 나누어서 희망자가 받음 • 승급교육: 1급, 2급 승급교육이 있으며, 시간은 80시간으로 배정

유치원에서 근무하는 유아교사의 현직교육을 살펴보면, 관할부처인 교육부의 「교육기본법」 제14조 제2항, 교육부령 제4호 「교원 등의 연수에 관한 시행 규칙」에 근거한 연수와 유아교육진흥원에서 희망자에 한해 일회적으로 실시하고 있는 전문성 향상 교육이 있다. 유아교육진흥원에서 실시하고 있는 전문성 향상 교육은 일회적 · 개별적이라는 한계를 지니고 있기 때문에 유치원에서 근무하는 교사의 현직교육은 대부분 교육부에서 제시한 연수의 형태로 이루어지고 있다. 연수는 기관중심, 단위학교중심의 교육연수와 개인중심의 능력개발 연수로 구분되어 있으며, 자격연수, 직무연수, 특별연수의 기관중심 연수가 대다수를 차지하고 있다. 유치원에서 근무하는 교사의 현직교육은 원장, 원감, 1급 정교사 등의 자격취득을 위한 현직교육이 대부분이다(오교선 · 이병환, 2019).

표 7-2 유치원 교사의 현직교육

<table>
<tr><th colspan="2">연수
운영주체</th><th>연수
유형</th><th>내용</th><th>비고</th></tr>
<tr><td rowspan="4">기관
중심</td><td rowspan="3">연수
기관
중심</td><td>자격
연수</td><td>해당 교원 자격을 취득하기 위한 연수</td><td>교(원)장, 교(원)감, 수석교사, 정교사 자격연수 등</td></tr>
<tr><td>직무
연수</td><td>직무수행에 필요한 능력 배양을 위한 연수</td><td>교수학습, 생활지도 및 상담, SW 관련 연수 등</td></tr>
<tr><td>특별
연수</td><td>국가 및 지자체의 특별연수계획에 따라 실시하는 연수</td><td>학습연구년제, 대학원 학위과정, 장·단기 해외 교육기관 및 연구기관 파견 등 해외유학</td></tr>
<tr><td colspan="2">단위학교중심</td><td>단위학교 중심으로 계획을 수립하여 실시하는 연수</td><td>전문적학습공동체, 컨설팅, 자율장학 등</td></tr>
<tr><td colspan="3">개인중심</td><td>국내외 교육기관 학위취득, 교과연구회, 개인별 연구 등</td><td></td></tr>
</table>

출처: 교육부(2019).

어린이집 보육교사 현직교육은 직무교육과 승급교육으로 나뉜다. 「영유아보육법」 제51조에는 매 3년마다 의무적으로 직무교육을 이수하도록 규정하고 있다. 이는 보건복지부에서 관할하고 있다.

직무교육은 일반직무교육과 특수직무교육으로 구분한다. 일반직무교육은 총 40시간을 원칙으로 하며, 시행 주체는 보건복지부로부터 권한 위임을 받은 시·도지사가 대학 또는 전문기관에 위탁하여 실시하고 있다. 일반직무교육은 보육교사, 신규어린이집 원장, 어린이집 원장을 대상으로 제공된다. 특별직무교육은 특별한 직무 즉 영아 보육, 장애아 보육, 방과 후 보육에 대한 지식과 능력을 유지, 개발하기 위한 교육이다. 따라서 그 내용은 영아보육, 장애아보육, 방과 후 보육 관련 내용으로 나뉘며, 교사가 필요에 따라 자율적으로 선택하여 이수하도록 되어 있다. 일반직무교육을 특별직무교육으로 대체할 수 있다.

승급교육은 1급, 2급 승급교육이 있으며, 시간은 총 80시간으로 배정되어 있다. 2급 승급교육은 보육교사 3급의 자격을 취득한 후 보육업무 경력이 만 1년이 경과한 자를 대상으로 실시된다. 1급 승급교육은 보육교사 2급의 자격을 취득한 후

보육업무 경력이 만 2년이 경과한 자 또는 보육교사 2급의 자격을 취득한 후 보육 관련 대학원에서 석사 학위를 취득하고 보육업무 경력이 만 6개월이 경과한 자를 대상으로 실시된다.

표 7-3 어린이집 교사의 현직교육

교육구분			교육대상	교육시간	비고
직무교육	일반직무교육	보육교사	현직에 종사하고 있는 보육교사로서 보육업무 경력이 만2년을 경과한 자와 교육교사 직무교육(승급교육 포함)을 받은 해부터 만 2년이 경과한 자	40시간	매 3년마다
		원장	어린이집 원장의 직무를 담당한 때부터 만 2년이 지난 경우	40시간	매 3년마다
		장기미종사자	만 2년 이상 보육업무를 수행하지 아니하다가 다시 보육업무를 수행하고자 하는 보육교사 또는 원장 자격 취득자	40시간	이수하고자 하는 자
	특별직무교육	영아보육	영아보육을 담당하고 있는 일반직무교육 대상자와 영아보육을 담당하고자 하는 보육교사 및 어린이집 원장	40시간	이수하고자 하는 자
		장애아보육	장애아보육을 담당하고 있는 일반직무교육 대상자와 장애아보육을 담당하고자 하는 보육교사 및 어린이집 원장	40시간	이수하고자 하는 자
		방과후보육	방과후보육을 담당하고 있는 일반직무교육 대상자와 방과후보육을 담당하고자 하는 보육교사 및 어린이집 원장	40시간	이수하고자 하는 자
승급교육	2급 승급교육		보육교사 3급의 자격을 취득한 후 보육업무 경력이 만 1년이 경과한 자	80시간	이수하고자 하는 자
	1급승급교육		보육교사 2급의 자격을 취득한 후 보육업무 경력이 만 2년이 경과한 자 및 보육교사 2급의 자격을 취득한 후 보육 관련 대학원에서 석사학위를 취득한 경우 보육업무 경력이 만 6개월이 경과한 자	80시간	이수하고자 하는 자
원장사전직무교육	–		「영유아보육법 시행령」(별표1)제1호의 가목부터 라목(일반, 가정, 영아전담, 장애아전담 어린이집 원장)까지 어느 하나의 자격을 취득하고자 하는 자	80시간	이수하고자 하는 자

출처: 보건복지부(2020).

2 수업 장학과 멘토링

1) 장학의 개념 및 필요성

현직 교사가 전문성을 개발하기 위하여 취할 수 있는 방안은 현직교육(in-service education)을 받는 것 이외에 장학(supervision)을 통하여 가능하다. 교사는 현직교육을 통하여 교사 자신의 전문성을 성장시킬 수 있는데, 이는 교사의 자기 주도적 학습, 동료 교원과의 협력적 학습, 수업 현장과의 연계된 학습 등 지속적 노력이 첨가되어야만 가능하다. 장학은 자기 주도적 학습, 동료 교원과의 협력적 학습, 수업 현장과의 연계된 학습 등을 가능하게 하는데, 이를 통하여 교사의 전문성 신장을 지원할 수 있다.

장학의 사전적 정의를 살펴보면, 장학이란 공부나 학문을 장려하는 것(표준국어대사전, 2020)으로 정의한다. 또한 장학은 영어로 'supervision'이며 감독을 의미한다. 유럽에서는 'inspection'이라는 단어를 사용하기도 하는데, 안으로(in)와 보다(spect)의 합성어로 주의 깊게 시험하거나 문제를 찾는다는 의미가 포함되어 있다.

장학을 개념화하는 관점은 다양하지만, 크게 역할(role)로 보는 관점과 과정(process)으로 보는 관점으로 구분할 수 있다. 역할로 보는 관점에서의 장학은 장학을 하는 사람의 역할에 초점을 맞추어, 장학사나 상급 행정 기관 주도의 공식적인 지도와 조언을 중요한 활동으로 간주한다. 이에 역할로 보는 관점에서의 장학은 장학을 주도하는 사람과 받는 사람의 상하 관계를 전제로 한다. 장학을 받는 교사는 수동적 입장에 놓이게 된다. 과정으로 보는 관점에서의 장학은 장학이 이루어지는 과정에 초점을 맞추고 어떤 방법과 과정을 통하여 교육 활동을 개선할 것인가가 주요한 활동이다. 이에 장학에 참여하는 사람들의 관계는 협동적이고 협력적이어서 과정으로 보는 관점의 장학에 참여하는 교사는 능동적이고 적극적으로 활동하게 된다. 최근 장학의 변화 동향을 살펴보면, 교사의 전문성 신장 및 수업 개선에 초점을 두고 교육청 주도의 장학보다는 학교나 교사 자신이 주체가 되는 과정으로서의 장학을 위주로 진행되고 있다(오은석, 2019).

2) 장학의 유형

장학의 다양한 의미와 함께 장학을 행하는 방법도 다양하다. 즉, 장학을 하는 방법과 대상에 따라 다양한 유형으로 구분할 수 있다. 이 책에서는 최근 영유아교육 현장에서 좀 더 효율적이며 일반적인 방법으로 활용되는 있는 자기장학, 동료장학, 멘토링, 임상장학에 대해 알아보고자 한다. 표 7-4는 장학의 유형과 특성을 요약한 것이다.

표 7-4 장학의 유형과 특성

구분	자기장학	동료장학	멘토링	임상장학
개념	교사 자신의 전문성 개발을 위하여 스스로 체계적인 계획을 세우고 실천하는 활동	수업과 관련된 연구나 수업 방법의 개선을 도모하기 위해 두 명 또는 그 이상의 교사가 협의하고 협력하는 활동	멘토와 멘티 교사의 상호 성장과 발달을 위하여 수업 및 교직 생활 전반에 대한 지속적인 상호협력 및 조언과 협력	교사의 수업기술 향상, 수업방법의 개선을 목표로 원장(또는 전문가)이 주도하는 체계적인 지도와 조언
방법	• 교육 정보 검색 • 자기 수업 분석 및 평가 • 학생, 학부모, 동료교사, 전문가에게 자신의 수업에 대한 의견 조사 • 수업에 대한 반성적 사고 • 전문서적 탐독 • 대학원 진학 및 연수 참여 • 기타 개인적 노력	• 공개 수업 • 수업연구 • 스터디그룹 등 공식적 · 비공식적 협의 • 공통과제, 공동연구를 통한 정보나 아이디어 교환 • 동료교사들과 정보나 도움을 주고받는 활동	• 일대일 멘토링: 개별적이고 직접적인 지원과 상호작용 • 집단 멘토링: 여러 명의 멘토와 멘티로 구성하여 다양한 지원과 상호작용	• 마이크로티칭 • 수업연구 • 교사의 수업에 대한 집중적인 탐구와 분석 • 수업관련 원감 및 원장의 지도와 조언

구분	자기장학	동료장학	멘토링	임상장학
담당	• 교사 개인	• 동료교사	• 신뢰를 바탕으로 한 동료교사	• 원장(원감, 장학사, 외부 요원 등 전문가)
대상	• 교사 개인	• 같은 관심이 있는 교사 • 정보를 교류하기 원하는 교사	• 지원 받기를 희망하는 동료교사	• 수업의 향상을 필요로 하는 교사 • 초임교사 • 저경력교사

자기장학은 교사 자신이 자신의 전문성을 개발하고 발전하기 위하여 스스로 체계적인 계획을 세우고 실천하는 모든 과정을 의미한다. 자기장학을 수행하는 방법은 매우 다양한데, 교육 정보를 검색하고 자신의 수업을 분석하며 스스로 평가하는 활동 등이 이에 해당한다. 또한 학생, 학부모, 동료교사, 원장 및 원감을 비롯한 전문가에게 자신의 수업에 대한 의견을 조사하고 반성적 사고를 통해 수업을 개선하는 모든 행동도 이에 해당한다. 더 나아가 전문서적을 탐독한다거나, 대학원 진학, 다양한 연수 참여를 통하여 교사가 자신의 전문성을 증진시킬 수 있다. 자기장학은 스스로 하는 행동이기에 시간과 공간의 활용이 효율적이며 경제적이라는 장점이 있다.

다음의 설문은 자기장학을 측정하기 위한 설문지이다. 자신의 문제를 스스로 진단하고 구체적으로 파악할 수 있다. 이 설문지는 1점에서 5점까지 5점 척도로 구성되었으며, 총점이 높을수록 자기장학의 실행 정도가 높은 것을 의미한다.

표 7-5 교사의 자기장학 실행수준 평정척도

번호	내용	매우 그렇다	대체로 그렇다	보통이다	그렇지 않다	전혀 그렇지 않다
1	자기장학에 대한 개념을 잘 알고 있다.	⑤	④	③	②	①
2	교사 자신의 전문성 신장 방법으로 자기장학이 효과적이라고 생각한다.	⑤	④	③	②	①

번호	내용	매우 그렇다	대체로 그렇다	보통이다	그렇지 않다	전혀 그렇지 않다
3	일정기간 동안 자기발전을 위한 목표를 세우고 자기 장학의 계획을 잘하고 있다.	⑤	④	③	②	①
4	보통 1년 동안 나의 수업을 분석하고 개선하기 위해 다양한 방법(수업녹음, 녹화, 영유아 관찰, 교사평가도구 사용 등)을 활용하고 있다.	⑤	④	③	②	①
5	1년 동안 교육관련 도서(교양, 전문, 논문 등)를 많이 읽는다.	⑤	④	③	②	①
6	현재 교육관련 단체(교과연구회, 교육보육관련학회, 각종 학술단체 등)에 가입하여 적극적으로 활동하고 있다.	⑤	④	③	②	①
7	자원인사(컨설팅, 모니터링단, 교수, 어린이집 관리자, 유치원 관리자, 각종 분야의 전문가 등)와의 면담을 적극적으로 하고 있다.	⑤	④	③	②	①
8	교실 현장에서의 문제를 해결하기 위해 연구주제를 설정하여 연구를 하고 있다.	⑤	④	③	②	①
9	나는 연수(일반, 직무, 자율)에 적극적으로 참여하고 있다.	⑤	④	③	②	①
10	나는 우수 영유아교육기관 방문, 각종 연구모임 및 연구발표회 등에 적극적으로 참여하고 있다.	⑤	④	③	②	①
11	나는 방송 매체가 제공하는 영유아 관련 프로그램이나 비디오, 동영상을 적극적으로 시청하고 있다.	⑤	④	③	②	①
12	나는 영유아 관련 정보를 얻기 위해 인터넷 검색을 많이 하고 있다.	⑤	④	③	②	①
13	나는 자기장학 수행 후 목표달성과 연구과제의 해결 여부를 스스로 반성하고 평가한다.	⑤	④	③	②	①
14	나는 자기장학 수행 후 객관적인 평가를 바탕으로 나의 생활 태도, 교수 방법을 개선하려고 노력한다.	⑤	④	③	②	①
15	나는 1년 동안 자기장학을 수행하며 경험한 문제점과 유익한 정보들을 다른 교사들과 많이 나눈다.	⑤	④	③	②	①
16	나는 자기 개발과 교수능력 개선을 위한 평가 자료들을 다음 계획에 적극적으로 반영한다.	⑤	④	③	②	①

출처: 신진희(2019).

동료장학은 수업과 관련된 연구나 수업 방법의 개선을 위하여 두 명 이상의 교사가 협의하고 협력하는 활동을 의미한다. 동료장학을 수행하는 방법은 공개수업이나 수업연구를 통하여 다양한 수업과 교육활동에 참여하는 것이 이에 해당한다. 또한 스터디그룹을 만들어 교재·교구·수업자료에 대해 탐구하는 것, 공동의 과제나 연구를 통해 최신의 정보나 아이디어를 교류하는 것 등도 이에 해당한다. 동료장학은 교사들 간에 서로 도움을 주고받는 활동이므로 장학을 하는 사람과 장학을 받는 사람 간의 위계적 관계가 형성되지 않는다는 장점이 있다. 다음의 설문은 동료장학의 실행수준에 대한 설문지이다. 동료장학에 대한 구체적인 내용을 파악하기에 적합하다. 설문지는 1점에서 5점까지 5점 척도로 구성되었으며, 총점이 높을수록 동료장학의 실행정도가 높은 것을 의미한다.

표 7-6 교사의 동료장학 실행수준 평정척도

번호	내용	매우 그렇다	대체로 그렇다	보통이다	그렇지 않다	전혀 그렇지 않다
1	나는 사전 교재연구를 한 후 유익한 정보나 아이디어를 동료 교사와 교환한다.	⑤	④	③	②	①
2	나는 동료교사의 수업을 참관할 때 참관 목적, 방법, 절차 등에 대해 수업공개 교사와 사전 협의한다.	⑤	④	③	②	①
3	나는 수업발표 대상 학급의 학생 및 수업에 관한 정보를 동료 교사와 교환한다.	⑤	④	③	②	①
4	나는 작성된 학습지도안을 수업관찰 이전에 동료교사에게 배포한다.	⑤	④	③	②	①
5	나는 수업장면을 녹음 및 녹화하도록 동료교사에게 요청한다.	⑤	④	③	②	①
6	나는 동료교사의 수업을 참관한 후 수업개선을 위한 교과 협의에 참여한다.	⑤	④	③	②	①
7	나는 동료교사의 수업을 참관한 후 협의된 주요 내용 또는 좋은 수업기술을 내 수업에 적용하도록 노력한다.	⑤	④	③	②	①
8	나는 공식적 조직(교과협의회, 동학년협의회 등)에서 협의를 통해 동료 교사들과 공동 관심사나 공통과제의 해결에 관련된 정보, 아이디어, 도움 또는 조언 들을 주고받는다.	⑤	④	③	②	①

번호	내용	매우 그렇다	대체로 그렇다	보통이다	그렇지 않다	전혀 그렇지 않다
9	나는 비공식적 조직(동문, 선후배관계, 친목단체 등)에서 협의를 통해 동료교사들과 공동 관심사나 공통과제의 해결에 관련된 정보, 아이디어, 도움 또는 조언 등을 주고받는다.	⑤	④	③	②	①
10	나는 교사의 전문적 발달 영역(교직관, 교과지도, 특별활동지도, 생활지도, 교육기자재 활용 등)에 관해 동료교사들과 정보를 주고받는다.	⑤	④	③	②	①
11	나는 교사의 개인적 발달 영역(신체 · 정서적 건강, 가정생활, 취미, 종교 등)에 관해 동료교사들과 정보를 주고받는다.	⑤	④	③	②	①
12	나는 학교의 조직적 발달 영역(학급배당, 업무분장, 경영조직, 교직원 간 의사결정, 인간관계, 학교의 제 규정)에 관해 동료교사들과 정보를 주고받는다.	⑤	④	③	②	①
13	나는 동료교사와 수업에 대한 정보나 도움을 주고받은 적이 있다.	⑤	④	③	②	①
14	나는 동료교사와 교육활동(생활지도, 담임업무 등)에 관한 정보나 도움을 주고받은 적이 있다.	⑤	④	③	②	①
15	나는 교사 동아리 활동에 적극적으로 참여한다.	⑤	④	③	②	①
16	나는 교사 동아리 활동에서 수업개선을 위한 정보, 아이디어, 도움 · 조언 등을 주고받고 있다.	⑤	④	③	②	①
17	나는 교사 동아리 활동 평가에 적극적으로 참여하고 있다.	⑤	④	③	②	①
18	나는 교사 동아리 활동에서 얻은 관련 정보, 아이디어, 도움 · 조언 등을 수업활동에 적용하도록 노력한다.	⑤	④	③	②	①

출처: 오은석(2019).

멘토링은 경험과 기술이 부족한 구성원을 유능한 구성원이 되도록 돕기 위해 맺어진 멘토와 멘티의 관계를 의미한다. 이러한 관계는 단순히 기술을 습득한다거나 지식을 공유하기 위해 맺어진 관계이기보다는 그 이상의 친밀하고 신뢰로운 관계를 의미한다. 즉, 한 사람이 다른 사람과 장 · 단기적으로, 공식적 · 비공식적으로 영향을 미치는 모든 과정이라고 할 수 있다. 따라서 멘토링을 수행하는 방법은 명확하게 규정되어 있지 않고, 일대일의 관계나 집단의 관계에서 모두 수행할 수 있다.

일대일 멘토링의 장점은 멘토와 멘티가 깊은 관계를 유지하고 진행할 수 있으며, 멘토는 멘티의 어려움에 대해 구체적으로 파악할 수 있다. 효율적인 심리·정서적 지원이 가능한 것이다. 그러나 멘토와 멘티가 신뢰 관계를 형성하지 못한다면, 멘티는 일대일의 만남을 부담스러워 할 수 있다. 집단 멘토링은 다수의 멘티와 멘토가 만남을 이루어 가기 때문에 만남을 불편해하지 않을 수 있다. 어려움을 발견하는 경우, 서로가 협동하여 함께 문제를 해결하는 계기를 만들 수 있다. 일대일 만남을 불편해 하는 멘티들이 적극적으로 멘토링에 참여하고, 멘토와의 관계뿐만 아니라 다른 동료 멘티들과도 긍정적인 관계를 형성할 수 있다. 그러나 집단 멘토링은 멘티의 심리·정서적 안정감을 향상시키기 어렵고, 자신의 이야기가 전체 집단에 공개되기에 솔직하게 상호작용하기 어려운 단점이 있다(변유미, 2016).

임상장학이란 장학을 담당하는 장학담당자와 교사가 일대일 관계 속에서 수업지도에 관한 문제를 해결하고 수업기술 향상을 도모하는 지도·조언의 과정이다. 예를 들면, 우리나라의 교육청이 유치원 교사들이 수업 능력을 향상시키기 위하여 장학사 또는 전문가를 활용하여 체계적이고 주도적인 지도의 형태로 수행하고 있는 것이 대표적이라 할 수 있다. 때문에 임상장학의 장학담당자는 자칫 권위적이고 관료적이며 일회적이라고 오해 받을 수 있어, 장학담당자와 교사가 민주적 관계를 형성하는 것이 무엇보다 중요하다. 임상장학은 다양한 방법으로 이루어지는데, 일반적으로 사전협의회(Planning Conference), 수업관찰(Classroom Observation), 사후협의회(Feedback Conference) 과정을 거친다. 사전협의회에서는 관계를 형성하고, 교실의 전반사항과 시행하고 있는 수업 방법에 관한 오리엔테이션을 한다. 수업의 목표와 장학의 목표를 확인하고 장학의 내용과 평가의 방법을 논의한다. 교수 방법과 관계되는 문제점을 확인한다. 수업관찰에서는 수업 중에 진행되는 모든 과정을 기록한다. 사후협의회에서는 수업 개선을 위한 피드백이 주어진다. 진행된 수업의 문제점과 문제를 해결하는 데 도움이 되는 다양한 전략과 기술들을 제안한다. 교사는 자기 분석을 통하여 개선점을 발견하고, 개선 사항에 대한 훈련을 지속한다.

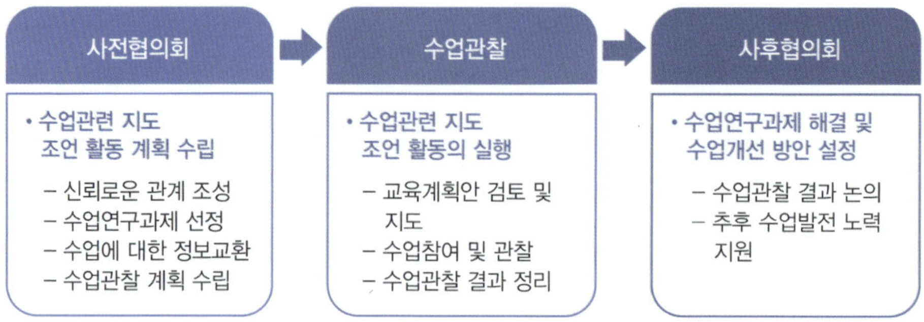

그림 7-1 임상장학의 절차

생각해 봅시다

1. 최근 시행되고 있는 현직교육은 어떠한 것이 있는지 살펴본다.
2. 수업 장학의 유형과 특성을 비교해 보고 수업 장학을 통해 어떠한 성장이 가능한지 토론해 본다.
3. 교사의 자기장학 실행수준 척도와 동료장학 실행수준 척도를 평정해 보고 실행수준이 어떠한지 토론해 본다.

Chapter 08

영유아교육기관의 조직문화

배울내용 영유아와 교직원으로 이루어진 영유아교육기관은 교육의 목적을 달성하기 위해 구성원들이 집단 경험을 공유하면서 나타나는 사고 및 생활방식이 있는 조직사회이며 고유한 조직문화를 갖고 있다. 본 장에서는 영유아교육현장이 가지는 조직문화와 효율적이고 유능한 교사가 되기 위해 가져야 할 리더십, 그리고 직무스트레스와 대처방안을 제시하고, 문제해결력과 이직과 관련된 내용에 대해 알아보고자 한다.

학습목표

1. 영유아교육기관 조직문화의 특성과 조직문화에 영향을 미치는 요인을 설명한다.
2. 리더십의 개념 및 특성을 이해하고, 원장 및 영유아교사의 리더십 유형을 제시한다.
3. 영유아교사의 직무스트레스 원인을 알고 스트레스 대처방안의 유형을 설명한다.
4. 영유아교사의 문제해결능력의 중요성을 인식하고 이직의 원인을 제시한다.

1 영유아교육기관의 조직문화

조직문화는 조직구성원의 행동에 영향을 주게 되고, 조직구성원의 행동은 조직문화를 형성하는 중요한 요인으로 작용함으로써 상호밀접한 관계를 유지한다.

1) 조직문화의 개념

조직문화는 조직 내에서 구성원들이 공유하고 있는 가치, 신념, 관습, 규범, 의례, 의식, 지식, 기술 등을 모두 포함하는 종합적인 개념이다(신동철 · 권재환, 2020). 조직문화는 조직 구성원들의 행동과 상호작용, 교육내용 선정, 학습방법 등에 영향을 미치며, 조직문화에 따라 조직 내의 목표 및 방향성이 실천될 수 있는 동력을 유발한다.

2) 영유아교육기관 조직문화의 특성

영유아교사는 유치원이나 어린이집이라는 교육기관 조직 내에서 근무하며, 영유아나 부모 외에도 조직 구성원으로서 다양한 관계를 접하고 전문성을 지닌 일을 하지만 초 · 중등학교의 교사에 비해 차별화된 이미지를 갖고 있다. 그 원인을 알아보기 위해 유치원과 어린이집의 조직 특성을 다양한 관점에서 살펴볼 필요가 있다(김정희, 2009; 조인숙, 2005).

첫째, 영유아교육기관은 보호와 교육이라는 목적성과 기능에서 오는 특징이 있다. 다른 학교 조직에 비해 부모와 기관 간, 교사와 영유아 간의 친밀감,

관심 지원 등이 강조된다. 교사와 영유아는 가족적인 관계이며, 교사는 영유아와의 스킨십이 강조된다. 교사는 따뜻하고 안정적인 양육자로서의 역할을 우선적으로 요구받는다.

둘째, 다수의 유치원과 어린이집은 다른 공적 조직에 비해 그 규모가 작고, 인적 구성이 단순하다. 기관을 운영하기 위해서는 영유아를 보호하고 교육해야 하며, 그에 필요한 교재 및 교구를 제작하고 여러 가지 행사를 해야 한다. 한 명의 교사가 동시에 여러 가지 과제를 수행하기 때문에 이에 대한 부담이 크다. 조직구조가 단순하기 때문에 과학성, 체계성, 합리성보다는 가족적 분위기가 강조된다.

셋째, 근무여건이 열악하고 조직, 공동체에 대한 의식이 적다. 사립 영유아교육기관의 경우 이직률이 높아 조직에 대한 응집력이 약하다. 근무조건이나 조직 관리의 미흡으로 인해 그러한 일치감이나 응집력을 갖지 못하는 경우가 많다.

넷째, 교사 대부분이 여성으로 구성되어 있다. 여성의 조직은 남성위주의 조직과 달리 의사소통 방식은 매우 사적이며 과제가 아닌 인간관계를 중심으로 이루어진다. 이는 인간관계나 조직의 운영에 있어서는 긍정적인 영향을 끼치지만 공적인 업무처리에 대해 생각을 나누고 체계적으로 처리하는 데 있어서는 부정적인 영향을 준다.

다섯째, 교사의 업무 성격은 매우 독립적이고 개인적이지만 업무량은 많다. 특히 어린이집은 육아에 대한 역할 비중이 크고, 이용 대상이 맞벌이 부부의 자녀가 주를 이루기 때문에 교사는 늦게까지 영유아와 함께 지내야 한다. 그러한 시간 외에도 교사는 관심을 가져야 하는 일이 많아 업무량이 매우 많다. 어린이집은 업무를 위한 회의조차도 시간이 부족해서 제한을 받는다.

여섯째, 우리나라 어린이집은 설립 주체가 매우 다양하다. 현재 어린이집은 설립 주체에 따라 국공립, 법인, 법인 외 단체, 민간, 직장, 가정, 협동 등 7가지로 구분되는데, 각 설립 주체별로도 다양한 설립취지를 가지고 있으며 어린이집의 설치 상황 및 과정 등이 다양하고 복잡하여 운영현황과 특성, 재정 상황 등에 있어서도 차이가 난다.

이와 같이 어린이집은 보호와 교육이라는 서비스를 제공하여 가정과 학교의 특징을 동시에 요구하며 대부분 그 규모가 작고, 세심함, 배려, 사랑, 봉사, 가족과 같은 분위기가 강조된다.

3) 유치원 · 어린이집 조직문화에 영향을 미치는 요인

유치원·어린이집의 조직문화는 어느 한 요인으로 규정지어질 수 없으며 복합적인 여러 요인으로 구성된다고 할 수 있다. 죠드-블룸(Jorde-Bloom, 1988)은 영유아교육기관의 조직문화에 영향을 미치는 요인으로 다음의 10가지를 제시하고 있다.

표 8-1 영유아교육기관의 조직문화에 영향을 미치는 10가지 요인

요인	내용
동료관계	교사가 우호적이고 지지하며 신뢰하는 정도를 의미. 교사들의 결속력이 중요함
전문성 증진	전문성 발달은 교수학습의 질에 기여하고 교사들에게 직업적 만족을 증가시킴
원장과의 관계	교사에게 명확한 기대, 지지, 격려를 제공해주는 원장의 지도력은 교육환경에 결정적인 요소가 되며 교사의 개인적 · 전문적 변화에 방향을 제시함
조직 기능의 명확성	조직기능이 명확히 잘 구성되어 있는 경우 구성원 사이의 의사전달이 일관적이고 명확하며, 직접적이고 개방적임
보수, 승진 제도	보수, 직무, 안정성, 승진 정책들이 공정하고 공평하게 운영되는 보상 체계
의사결정	의사결정 과정에서 의견을 제시할 때 존중하는 문화
프로그램 목적	프로그램 목적에 대한 교사 간의 일치도
업무수행	바람직한 계획, 능률성, 역할 분담이 이루어지는 정도
물리적 환경	온도, 채광, 색, 소음, 환기, 일반적인 공간 배치와 설계 등의 환경 변인과 수업에 필요한 비품, 교재 · 교구와 자료의 보유
개혁성	교직원이 독창적인 문제해결방법을 발견하도록 격려함

긍정적 조직 풍토에서는 교사 간의 응집력이 높고 전문성 증진을 장려할 뿐 아니라 의사결정에 교사의 자율성을 보장하며 업무수행이 효율적으로 이루어진다.

2 영유아교사의 리더십

유치원이나 어린이집처럼 소수의 관리자가 존재하고 다수의 교사가 존재하는 조직에서는 어떤 조직의 형태보다 주인의식을 가진 교사의 리더십이 중요하다. 영유아교사는 학급을 이끌어 가는 운영자이기 때문에, 영유아의 교육을 이끄는 교사의 리더십은 영유아에게는 물론, 기관의 운영 전반에 큰 영향을 미칠 수도 있다.

1) 리더십의 개념 및 특성

리더는 조직이 필요로 하는 성과를 효율적으로 달성하기 위하여 계획을 수립, 통제, 지휘하는 데 있어 리더십을 발휘하게 되고, 리더십은 목표를 효과적으로 달성하기 위한 개인행동과 집단행동의 형성은 물론 이들 행동을 조직의 성과에 연결시키기 위한 가장 중요한 요인이 된다. 일반적으로 리더십은 목표를 달성하기 위하여 개인 및 집단을 조정하고 동작하게 하는 기술, 혹은 집단 구성원으로 하여금 정해진 목표를 열정적으로 수행하도록 설득하는 능력 내지 영향력을 뜻한다(문혁준 외, 2014). 허시와 블랜차드(Hersey & Blanchard, 1987)는 리더십이란 어떤 주어진 상황 속에서 목표를 달성하기 위하여 개인 또는 집단의 활동에 영향을 미치는 과정이라고 하였다.

영유아교육분야에서의 리더십 개념을 실제적으로 살펴보면 다음과 같다.

- 생각과 아이디어를 공유함으로써 다른 사람들에게 영감주기
- 모범이 되는 역할 모델이 되기
- 방향을 제시하고, 앞으로 나아갈 길을 찾고 분명한 방향을 설명함으로써 창의적인 영유아교육서비스에 기여할 수 있도록 교직원과 부모의 행동에 영향을 주기
- 팀워크를 형성하고 협조와 포용으로 서비스를 효율적으로 운영하기
- 개인적 성장과 임파워먼트, 전문성 계발과 발전을 향상시킬 수 있는 방식으로 교직원을 관리하고 부모들을 안내하기
- 조직 효율성과 전문적 효율성을 높이기 위한 변화를 계획하고 실행하기

리더십의 개념을 정의하는 집단의 태도, 개인의 특성, 욕구, 상황에 따라 그 특성을 고찰하면 다음과 같다(양승렬, 1988).

첫째, 리더십은 인간작용의 상호작용으로 모든 상황은 인간에 의해 주어지고 형성되고 변화되기 때문에 주체가 되는 것은 인간이며, 리더십의 전달과 수용하는 과정 및 결과도 인간에 의해 형성된다. 따라서 리더십은 인간관계의 상호작용으로 볼 수 있다.

둘째, 리더십의 특성은 주고받는 데 있다고 할 수 있다. 리더십은 조직 성원에게 어떤 변화를 주기도 하며, 상황의 변화에 따라 달라진다. 리더십이 전달되는 경로는 조직구성원의 상황에 따라 다르게 전달될 수 있으며, 조직의 상황이 리더십을 변화시킬 수 있다.

셋째, 조직은 개인의 집합체이므로 조직을 구성하는 인간이 처해 있는 전반적인 상황은 조직의 목표달성을 위한 리더십에 영향력을 행사하는 것이므로, 조직구성원의 상황에 따라 리더십이 달라진다고 할 수 있다.

넷째, 변화하는 상황에 맞추어 계속적인 수정을 통하여 합리적인 리더십을 모색할 수 있다. 그러나 합리적이고 적합한 리더십이 영원히 계속될 수는 없는데, 이는 이상과 조직구성원의 상황이 변화하기 때문이다. 즉, 리더십은 노력과 창조에 의하여 효율적으로 달성된다.

다섯째, 리더십의 궁극적인 목적은 집단의 목표를 효과적으로 달성하는 것이다.

2) 리더십이론

시대적 흐름에 따라 변화되어온 리더십이론은 각각의 특성과 공통점이 있으며 리더십이론의 목적은 일반적으로 리더십의 유효성을 결정하는 요소가 어떠한 것들인가 발견하는 것이었다.

(1) 전통적 리더십이론

전통적 리더십이론은 다음의 세 가지로 구분할 수 있다.

① 리더십 특성이론(trait theory)

특성적 이론의 접근은 20세기 초반에서 1950년대 주를 이룬 이론으로 리더십의 효과를 리더의 특성과 연관 지었는데, 리더는 고유의 개인적 특성을 가지고 있으며, 처한 상황이나 환경에 관계없이 지도자가 될 수 있다는 것이다. 리더는 신체적 특성, 성격, 능력 등의 특성을 보이며 리더가 아닌 사람이 갖고 있지 않은 특성을 갖고 태어난다. 성공적인 리더는 선천적으로 태어난다고 보았으며(황윤세 외, 2011), 리더의 특성을 가지고 있으면 어떠한 상황에서든지 효율적인 리더가 될 수 있다.

② 리더십 행위이론(behavioral theory)

20세기 중반을 전후한 시기에는 리더의 행동에 대한 연구로 관심이 전환되었다. 인간의 행동주의와 과학적 방법론에 의하여 어떠한 리더십 스타일이 가장 효과적인 것인지, 리더십의 행위를 밝히려는 시도들이 핵심을 이루었는데, 리더십의 유효성은 리더의 행동에 따라 달라지며 리더십은 개발될 수 있다고 본다. 따라서 유전적으로 타고난 자질이 아니라 리더로서의 기술을 습득하였는가가 중요시된다(신구범, 2005).

③ 리더십 상황이론(situational theory)

1960년 후반부터 1970년대에 들면서 리더십의 특성이나 행위들이 서로 다른 상황의 리더에게 다르게 적용된다는 점에 주목하여 대두된 이론으로 효과적인 리더십은 리더의 개인적 특성, 리더의 행위, 리더의 상황 요인 등이 상호작용함으로써 결정된다는 입장이다. 즉, 리더십의 효과는 주어진 상황에 따라 달라진다는 것이다.

(2) 최근 리더십이론

최근 들어 사회의 조직구조와 리더의 역할이 다양해지면서 전통적 리더십이론의 한계점을 직시하여 새로운 리더십이론이 제시되고 있다.

① 카리스마적 리더십

카리스마적 권위는 전통적 권위에 대한 변화의 결과로 단기간에 나타나며, 자신들의 영향력을 기반으로 한 부하와 비공식적인 관계를 이용한다. 카리스마적 리더십은 지도자의 천부적인 재능과 초월적인 자질의 중요성을 강조한다(장이권, 2002). 카리스마적 리더십의 핵심개념으로는 높은 수준의 자신감, 지배하려는 경향, 영향력 발휘, 신념에 대한 확신, 신비스러운 자질, 탁월한 능력, 존경, 추종 등이 있다.

② 변혁적 리더십

카리스마적 지도성을 바탕으로 1970년대 번즈(Burns)에 의해 맨 처음 시도된 변혁적 리더십은 리더가 구성원과의 관계에서 추종자가 처한 사회 · 경제 · 직업적 현실에 대한 자각을 고취시키기 위해 윤리적 원칙을 적용시키는 하나의 과정이다. 이는 구성원이 신나게 일을 할 수 있는 분위기를 만들어 능력 이상의 목표를 발휘하도록 만드는 유형이다(이경화 · 김정원, 2011).

표 8-2 변혁적 리더십의 특징

카리스마(charisma)	리더는 존경과 신뢰의 대상이며, 감정적인 측면에서 구성원들은 상사와 일체화되는 과정(personal identification process)을 통해 높은 수준의 자극이 유지되는 상황(자부심)이라 할 수 있으며 구성원으로 하여금 비전을 제시한다.
동기유발(inspiration) 또는 영감	리더는 구성원들에게 미래를 설계하고 이를 실현시키는 방법을 제시해 줌으로써 구성원의 기대를 자극하는 리더십을 보여주는 것이다.
지적 자극(intellectual stimulation)	보다 유연하고 창조적인 아이디어를 늘 추구하도록 함으로써 구성원의 의식에 변화를 초래하는 리더십이라 할 수 있다.
개별적 배려(individualized consideration)	리더는 개별적 관심을 통해 구성원들을 배려하고 나아가 참여와 협동, 지원과 같은 친사회적 행동을 보여주는 리더십이라 할 수 있다.

③ 문화적 리더십

문화적 리더십은 초점을 리더와 추종자 간의 관계의 본질에 두는 것이 아니라 리더십-추종성 관계에 베어 있는 문화적 맥락에 두고 있다. 문화적 리더십은 인간의 의미추구 욕구를 만족시킴으로써 구성원을 조직의 주인으로 만들고, 조직의 통합을 가능하게 한다. 문화를 이루는 요소에는 조직의 관습, 역사, 전통, 습관, 규범, 기대, 공통의 의미, 공유된 가정 등이 있다.

④ 서번트 리더십

서번트 리더십은 리더가 봉사와 섬김의 정신으로 구성원의 아래에 위치하는 것이다. 즉, 섬김을 받는 리더가 아니라 섬기는 리더로서, 위가 아닌 아래의 위치에서 구성원을 움직이는 힘을 발휘한다. 서번트 리더십의 특징은 타인의 말을 잘 들어주고, 동정심을 가지며, 타인에게 용기를 북돋워 주기도 하는 등 타인의 성장에 몰두한다.

⑤ 도덕적 리더십

리더의 도덕성과 구성원들의 자율성이란 이원적 구조를 통해 리더는 스스로 리더의 특성을, 구성원은 자기 리더의 특성을 나타내도록 하는 리더십으로 조직을 도덕적인 조직으로 만드는 것을 목적으로 한다(명제창, 1998). 도덕적 리더십이 성립되기 위해서는 리더는 도덕적 측면인 청렴성, 사명감, 공정성, 책임감을 가져야 하고, 품성적 측면에서 권한 부여, 비전 제시가 있어야 하며, 능력 측면에서 공동체 규범의 확립, 전문 직업적 이상, 내재적 만족, 동료의식 등을 형성할 수 있어야 한다(이인원 외, 2010).

⑥ 코칭리더십

코칭(coaching)이라는 용어는 커다란 사륜마차를 가리키는 코치(coach)로부터 비롯된 것으로 사람을 목적지까지 운반한다는 의미에서 목표점에 다다를 수 있도록 인도한다는 의미로 변화하였다(두산백과사전 두피디아, 2017). 코칭은 삶에서 다양한 문제를 접하는 사람들에게 해결의 방법이 문제를 안고 있는 당사자 안에 있다는 것을 알려준다는 가정에서 출발하며, 구성원 간의 상호 보완적 관계를 통하여 리더가 커뮤니케이션과 피드백을 통해 방향 제시, 개발, 수행평가, 관계 등 구체적인 기능이나 행동을 포함하는 과정으로서 조직의 최대효과를 꾀하고 역량 변화를 촉진한다(김영미, 2017).

⑦ 감성리더십

감성리더십은 리더가 자기 자신의 내면과 감성을 이해하는 것이 중요하며, 자신의 감정을 스스로 통제할 수 있어야 하고, 다른 사람의 감성을 이해하고 배려하며, 자연스러운 분위기 안에서 조직 구성원들이 스스로 목표를 달성할 수 있도록 영향력을 행사하는 것이다(신혜지, 2017). 리더가 자신의 내면을 이해하고, 팀 내 구성원들의 감성을 배려하므로, 구성원들과 관계를 자연스럽게 형성하여 리더가 속한 조직의 감성역량을 높이는 능력과도 관련된다.

3) 영유아교사의 리더십 유형

리더십 유형이란 리더가 조직의 목표를 효율적으로 달성하기 위하여 구성원을 지도하는 형태에 관한 것으로 리더의 성격, 역할 기능, 리더와의 관계, 조직의 특성, 지도 방법, 집단 상황에 따라 다양하게 분류될 수 있다.

(1) 할핀(Halpin)의 리더십 유형

할핀(Halpin, 1967)은 리더의 행동을 구조화(initiating)와 배려(consideration)의 두 차원으로 설정하였다. 할핀이 제시한 지도 유형 분류를 통해 성취 정도에 따라 리더십 유형을 효율성, 비효율성, 과업형, 인화형의 네 가지로 유형화하여 제시하면 그림 8-1과 같다(문혁준 외, 2014; 유지영, 2004).

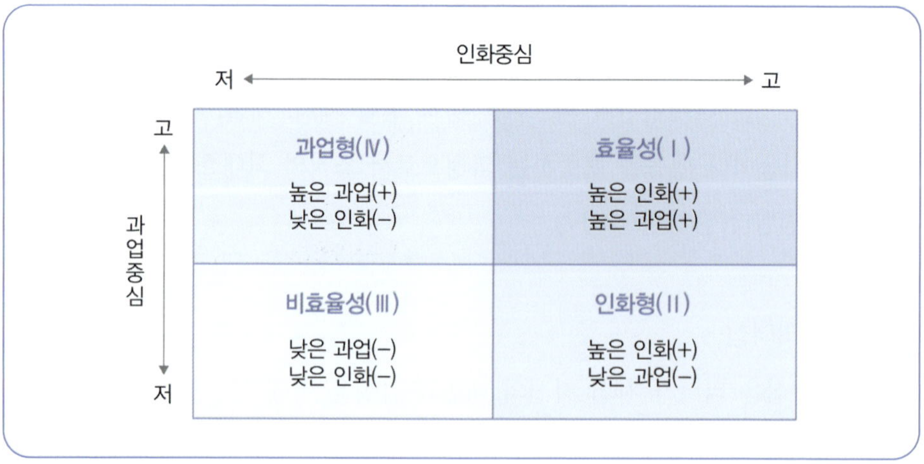

그림 8-1 할핀(Halpin)의 지도유형 분류

리더십 유형	리더십 특징
효율성(I)	인간관계가 잘 이루어지고 과업도 잘 성취되는 지도성으로 가장 효율적인 지도성임을 알 수 있다. 이 범주에 속하는 교사는 교직원과의 인간관계를 포함하여 상호작용에 의해 과업과 업무를 수행하며, 집단의 목표달성을 위해 함께 일하면서 동료교사의 사기를 높여 준다.
인화형(II)	인간관계는 잘 이루어지나 과업이 잘 성취되지 않는 지도성이며, 이런 범주에 속하는 교사는 인간적이라고 할 수 있다. 따라서 대인관계에 큰 관심을 가지며, 업무의 대부분은 기관 밖에서 처리하는 경향이 있고, 조직 전체의 과업과 업무의 추진에 관해서는 거의 관여하지 않아 임기응변적으로 일을 처리하는 경향이 있다.
비효율성(III)	과업도 잘 성취되지 않고 인간관계도 잘 이루어지지 않는 지도성으로 네 가지 유형 중 가장 바람직하지 못하여 비효율적인 유형이라고 할 수 있다.
과업형(IV)	과업은 잘 성취되나 인간관계는 잘 이루어지지 않는 지도성으로 이 범주에 속하는 교사는 과업과 업무 수행만을 강조한다.

(2) 레빈(Lewin)의 리더십 유형

레빈(Lewin)은 리더십 행위의 특성에 따라 다음과 같이 기술하였다(송유진, 1993).

① 권위형(autocrat style)

리더가 독자적으로 의사결정하고 일방적으로 지시하며 구성원으로 하여금 결정된 목표를 달성하게 하며 그 결과를 리더의 주관적 기준에 의해 평가하는 리더십이다.

② 민주형(democrat style)

리더와 구성원이 협의에 의하여 의사결정을 하며 구성원이 자발적 과업 수행을 동기화시켜주고, 그 결과에 대한 평가도 객관적 기준에 의해 처리하는 리더십 행위로 구성원 간의 관계가 원만하고 공동체 의식이 강하다.

③ 자유방임형(laissezfaire style)

리더는 어떤 결정도 내리지 않으며 구성원들의 자유행동을 극단적으로 허용하고, 리더를 타인시 하며, 생산성이 낮고 구성원에게 동기부여도 하지 않는 리더십 행위로 방관자적 행동을 하므로 조직이 와해되기 쉽다.

4) 유치원 · 어린이집의 리더가 추구해야 할 리더십

유치원과 어린이집의 경우 영유아를 위한 질 높은 프로그램을 실행하고 교직원 간에 긍정적인 분위기를 만들기 위하여 추구해야 할 리더십은 다음과 같이 정리할 수 있다.

- 긍정적이고 생산적인 근무분위기를 만든다.
- 교직원이 서로 협력할 수 있도록 동기를 부여하고 격려한다.
- 교직원이 어린이집의 비전을 이해하고 자신이 하고 있는 일에 대한 중요성을 인식하도록 늘 대화하고 격려한다.
- 문제해결과정에서 발생하는 갈등들을 잘 조절하고 모든 교직원이 수긍하고 만족할 수 있는 합치점을 찾도록 안내한다.
- 교직원이 자신이 맡은 일에 최선을 다하도록 개인의 능력과 흥미에 부합하는 업무를 부여하고 이에 대한 권한을 위임한다.
- 전문적 지식과 이를 실현할 수 있는 기술을 습득할 재충전의 기회를 통해 교직원이 발전할 수 있도록 지원한다.

3 직무스트레스와 대처

1) 영유아교사의 직무스트레스

스트레스는 '인간이 심리적·신체적으로 감당하기에 어려움이 있는 상황에서 느끼는 불안이나 위협의 감정'으로(Lazarus, 1993) 라틴어의 'stringer', 즉 "팽팽하게 조이다"라는 단어에서 유래되어 현재까지 자주 사용된다. 교사는 그 직업적 특수성으로 인하여 교육제도상의 모든 교육영역과 교육과정에서 스트레스를 받고 있기 때문에 직무스트레스(job stress in teaching)라는 용어를 많이 사용하고 있다(도명애, 2009). 박미옥(2013)은 영유아교사의 직무스트레스를 영유아교육기관에서 직무를 수행하는 과정에서 영유아교사 개인의 욕구와 이를 만족시켜줄 수 있는 직무 환경과의 부적합과 교사 개인의 능력과 관련된 직무 요구 간의 부적합에서 오는 신체적 또는 정신적 반응이라고 정의하였다.

따라서 영유아교사의 직무스트레스는 영유아교육기관에서 직무를 수행하는 과정 중에 영유아교사 개인의 욕구와 이를 만족시켜줄 수 있는 직무환경과의 부적합, 교사 개인능력이나 자원과 관련된 직무 요구 간의 불균형에서 오는 신체적 또는 정신적인 반응이라 할 수 있다. 이는 영유아교사들이 가장 중요하게 인식하는 직무인 교수학습실제와 영유아 보호업무 등의 수행에 어려움을 가져올 수 있다. 영유아교사의 행복감이 높을수록 교사와 영유아 간의 상호작용의 질이 높다는 연구결과에서 예상할 수 있듯이, 교사의 직무스트레스와 같은 부정적인 내적 심리상태는 교사와 영유아 간의 관계나 상호작용에 부정적인 영향을 줄 수 있다(이선경 외, 2014). 교사와 영유아 간의 긍정적인 상호작용은 다양한 영역의 영유아 학습과 발달을 촉진하는데(유연화, 2005), 서로 간의 안정적인 관계는 영유아의 또래놀이 행동에도 긍정적인 영향을 미친다(김선희, 2013).

이를 통해 볼 때, 영유아교사의 직무스트레스는 교사 개인의 직무 소진이나 직무만족도, 조직몰입에 부정적인 영향을 줄 뿐만 아니라 영유아와의 상호작용이나 관계 등 영유아교육의 질을 가늠하는 교사의 핵심 업무에 부정적인 영향을 미치는 것을 알 수 있다.

2) 영유아교사의 직무스트레스 요인

영유아교사의 직무스트레스가 환경과의 부조화로 인하여 심리적인 역기능이 발생된다고 할 때 영유아교육기관에서의 모든 요인은 직무스트레스의 유발 요인이 된다고 볼 수 있다. 도명애(2009)는 스트레스의 신체적 증상, 교육활동 준비에 대한 시간 관리의 어려움, 행정적 관리자와의 관계, 교사 자신의 내적 갈등, 영유아 행동, 스트레스의 심리정서적 증상, 교사 사이의 관계, 학부모와의 관계로 직무스트레스 요인을 나누었다.

이와 같은 영유아교사의 직무와 관련한 교사 직무스트레스 요인에 관한 연구를 정리하면 표 8-3과 같다.

표 8-3 영유아교사 직무스트레스 요인

연구자	영유아교사의 직무스트레스 요인
김지현(1995)	행정적 지원요인, 대인관련요인, 경제적 안정요인, 개인관련요인, 업무관련요인, 원아들과의 활동요인
장미아(1996)	원아들과의 활동, 개인관련, 업무관련, 경제적 안정, 행정적 지원, 대인관계
신혜영(2004)	동료와의 관계, 업무 과부하, 원장의 지도력 및 행정적 지원부족, 학부모와의 관계
유재경(2013)	권위상실, 관료적 운영, 낮은 대우, 불화갈등, 학급관리, 업무과다

이를 종합해보면 영유아교사의 직무스트레스 요인은 서로 다르게 표현하고 있지만 직무스트레스를 구성하는 요인은 환경적 요인, 직무 자체에 대한 조직적 요인, 개인적 요인들이 공통으로 발견되는 요인임을 알 수 있다. 그리고 영유아교사의 직무스트레스는 교사의 신체 및 정신건강과 행동, 교육의 질에도 부정적인 영향을 미친다는 것을 알 수 있다. 영유아교사의 직무스트레스가 영유아의 학습 동기뿐만 아니라 영유아 및 부모와의 관계에도 지대한 영향을 미치고 있음을 감안할 때, 직무스트레스를 유발하는 요인을 최소화하여 영유아교육의 질 향상을 높이는 데 노력해야 할 것이다.

3) 직무스트레스 대처방안의 유형

스트레스 대처방안에 대해 정의하면 자신이나 외부환경으로 인한 스트레스를 해결하기 위한 반응으로, 스트레스 원인을 해결하려는 것뿐만 아니라 스트레스를 완화하기 위한 현실적이고 융통성 있는 사고 및 행동을 포함한다. 스트레스 대처방안은 목표에 따라 문제중심적 대처방안, 정서중심적 대처방안, 생리중심적 대처방안으로 나누어 볼 수가 있다(박석출, 2002).

문제중심적 대처방안은 문제를 잘 변경시키기 위해 책략을 사용하고, 수정하거나 극복하려는 노력이며 문제 자체를 직접적으로 관리하는 것이다. 즉, 문제를 해결하고자 친구, 가족, 동료 등으로부터 적절한 도움을 요청하거나 대안적으로 보상해 줄 수 있는 것을 개발하여 문제를 극복하기 위한 행동적 자기통제를 발전시켜가며 스트레스에 대처하는 방법이다.

정서중심적 대처방안은 스트레스를 유발하는 문제를 직접 다루기보다는 스트레스에 의해 유발된 정서적 고통을 감소시키는 노력을 말한다. 스트레스를 발생시키는 상황을 변화시키기보다는 스트레스 원인을 회피하거나 스트레스 상황을 인지적으로 재구성하는 대처방안이다.

생리중심적 대처방안은 스트레스가 발생하는 신체적 충격을 감소시키려는 노력을 말한다. 규칙적인 운동, 적당한 수면과 휴식, 균형잡힌 식사, 규칙적인 생활 등을 통해 잠재적 스트레스에 대처하기 위해 건강한 신체를 유지하도록 노력하는 것이다.

이밖에도 스트레스 대처방안을 유형별로 분류해 보면 표 8-4와 같다.

표 8-4 스트레스 대처방안 유형 분류

학자	상위요인	하위요인
한정석 · 오가실(1990)	적극적 소극적	문제중심적 대처, 사회적 지지추구, 긍정적 사고, 소망적 사고, 기분전환, 무관심
박현진(2003)	문제중심적 지지 추구 정서완화적 소망적 사고 추구	스트레스 자체를 변화시켜 해결하려는 노력행동 타인과 상의하고 도움을 얻어 해결하는 행동 스트레스로 인해 정서적 위협을 조절하려는 행동 현재보다 나은 상황을 꿈꾸는 행동

스트레스를 효과적으로 잘 대처하는 사람들의 특징을 보면 문제를 객관적이고 긍정적으로 이해하고 합리적인 사고를 한다. 또한 스트레스의 성격에 따라 문제중심적 대처방안을 효과적으로 사용하는 것을 볼 수 있다.

4) 영유아교사의 직무스트레스 대처방안

김장주(1994)는 영유아교사 직무스트레스 대처방안으로 학습지도와 생활 지도에서 생기는 스트레스, 학부모와의 관계에서 생기는 스트레스를 동료교사들과 대화나 상담으로 해소하는 경향이 있다고 하였다. 과도한 잡무로 생기는 스트레스는 취미생활을 한다거나 독서 및 일에 집착하는 것으로 해소한다고 하였다. 교사의 변인에 따라 스트레스 대처방법의 차이를 살펴본 결과에 의하면 연령이나 경력이 적을수록 대처방법을 많이 사용하고 있었으며, 적극적 문제해결중심의 통제 방법보다는 상황을 잊어버리거나 회피하는 소극적 대처방법을 비교적 많이 사용하고 있었다(최기선, 2001). 스트레스 대처방안을 적절하게 잘 활용하여 환경에 잘 적응하는 교사는 한 사회의 구성원으로서 역할을 잘 수행하며 원만한 대인관계를 유지한다. 또한 자신이 맡은 직무를 효과적으로 수행할 수 있고 심리적으로 편안하며 행복한 정서를 경험하게 된다.

영유아교사는 자기 자신을 위해서나 영유아들의 신체적·정신적으로 건전한 발달을 보장한다는 의미에서 스트레스의 요인들을 긍정적이고 적극적으로 대처하며, 국가와 사회는 영유아교사들에 대한 배려와 적극적인 관리가 이루어져야 한다. 직무스트레스는 비단 영유아교사 혼자서 해결할수 있는 문제는 아니다. 영유아교사가 스스로에게 적절한 스트레스 대처방안을 활용할 수 있도록 정부와 원장 혹은 지도관리자, 그리고 학부모 등 모두가 힘을 합쳐야 한다. 그래서 발달 특성상 가장 영향을 많이 받은 영유아들에게 긍정적인 영향을 미쳐서 질 높은 교육이 이루어질 수 있도록 노력해야 한다.

보육교사의 스트레스 유형과 대처방안을 생태학적 접근에서 분석해보면 그림 8-2와 같다.

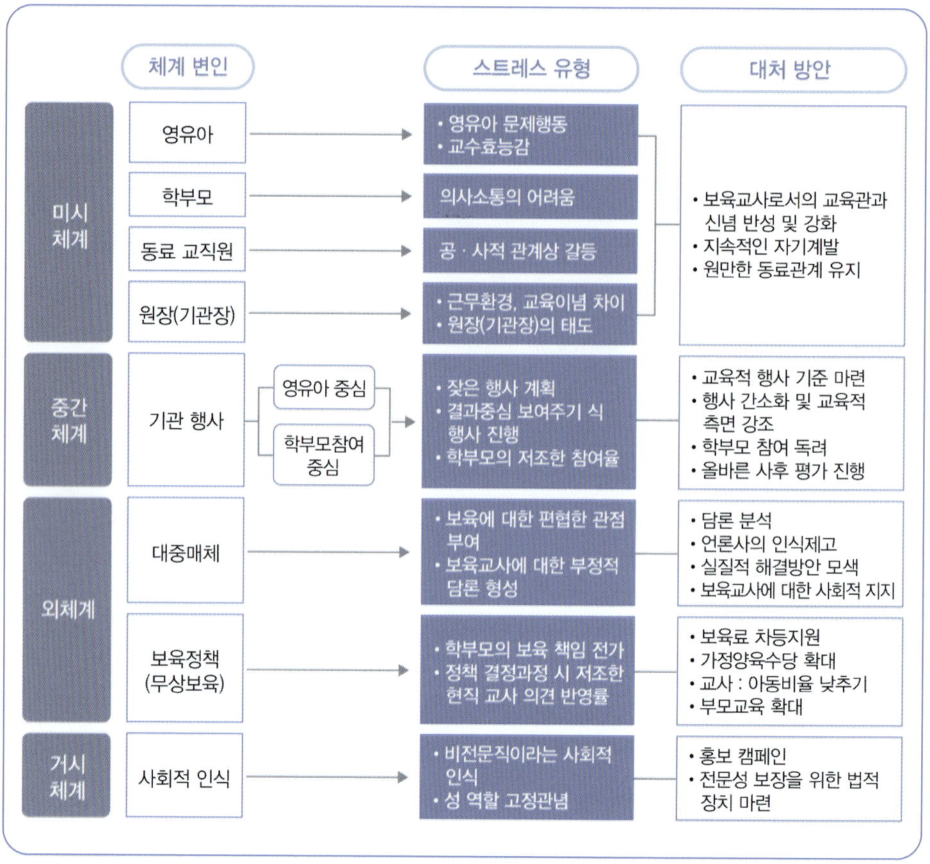

그림 8-2 생태학적 접근에서 본 보육교사의 직무스트레스와 대처방안

(2019년 C대학교에서 「보육교사론」 수업시간에 발표한 조별과제물 중에서 발췌함)

4 문제해결력과 이직

1) 영유아교사의 문제해결능력

개인이나 대인관계에서 바라는 목표나 욕구가 있지만 그것을 얻거나 해결하는데 필요한 행위를 모르는 경우를 일반적으로 문제라고 인식하게 된다. 그러므로 생활 속에서 직면한 상황에 대해 즉각적으로 또는 효과적으로 대응하지 못할 경우 문제 상황이 형성된다. 문제의식은 현 상태와 해결하고자 하는 목표상태 간에 차이가 발생한 것을 해결하겠다는 목적에 대한 노력과 바람을 가지게 되는 것이다.

문제해결력이란 문제를 해결과정에서 문제 이해력, 해결 계획 수립능력, 연산능력, 검증 능력, 일반화 능력 및 개념과 원리·법칙을 발견하고 이를 응용하여 문제를 창의적으로 해결하는 능력으로서 생산적으로 적응하는 힘, 즉 이미 습득한 지식을 구체적으로 적용하여 직면한 문제를 해결할 수 있는 힘이다(김경옥·류성림, 2009). 문제해결은 새로운 상황이라 할지라도 해결책을 얻기 위해서는 과거에 경험했던 규칙이나 내용들의 조합과 응용을 찾아내는 과정이며 그 행위의 결과를 획득하는 것을 문제해결능력이라 한다. 이 과정에서 사용되는 의사소통기술에 의한 의사결정은 문제해결능력에도 영향을 준다.

전문가들은 문제해결능력을 미래사회에 요구되는 능력(김정화, 2012), 관계성의 지적 파악능력, 사회적 능력, 대처전략, 지적이며 창의적인 능력(이만제, 2009), 문제의 체계적 관리능력(이석재 외, 2003) 등으로 보았다.

문제해결의 접근방식은 이성적이고 합리적인 사고의 접근(Kepner & Tregoe, 1967)과 창의성과 직관이나 상상력의 작용에 의한 접근(Higgins, 1994)이 있다. 창의성과 문제해결력을 결합한 창의적 문제해결력(Feldhusen & Treffinger, 1986)은 체험 활동을 통해 문제의 이해, 해결책 탐색 및 개발, 실현, 산출물 평가 등의 수행과정 등 학습자에게 교과에 관련된 지식을 구체적으로 이해시켜 줌으로써 길러지며 창의성, 비판적 사고, 의사결정능력 등이 복합적으로 상호 작용되는 가운데 형성된다고 본다.

이석재 등(2003)이 제시한 문제해결능력 하위 능력요소와 행동지표를 표 8-5에 제시하였다.

표 8-5 문제해결능력 하위 능력요소와 행동지표

능력요소	하위요소	행동지표
문제 명료화	문제의식	현재 모습과 미래 모습 간의 차이 이해
		문제해결의 결과와 영향에 대한 예측
		문제 확인 및 인식
원인 분석	정보수집	문제 상황과 유사한 사건, 정보 등의 수집
		선택적 자료 수집
		자료수집의 방법
	분석	수집된 자료의 분류 및 비교
		문제와 관련이 있는 정보들의 인과관계 분석
		문제의 분석기준 설정
대안 개발	확산적 사고	다양한 의견의 수렴을 통한 시각의 확대
		자기경험에 구속되지 않고 다양한 해결수단 개발
		새로운 생각과 접근을 통한 문제인식
	의사결정	문제해결방안의 선정기준 결정과 적용
		문제해결방안들의 장단점 이해
		문제해결이나 목표달성을 위한 최선의 방법 선택
		문제해결을 위한 노력과 얻는 것의 크기 비교
계획 · 실행	기획력	해결할 과제의 우선순위 설정
		단계별 목표 및 추진기간의 설정
		자원의 효과적 활용과 대비책 마련
	실행과 모험 감수	문제해결을 지속적으로 추진
		새로운 절차나 방식으로 문제해결 시도
		실패에 대한 가치 여부

능력요소	하위요소	행동지표
		최소한의 성공 가능성에 대한 선택
수행평가	평가	문제해결의 개선방안 찾기
		객관적인 기준을 선택하여 적용
		문제해결 목표의 달성 여부 평가
	피드백	향후 문제해결을 위한 보다 나은 개선방안 찾기
		문제해결 결과에 대해 비판적인 의견 청취/수용
		충고 수용을 통한 자신의 행동 수정

출처: 이석재 외(2003)

영유아교사의 문제해결능력은 자기개발, 동료교사들과의 갈등, 원장과의 갈등 등과 같이 교육현장과 일상생활 속에서 발생하는 다양한 문제들을 해결할 수 있는 능력이다(김정화, 2012). 영유아교사는 심리적 행복감, 정신건강, 적응을 유지하기 위해 대처전략을 세우고 실행하여 긍정적이며 좌절하지 않고 당면한 문제들을 해결하고 극복하며 사회적으로도 책임 있는 행동을 보이는 것이 필요하다. 스트레스와 심리적 부적응, 부적절한 관계 형성 등을 교육현장에서 창의성과 직관, 상상력을 발휘하여 창의적 문제해결을 통해 효율적으로 대처하는 것이 요청된다.

2) 영유아교사의 이직

이직에는 직장, 직업을 옮기는 이직(移職)과 직장과 직업을 그만두는 이직(離職)의 개념이 있으며, 영유아교사의 이직의 유형에는 이러한 두 가지 개념이 모두 포함된다. 영유아교사의 이직은 긍정적인 영향과 부정적인 영향으로 구분할 수 있다. 먼저 긍정적인 영향을 살펴보면 교사 개인적인 측면에서 이직은 보다 나은 보수와 근무조건 등의 처우개선으로 교사의 잠재적인 능력을 개발시키거나 새로운 교수방법의 습득을 할 수 있는 중요한 기회가 될 수 있다. 영유아교육기관 측면에서는 기관의 분위기를 쇄신하고 남아 있는 교사들에게 승진 및 역할 재분배의 기회를 제공할 수 있다.

그러나 이직은 영유아에게는 물론, 부모와 영유아교육기관에 부정적인 영향을 줄 수 있는데, 구체적으로 살펴보면 다음과 같다.

첫째, 영유아교사의 이직은 영유아가 교사에게 형성하고 있는 애착을 방해하며, 새로운 교사에게 적응하느라 긴장과 스트레스를 느끼게 하고 불안감을 가지게 한다. 또한 교사–영유아 간의 질적 상호작용을 저하시킬 수 있다(Howes & Hamilton, 1992).

둘째, 교사의 이직이 동료교사들의 사기에 영향을 주어 남아 있는 다른 교사들에게 자신들의 잔류의사를 재검토하게 하며 영유아교육기관의 교육목표 달성에 간접적으로 차질을 가져오게 할 수 있다(황은지, 2007).

셋째, 영유아교사의 빈번한 이직은 기관에서 새로운 교사를 채용하고 재교육시키는 과정에서 시간과 비용을 들여야 하는 문제점이 생기며 학부모로 하여금 기관에 대하여 신뢰하지 못하고 불만족스럽게 여기도록 한다(황성온, 2006).

그러므로 영유아의 건강한 성장과 발달, 프로그램 질 향상과 유지를 위하여 영유아교사의 이직률을 낮추고, 안정성을 높이는 방안이 적극 모색되어야 한다.

이직의 결정에 영향을 미치는 요인으로는 외부요인, 직무 관련 요인, 개인적 특성 등으로 분류할 수 있다. 외부요인은 실업률, 신규채용 수준 등을 말하며, 직무 관련 요인은 급여, 직무성과 직무 자체에 대한 만족, 조직몰입, 승진기회 등이 포함되며, 개인적 특성은 연령, 근속연수, 성, 교육수준 등이 포함된다.

포터와 스티어스(Porter & Steers, 1973)의 이직의도에 영향을 주는 요인에 대해서 4가지로 구분하였다.

표 8-6 이직의도에 영향을 주는 요인

	요인
조직 전체 요인	업무수행, 각종시설, 휴식기간, 휴일
작업환경 요인	상사 · 동료와의 인간관계, 근무환경, 작업 안정성
직무환경 요인	긴장, 좌절과 관련된 스트레스, 직무내용에 대한 전반적인 반응, 작업능력, 책임성, 역할 명료성
개인 요인	연령, 근속기간, 이직경험, 전공유무, 학력, 경력, 결혼 여부

생각해 봅시다

1. 최근의 리더십 유형 중 본인이 만나고 싶은 원장의 리더십 유형을 2가지만 선택하여, 그 이유를 이야기해 본다.
2. 재직 중인 영유아교사를 인터뷰하여 이직을 하고 싶었던 경험이 있었는지와 그 이유에 대해 알아본다.
3. 예비영유아교사로서 현재 겪고 있는 스트레스를 5가지 나열해 보고, 어떤 대처 방안을 활용하고 있는지 이야기해 본다.

Chapter 09

영유아교사의 인간관계

배울내용 영유아교사는 교육현장에서 많은 사람들과 다양한 관계를 형성하면서 교육을 수행해 나간다. 이 가운데 긍정적인 관계를 형성하기도 하지만 갈등 속에 어려움을 겪기도 한다. 본 장에서는 영유아교사의 인간관계 특징을 원장, 동료교사, 학부모, 영유아, 지역사회 등과의 관계 속에서 살펴보고자 한다. 더불어 기르침과 돌봄이라는 교사역할을 수행하는 가운데 경험하는 소진과 정서노동, 그리고 행복감과 관련한 특징과 관련 연구결과들을 제시하고자 한다.

학습목표

1. 인간관계의 특징을 이해하고 영유아교사가 맺게 되는 인간관계 중 원장, 동료교사, 학부모, 영유아, 지역사회 등과의 관계의 특징을 설명할 수 있다.
2. 영유아교사가 맺게 되는 다양한 인간관계와 소진 간의 관련성을 이해할 수 있다.
3. 인간의 정서를 분류할 수 있고, 영유아교사가 업무 중 경험하는 정서노동의 특징을 이해할 수 있다.
4. 행복감과 관련된 요인을 분석하고, 영유아교사가 경험하는 행복감의 특징을 설명할 수 있다.

1 인간관계의 특징

인간이 혼자서 살아가는 것은 불가능하기 때문에 주변의 타인들과 더불어 각자가 소속된 집단에 의존해서 살아가고 있으며, 이 과정에서 인간관계를 형성한다. 인간관계는 두 사람 혹은 그 이상의 인간들 상호 간에 일어나는 심리적인 관계를 말한다(최미숙, 2012). 인간의 삶은 인간관계 속에서 이루어지며, 출생 직후부터 인간관계를 형성하기 시작한다. 인간은 자신 및 타인과의 인간관계를 통해서 삶의 방식을 익히게 되며 세상에 적응하게 된다. 때로는 인간관계를 통해 도움을 받기도 하는 동시에, 갈등을 겪기도 한다. 즉, 원만한 인간관계는 개인에게 커다란 이득을 가져다주기도 하지만, 반대로 바람직하지 않은 인간관계는 개인의 삶을 위협하는 경우도 있다(Hodgetts & Hegar, 1990).

인간관계는 직장 내에서도 매우 중요한 요소가 된다. 직장 내의 인간관계는 생산성의 근원이 되며, 직장생활의 만족 수준을 결정하는 요인이라고 할 수 있다. 특히, 교육 분야에서 인간관계는 강조되고 있다. 가르치는 일이라 함은 인간관계의 연속이며(Heck & William, 1988), 교수학습 활동이 교사와 학생의 만남으로 이루어지는 것이기 때문이다. 그러므로 교육이란 교사와 학생, 부모 간의 역동적이고 복합적인 인간관계에서 비롯되며, 가르친다는 것은 하나의 심리적인 관계이고, 끊임없이 상호작용하고 조력하는 관계인 까닭에 교육 분야에서 인간관계는 삶 그 자체로 인식되고 있다(윤기영·박상님, 2001).

2 영유아교사의 인간관계

유치원과 어린이집의 업무 대부분은 인간관계 속에서 다루어진다. 다른 교육기관에 비해 영유아교육기관은 규모가 작고 인간관계가 매우 밀접하며 집약적인 조직체이기 때문에, 인간관계에서 파생되는 영향이 보다 직접적으로 교사에게 전달된다. 기관의 인간관계는 상하관계를 중심으로 형성되는 원장과 교사의 관계, 동료를 중심으로 형성되는 동료 교사 상호 간의 횡적 관계, 과업을 중심으로 하는 영유아, 학부모와의 관계 및 지역사회·행정기관과의 관계 등의 구성형태로 이루어지고 있다.

1) 원장과의 인간관계

영유아교육기관은 대부분 규모가 작으며 원장에게 권한이 집중되는 경향이 있기 때문에 교사와 원장의 관계는 매우 중요한 의미를 지닌다. 원장과의 관계는 원장에 대한 교사들의 일반적인 평가와 신뢰, 교사에 대한 원장의 평가와 피드백, 교사에 대한 지지와 격려, 인간적인 이해와 배려를 바탕으로 형성된다(문미선, 2007). 교사가 원장과 서로 신뢰하는 원만한 인간관계를 형성하면 높은 사기와 소속감, 자긍심을 가지고 교육활동에서 자율성과 창의성을 발휘하게 되므로 교육목표를 효율적으로 달성하고, 직장생활에 성공적으로 적응하며 응집력도 형성하는 것으로 나타났다(Bonsutto, 1993). 원장과의 원만한 관계는 교사의 직무에 긍정적인 영향을 미치는 것과 더불어, 교사가 원장과의 관계를 만족스러워할수록, 담당 영유아의 친사회적 행동 수준이 높고, 내적 행동 문제가 적게 나타나는 것으로 밝혀졌다(서주희, 2013). 이는 원장과의 관계가 원만하게 형성되고 만족스러울 때, 교사 스스로가 마음의 여유와 안정을 가지고 업무에 집중하고 적절한 방법으로 지도하여 영유아에게도 긍정적인 영향을 미치는 것으로 볼 수 있다. 원장의 지도성이 부적절하거나 대인관계를 잘 맺지 못할 경우, 교사의 직무만족도에 부정적인 영향을 주어 직무에 대한 능률이 떨어지고 스트레스와 이직의도를 높이는 것으로 밝혀졌다(김지영, 2015).

2) 동료교사와의 인간관계

우리나라의 유치원과 어린이집은 대부분 소규모 학급으로 구성되어 있으며, 교사 본인의 학급 일 이외에도 공동의 업무를 위해 동료교사와 다양한 협력이 필요한 곳이다. 동료교사와의 관계는 같은 기관에 근무하는 동료들로부터 격려와 지지를 받는다고 지각하는 정도를 의미하며, 교사들 간의 상호존중과 신뢰를 기초로 형성된 관계를 의미한다(이남희, 2008). 교사가 업무수행에 필요한 정보를 얻고 조언을 듣는 가장 주요한 요인이 동료교사일 것이다. 또한 최근 들어 팀티칭을 수행하는 기관이 증가하고 있으므로, 동료교사는 교사에게 가장 가까이에서 직접적으로 지원을 해주는 존재이다. 그러나 영유아교사직은 여성이 절대적인 비중을 차지하기 때문에 여성이 갖고 있는 독특한 문화와 의사소통 방식으로 인하여 일부 동료교사와 경쟁심을 갖게 되고, 심한 경우에는 갈등관계가 나타나기도 한다. 동료교사들이 서로 우호적인 관심과 지지, 격려를 바탕으로 밀접한 관계를 맺을 때 교사의 직무만족과 성취감이 높고 조직에 대한 몰입과 헌신도가 향상된다는 측면에서 긍정적인 영향을 주었다. 그러나 동료교사들 사이의 관계가 원만하지 못할 경우, 직무 불만족과 직무스트레스를 겪는 것으로 나타났다(서지영, 2002).

3) 학부모와의 인간관계

영유아교사와 학부모는 영유아의 성장과 발달이라는 같은 목적을 지니고 있으므로, 공동의 목표를 위하여 서로 협력하고 관계를 원만하게 형성하는 것이 무엇보다 중요하다(윤기영 · 박상님, 2001). 즉, 양육과 교육에 관한 공동의 책임으로서 동반자적 협력관계가 요구되기 때문에, 영유아교사와 학부모 간의 상호 신뢰하는 긴밀한 관계 형성은 필수적이다. 선행연구를 살펴보면, 영유아교사와 학부모의 관계는 영유아와 교사에게 영향을 미치는 것으로 조사되었다. 먼저 영유아 측면에서, 셰퍼(Schafer, 1991)는 학부모와 교사가 긍정적인 관계를 형성할 때 영유아의 정서발달에 긍정적인 영향을 미쳤다고 하였으며, 스콧-존스(Scott-Jones, 1995)는 학부모와 교사 간의 긴밀한 상호작용은 아동의 발달과 밀접한 관련이 있다고 하였다. 영유아교사가 학부모와의 관계를 긍정적이고 협력적이라고 여길 경우, 영유아의 학습 관련 기술이 높은 수준으로 발달하였고, 원만한 학부모와의 관계는 교사의 직무 자체의 만족도를 높였다(송선화, 2012). 학부모와의 관계가 영유아와 교사에게 중요한 의미를 지님에도 불구하고, 교사는 학부모와의 의사소통 문제, 의견 차이 및 학부모들의 무리한 요구로 인해 관계의 어려움을 경험하고 있다. 교사와 학부모의 관계가 서로 신뢰를 바탕으로 협력적일 때, 교사는 자신의 일에 대하여 높은 만족도를 가지고, 능력에 대한 긍정적인 신념을 갖게 되어 교육의 효율성을 극대화시켜 영유아의 학습과 발달을 촉진시킨다는 것으로 정리할 수 있다(류경희 · 강상, 2015).

4) 영유아와의 인간관계

영유아교사는 영유아의 전인적 발달에 크게 영향을 미치는 존재이기 때문에 영유아가 어떤 유형의 교사를 만나 어떻게 인간관계를 형성하는가 하는 것은 매우 중요한 문제이다. 영유아는 그 발달과정의 특성상 교사를 하나의 직업인으로 받아들이는 것이 아니라 사회를 대표하는 모델로서 비판 없이 받아들이며 교사의 언행을 절대시하는 경향이 강하다는 점(윤기영 · 박상님, 2001)에서 교사와 영유아와의 인간관계는 매우 중요하다고 본다. 교사는 영유아에게 언어, 인지적 학습 환경을 제공하는 것뿐만 아니라 보호와 사회화 역할을 통하여 영유아가 가족구성원 이외의 성인과 신뢰로운 관계를 형성하고, 또래와 긍정적인 상호작용이 이루어질 수 있도록 지원한다(홍현재, 2013). 성공적인 교사와 영유아의 관계 형성을 위해서는 질 높은 상호작용이 전제되어야 한다. 이를 위하여 교사는 영유아를 존중하는 자세와 태도로 부드럽고 온정적으로 상호작용해야 하며, 영유아의 정서표현이나 요구, 개인차에 민감하게 반응해야 한다. 교사와의 안정된 관계는 환경에 대한 영유아의 적극적인 탐색, 긍정적 정서, 다른 사람과의 유능한 사회적 상호작용을 증진시킨다. 교사와 영유아의 친밀감은 이들 간에 존재하는 온정과 개방적 의사소통의 정도를 포함하며, 갈등적 관계는 교사와 영유아 간의 조화로운 상호작용과 관계가 결여된 것을 의미한다. 교사와 영유아의 의존적 관계는 영유아가 교사에게 지나치게 의존하고 매달림을 의미한다(홍현재, 2013). 바람직한 영유아와의 인간관계는 서로 따뜻하고 애정적인 유대관계를 맺을 때 두 사람 모두에게 긍정적인 영향을 미치게 된다. 그렇지 않고 교사와 영유아가 갈등 국면에 있을 때 교사에게는 스트레스 요인으로 작용하게 되고, 영유아는 올바른 애착을 형성하지 못하게 된다.

5) 지역사회와의 관계

유치원과 어린이집은 지역사회의 특성과 요구를 충분히 고려하여 운영해야 하며 지역사회 역시 기관운영에 도움을 주어야 질 높은 교육이 이루어질 수 있다. 영유아는 다양한 종류의 환경에서 생활하며 그들의 삶은 부모, 가족, 영유아교육기관, 이웃, 지역사회, 국가 등의 영향을 받아 형성된다. 영유아를 위한 교육과 보육의 효과를 극대화하기 위해서는 기관과 지역사회가 협동적인 동반자 관계를 형성하는 것이 필요하다. 생태학적 체계 이론에 따르면, 영유아들은 그들이 처한 환경을 형성하는 관계의 맥락 내에서 성장하게 된다. 특히 미시체계는 영유아가 속한 가장 직접적인 환경으로 영유아와 직접적으로 상호작용을 하며 관계를 맺음으로써 영유아에게 영향을 준다. 가족, 어린이집, 주요 시설, 지역사회 등이 이에 해당된다(문혁준 외, 2014). 이러한 측면에서 볼 때 영유아를 위한 효과적인 교육이 이루어지기 위해서는 지역사회 그리고 사회 전체의 지원이 필요하다. 이 중 지역사회의 다양하고 풍부한 자원을 교육현장에 적극적으로 활용하고 협력한다면 영유아는 기관에서 보다 안정감을 느끼고 부모는 기관과 교사를 더 신뢰하게 된다. 지역사회와 협력관계를 맺기 위해 교사가 할 수 있는 일들은 다음과 같다(김은주 · 권미량, 2008).

① 인적 교류

- 지역주민을 자원봉사자로 활용하기
- 참관생 및 실습생 수용하기
- 지역사회의 인사를 초빙하기
- 지역사회의 봉사자로 참여하기

② 물적 교류

- 지역사회의 물적 자원을 교육활동에 활용하기
- 지역사회 행사에 참여하기
- 기관을 지역주민에게 개방하기

3 영유아교사의 인간관계와 소진

심리적 소진은 주변 환경에 의해 힘이나 에너지가 고갈되어 버린 상태를 의미하고 주어진 업무에 최선을 다했으나 성과나 보상 없이 좌절감을 겪는 상태라고 정의할 수 있다(김연옥 외, 2012). 이러한 심리적 소진은 피로와 정서적 소모감이 증가하는 현상인 정서적 고갈, 영유아에게 부정적인 태도와 감정을 드러내지 않고 무감각해지는 경향의 태도를 보이는 비인간화, 자신의 일에 유능감과 성취감을 느끼지 못하고 자기비하적인 태도를 보이는 개인적 성취감 결여로 구성되어 있다(김희수, 2016).

유치원과 어린이집에서 교사가 맺는 인간관계를 원장과의 관계, 동료교사와의 관계, 학부모와의 관계로 구분할 수 있다. 영유아교사의 업무는 대부분 인간관계 속에서 다루어지기 때문에, 심리적 소진과 교사가 경험하는 인간관계 간에는 밀접한 관련이 있다. 이와 관련된 연구결과들을 보면, 교사가 맺는 원장과의 관계, 학부모와의 관계, 동료교사와의 관계에 대한 만족도는 정서적 소진에 영향을 미치고, 근무상황에서 경험하는 인간관계에 대한 만족도는 직무소진 중 정서적 고갈과 비인간화에 상당 부분 영향을 미쳤다(유미나 · 신나리, 2013). 또한 원장, 학부모, 동료교사와의 관계에서 파생되는 스트레스는 심리적 소진과 관련이 있는 것으로 보고되었다(배성희 외, 2014). 원장과 동료교사로부터 긍정적인 자원이 바탕이 된 지지를 받는 영아반 교사의 심리적 소진은 낮은 것으로 나타났다(최윤진 · 김정희, 2014).

원장과의 관계 측면에서 살펴보면, 원장은 시설 운영에서 가장 큰 권한을 행사하고 있기 때문에 원장과의 관계가 교사의 직무만족과 동시에 소진에 큰 영향을 미칠 수 있다. 교사는 원장에게 긍정적인 피드백을 받고, 인정, 칭찬, 존중 등의 평가적 지지를 많이 받을수록 소진을 적게 느끼는 것으로 나타났으며(김지은 · 안선희, 2007), 교사가 원장과의 관계에서 유대감 및 존경, 충성심 및 공헌이 높을수록 심리적 소진은 낮았다(김정희, 2013).

다음으로, 영유아교사가 기관 내에서 동료교사와 협력적인 관계를 유지하고 사회적 지지가 충분할 때 소진을 적게 경험하였다(정순희 외, 2013). 영유아교육기관의 조직 특성상 초중등학교와는 달리 조직의 규모가 작고, 거의 대부분 여성으로 구성되어 있으며, 과제보다는 관계를 중시하는 특성을 갖기 때문에 다른 조직에 비하여 동료가 교사의 소진에 미치는 영향이 큰 것이라고 볼 수 있다.

영유아교사와 학부모의 긍정적인 관계를 형성하는 일은 양질의 보육을 위한 필수 요소이며, 교사가 개인의 직무를 원활히 수행하는데 있어 선행되어야 할 일이라는 것은 많은 연구자에 의해 제시되고 있다(서정균 · 이대균, 2011). 그러나 최근 연구(안나래 외, 2015)에서는 영유아교사의 스트레스를 발생시키는 요인으로 학부모와의 관계를 부각시키고 있으며, 이로 인한 스트레스는 심리적 소진으로 이어지고, 이직의 원인이 됨을 지적하고 있다.

서울과 경기 지역에 소재한 어린이집을 대상으로 2020년 1월에 면담을 통해 진행된 보육교사의 인간관계의 어려움을 다양한 경력과 국공립과 가정어린이집으로 구분하여 면담결과를 정리해 보았다.

면담주제: 동료교사, 학부모, 원장님과의 관계에 있어서 교사 본인에게 가장 스트레스로 다가오는 사람은 누구인가요? 그 이유는요?

보육교사 특징	면담내용
국공립어린이집 5년차 교사	저는 스트레스를 많이 받는 사람은 아닙니다. 고르자면 학부모를 꼽겠습니다. 동료교사나 원장님은 워낙에 소통이 원활하기 때문입니다.
국공립어린이집 1년차 교사	가장 부담으로 느껴지는 사람은 학부모입니다. 아이가 집에 가서 조금만 교사의 탓으로 말하면 부모가 바로 전화 오는 경우가 있습니다. 그게 가장 스트레스입니다.
국공립어린이집 6년차 교사	보육교사로 일을 하면서 스트레스로 다가오는 것은 학부모인 것 같습니다. 물론 좋은 학부모들도 많지만, 몇몇 예민한 부모님은 사소한 일로 교사에게 컴플레인을 걸며 우리 애를 잘 봐달라고 부탁합니다. 그런 부분에서 많은 스트레스를 받는 것 같습니다.

보육교사 특징	면담내용
국공립어린이집 25년차 주임교사	예전에는 교사, 동료교사, 학부모와의 마찰이 있었습니다. 협조를 해주지 않는 부분, 소통이 원활하지 않았던 부분 등 하지만 지금은 자연스럽게 맞지 않는 사람의 부분을 받아들이고 이해하려고 노력하고 있습니다.
가정어린이집 원장	우리원의 경우 교사가 교회 성도이기 때문에, 원장의 눈으로 봤을 때 고쳐야 하는 부분이 있는데 쉽게 말하기 어려운 부분이 있습니다. 부족한 부분에 대해 한번 더 생각하고 넘어가는 경우도 있고 정말 아닌 경우 조심스럽게 이야기 하는데 마음이 조금 불편한 것도 사실입니다. 반면에 아는 사람이기 때문에 투명성을 갖고 운영을 한다는 장점은 있습니다.
가정어린이집 8년차 교사	교사입니다. 교사들 간의 어려움이 있으면 그 어린이집을 다니는데 어려움이 있습니다. 예전에 근무하던 곳에서 3명의 교사가 있었는데 한 명이 이간질을 하면서 갈등이 심화되는 등의 어려움이 있었습니다. 그 교사는 권고사직을 당하고 사건의 전말을 알게 되고 사과를 요구하는 시간을 가진 기억이 있습니다. 원장과의 관계는 원장은 오너기 때문에 어느 정도 맞출 수 있습니다. 교사 같은 경우도 무시하면 되지만 투담임을 진행하게 될 때 동료교사와 맞지 않으면 견디지 못합니다. 민간의 경우 건물 층으로 파벌이 나뉘기도 하고 나이 많은 사람, 적은 사람 또는 연령별 선생님끼리 파벌을 만들어 직장 내 분위기가 이상하게 될 때도 있습니다.
가정어린이집 3년차 교사	학부모입니다. 편한 사람들과 일을 하고 있기 때문에 다른 직장 내 관계문제는 거의 없습니다.

표 9-1은 영유아교사의 인간관계를 확인할 수 있는 검사지이다. 총 31문항으로 구성되어 있다. 각 문항별로 전혀 그렇지 않다-1점, 조금 그렇다-2점, 보통이다-3점, 대체로 그렇다-4점, 매우 그렇다-5점으로 점수를 부여하고 평균을 산출하여 대상들과의 인간관계의 성향을 점검할 수 있다.

표 9-1 영유아교사의 인간관계 검사도구

구분	문항번호	문항수
교사와 원장과의 인간관계	1~7	7
교사와 동료교사와의 인간관계	1~8	8
교사와 학부모와의 인간관계	1~8	8
교사와 영유아와의 인간관계	1~8	8
전체		31

출처: 임수정(2018). 영유아교사의 인간관계가 행복감에 미치는 영향. 경남대학교 대학원 석사학위논문.

1) 교사 – 원장과의 관계

번호	문항	전혀 그렇지 않다	조금 그렇다	보통 이다	대체로 그렇다	매우 그렇다
1	원장은 내가 하고 있는 일에 만족한다.					
2	원장은 나의 교사역할 수행상의 문제나 필요사항에 대해 잘 이해하고 있다.					
3	원장은 나의 잠재능력을 잘 알고 있다.					
4	내가 어떠한 결정을 내리더라도 원장은 나의 결정을 신뢰한다.					
5	나에게 업무와 관련된 문제가 생기면, 원장은 최선을 다해 나를 도와준다.					
6	업무수행과 관련하여 원장과 나의 생각은 잘 맞다.					
7	원장의 도움을 필요로 할 때 원장은 물심양면으로 나를 도와준다.					

2) 교사 – 동료교사와의 관계

번호	문항	전혀 그렇지 않다	조금 그렇다	보통 이다	대체로 그렇다	매우 그렇다
1	동료교사들은 나에게 관심을 갖는다.					
2	나는 동료교사들과 친밀하게 지낸다.					
3	나와 동료들은 사적인 문제나 관심사에 대해 서로 함께 이야기 나눈다.					
4	동료들은 나의 업무수행에 결정적인 역할을 한다.					
5	나는 동료교사들에게 신뢰감을 느낀다.					
6	나와 동료교사들은 의견과 자료를 서로 주고받는다.					
7	나는 동료교사들과 서로 협력적이다.					
8	동료교사들은 나를 격려하고 지지한다.					

3) 교사 – 학부모와의 관계

번호	문항	전혀 그렇지 않다	조금 그렇다	보통 이다	대체로 그렇다	매우 그렇다
1	학부모가 자녀의 교육문제를 상담하기 위하여 자주 원을 방문한다.					
2	나를 대하는 학부모의 태도가 만족스럽다.					
3	내가 방문한다면 학부모가 대단히 고맙게 여기고 진심으로 환영할 것이다.					
4	영유아의 문제 행동에 대하여 해결을 위해 나와 학부모가 직접 만나 의논한다.					
5	나는 학부모와 비조직적 모임을 가지고 상호 협력하고 있다.					
6	나는 학부모의 의견이나 비판을 허심탄회하게 받아들인다.					
7	나는 영유아 개개인의 사회적, 정서적 문제에 관심을 갖고 학부모와 긴밀하게 상담을 한다.					
8	나는 소식을 가정에 자주 알린다.					

4) 교사 – 영유아와의 관계

번호	문항	전혀 그렇지 않다	조금 그렇다	보통 이다	대체로 그렇다	매우 그렇다
1	나는 아이들의 능력, 흥미, 특별한 필요에 대하여 잘 알고 있다.					
2	나는 내가 가르치는 어린이들을 공정하게 대한다.					
3	나는 아이들의 생활지도 및 개별적 지도에 충분한 시간을 활용한다.					
4	나는 아이들에게 친자녀와 같은 사랑과 동정을 가지고 지도한다.					

번호	문항	전혀 그렇지 않다	조금 그렇다	보통이다	대체로 그렇다	매우 그렇다
5	나는 언제나 명랑하고 웃음으로 어린이를 대한다.					
6	나의 아이들에 대한 태도나 지도방식은 원장이나 학부모로부터 좋은 평가를 받는다.					
7	나는 아이들의 실수를 너그러운 아량으로 받아들일 수 있는 포용력을 발휘한다.					
8	나는 아이들의 호기심을 자극하여 가능한 한 모든 학습 동기를 최대한 유발시킨다.					

4 영유아교사의 정서노동

1) 영유아교사의 정서

좋은 가르침은 교사와 학습자 간의 관계에 따른 정서 이해를 바탕으로 의미 있는 학습이 일어날 때 나타나는 것으로, 상호관계를 잘 맺기 위해서는 교사의 정서 이해가 매우 중요하다. 특히 어린 영유아들을 대상으로 돌봄의 역할이 강조되는 특성을 가진 교사는 학습자와의 친숙한 의사소통을 위해 정서를 중요한 요인으로 생각해야 한다. 영유아교사의 긍정적인 정서는 자신의 가르침에 대한 생각을 차분히 하게 만들며, 안정적으로 영유아의 흥미를 지속시키며, 놀이에 몰입하도록 도움을 준다. 또한 교사 스스로의 성취감과 효능감을 형성하는 데에도 영향을 준다.

영유아교사의 정서는 사회 맥락 속에서 학습자인 영유아, 부모 및 가족, 원장 및 행정가, 동료, 지역사회 등이 엉키어 있는 복잡한 관계가 많은 영향을 주고 있다(김정휘 · 고흥화, 1994). 영유아의 발달과 행동에 발전적인 변화가 있거나 원장과 동료로부터 교수행위에 대한 인정, 학부모나 가족으로부터 신뢰, 교사로서의 만족감이 있을 때에 긍정적인 정서를 느낀다. 하지만 영유아의 반복적인 문제행동이나 학부모 가족들의 지나친 요구와 불만, 원장의 참견이나 동료와의 비교, 교사로서의 회의감이 들 때에는 부정적인 정서도 느낀다(박은혜, 2017).

표 9-2는 영유아교사를 대상으로 한 정서를 분류해 놓은 것이다.

표 9-2 정서의 분류

범주		정의 & 관련 정서단어
긍정정서	감동	자신이 보고 듣고 느끼는 것에 깊이 빠져들어 마음이 움직이는 정서 감격스러운, 감동적인, 감사한, 고마운
	기쁨	놀라운 획득이나 성공에 대한 반응으로서의 기분 좋은 경험을 하였을 때 느끼는 정서 기쁜, 유쾌한, 즐거운, 흐뭇한, 흡족한, 흥겨운
	열정	보상을 기대하는 것으로부터의 즐거운 정서 열렬한, 열정적인, 의욕적인, 집중하는
	애정	사람이나 사물을 아끼고 소중히 여기는 정서 따듯한, 마음이 끌리는, 사랑스러운, 애정이 가는, 애틋한
	자부심	자기개념의 긍정적 측면을 지지하는 긍정적인 결과를 낳은 것에 대한 공로를 인정받았을 때 느끼는 정서 긍지를 느끼는, 뿌듯한, 의기양양한, 자랑스러운, 자신 있는
	평온	무언가로부터 해방되어진 가벼운 상태의 정서 다행인, 마음이 놓이는, 안심되는, 편안한, 평온한, 평화로운
	활력	힘이 넘치고 생기가 가득한 정서 기운이 나는, 살아있는, 신선한, 활기찬, 힘이 넘치는
	흥미	일상적인 활동에서 개인의 욕구나 행복과 관련하여 특별히 주의하려고 하는 정서 관심이 가는, 궁금한, 매료된, 재미있는, 흥미로운
	흥분	어떤 자극을 받아 감정이 북받쳐 일어나는 정서 가슴이 터질 것 같은, 날아갈 것 같은, 들뜬, 설레는, 우쭐한, 황홀한
	희망	앞일에 대해 어떤 기대를 가지고 간절히 바라거나 잘 되리라는 가능성을 가질 때 느끼는 정서 기대하는, 낙관하는

범주		정의 & 관련 정서단어
부정정서	괴로움	자신의 기대에 못 미치거나 목표달성에 실패했을 때 느끼는 상실감에서 오는 정서 괴로운, 낙담한, 답답란, 심란한, 좌절한
	귀찮음	마음에 들지 아니하고 괴롭거나 성가신 정서 귀찮은, 지겨운, 지루한
	놀람	갑작스런 큰 소리나 따른 강렬한 자극에 대한 반응으로서의 정서 깜짝 놀란, 기막힌, 당황한, 아찔한, 충격적인, 황당한
	미움	좋아하지 않는 반감이 강한 상태의 정서 거북한, 밉살스러운, 얄미운, 증오하는, 혐오스러운
	불안	마음이 편하지 않고 조마조마하며 불확실하거나 심리적인 위협이 생길 때 느끼는 정서 걱정스러운, 겁나는, 긴장된, 두려운, 무서운, 조마조마한, 초조한
	수치심	무언가에 실패했거나 자신의 기준이나 이상을 만족시키지 못해 부끄러움을 느끼는 정서 겸연쩍은, 부끄러운, 민망한, 쑥스러운, 죄책감, 창피한
	슬픔	사랑하거나 의존하는 등의 소중한 대상을 잃어 돌이킬 수 없을 때 느끼는 정서 비참한, 상처받은, 속상한, 억울한, 원통한, 처량한, 한 맺힌
	시기	나에게 없는 하나 이상의 장점을 가진 누군가를 향해 부러움을 느끼고, 공연히 깎아내리려는 정서 부러운, 시기하는, 질투를 느끼는
	연민	불쌍하고 가련한 처지를 안타깝게 여기며, 안심이 되지 않아 속을 태우며 초조해하는 정서 미안한, 동정하는, 안타까운, 연민을 느끼는, 측은한
	화	다른 사람이 나 또는 내가 가진 것을 무시하거나 공격할 때 느끼는 정서 노여운, 모욕적인, 분노하는, 신경질 나는, 열 받은, 짜증나는

출처: 김지영(2010).

2) 영유아교사의 정서노동

영유아교사는 다양한 정서를 경험함에도 불구하고, 기관에서 기대하는 정서표현규범과 사회적으로 기대하는 늘 밝고 긍정적인 영유아교사로서의 이미지 때문에 부정적인 정서보다 긍정적인 정서를 많이 표현해야 하는 정서노동을 많이 겪게 된다(이진화, 2007). 영유아교사는 정서노동에 연관된 지적 노동자들이지만 양육과 관련된 서비스 노동자이기도 함을 생각해 볼 수 있다.

이렇듯 영유아교사의 정서노동은 대체적으로 부정적인 기능에 대해서 많이 다루고 있다. 영유아교사의 정서노동은 내적인 정서조절까지 요구하여 많은 노력이 필요하기 때문에 정서적 소진 및 스트레스를 경험하게 한다. 특히 표면적 정서노동은 계속되는 실제적－외현적 정서의 불일치로 인해 자아분리를 경험하기도 하며, 결국 업무에 대한 몰입을 저해하게 한다(Cukur, 2009). 하지만 최근에는 정서노동의 긍정적인 기능에 대해서도 많이 다루고 있다. 내면적 정서노동은 정서표현규범에 따라 적절히 행동했다는 개인 성취감을 높여 자부심을 느끼게 한다(Hargreaves, 2006). 또한 정서표현규범을 가치 있게 여기고 수행하는 직무열의와 열정적 헌신을 가져온다(김원형, 1995).

표 9-3은 정서노동의 유형을 분류해 놓은 것이다.

표 9-3 정서노동 유형

범주	정의	조절 여부
자연적 정서노동	실제적 정서 = 외현적 정서 일치	조절 없이 그대로 표현
표면적 정서노동	실제적 정서 ≠ 외현적 정서 불일치	조절을 통한 억제 및 가장
내면적 정서노동	실제적 정서 ≒ 외현적 정서 동일시	조절을 통한 내면화

이상과 같이 영유아교사의 정서가 중요한 만큼, 정서노동의 상황에서 긍정적 기능을 경험할 수 있도록 교사 스스로 정서를 조절할 수 있는 기술을 가르치는 교사교육이 제공될 필요가 있다. 그러기 위해서는 영유아교사들이 업무 가운데 실제로 경험하고 있는 정서노동에 영향을 미치는 요인을 알아볼 필요가 있다. 정서노동의 요인은 크게 개인적 요인, 조직적 요인, 상황적 요인 등으로 구분할 수 있는데, 표 9-4와 같다(김지영, 2010).

표 9-4 정서노동요인

범주	정의 & 실례
개인적 요인	유치원, 어린이집 외 영유아교사의 개인적 삶과 관련
개인적 특성요인	경력, 연령, 교육 정도, 전공, 결혼유무, 가족관계 등
개인적 정서요인	정서적 탄력성, 정서성, 정서지형, 정서적 표현능력 등
조직적 요인	유치원, 어린이집 내 영유아교사의 전문적 삶과 관련
조직적 특성요인	담당연령, 집단크기, 기관유형, 학급 수, 근무시간 등
조직적 정서요인	정서표현규범(표현규칙 · 범위 · 교육), 사회적 지지 등
상황적 요인	사회문화적인 영유아교사의 인식과 관련
사회문화적 특성요인	영유아교사의 이미지, 국가적 제도, 정책 등
사회문화적 정서요인	영유아교사로서의 가치와 신념 등

표 9-5, 표 9-6은 영유아교사가 자신의 정서노동 상태를 확인할 수 있는 검사도구의 설명과 검사지이다. 총 13문항으로 구성되어 있다. 각 문항별로 전혀 그렇지 않다-1점, 조금 그렇다-2점, 보통이다-3점, 그렇다-4점, 항상 그렇다-5점으로 점수를 부여하고 평균을 산출하여 정서노동의 각 하위영역별 상태를 진단할 수 있다.

표 9-5 정서노동 도구의 문항번호

하위영역	문항번호	문항수
자연적 행동	1, 4, 7	3
표면적 행동	2, 5, 6, 10, 12	5
내면적 행동	3, 8, 9, 11, 13	5
전체	13	

표 9-6 정서노동 설문지

다음은 영유아교사의 정서노동에 대해 알아보기 위한 질문지입니다. 각 문항에 대해 평소 느끼는 대로 한 가지 문항에 V표 해 주십시오.

문항내용	전혀 그렇지 않다	그렇지 않다	보통 이다	그렇다	항상 그렇다
1. 긍정적 정서(칭찬함, 격려함 등)를 어려움 없이 표현한다.	①	②	③	④	⑤
2. 내가 느끼는 정서와 관계없이 긍정적인 정서를 갖고 있는 것처럼 꾸며서 표현한다.	①	②	③	④	⑤
3. 교사로서 긍정적인 정서들을 표현하기 위해 노력한다.	①	②	③	④	⑤
4. 영유아들이 나타내는 정서에 별다른 노력이나 꾸밈없이 쉽고 자연스럽게 반응한다.	①	②	③	④	⑤
5. 필요하다면 내면에서 느끼는 정서와는 달리 긍정적인 분위기를 형성하기 위해 실제로 느낀 정서를 숨긴다.	①	②	③	④	⑤
6. 필요하다면 나는 가장된 행동을 해서라도 긍정적 정서를 표현한다.	①	②	③	④	⑤
7. 긍정적인 정서(칭찬함, 격려함)를 진심으로 표현한다.	①	②	③	④	⑤
8. 필요하다고 생각되면 긍정적인 정서를 표현하기 위해서 스스로 노력한다.	①	②	③	④	⑤
9. 영유아교사로서 표현하도록 기대되는 긍정적인 정서를 (칭찬함, 격려함 등) 실제에서도 경험하기 위해 노력한다.	①	②	③	④	⑤
10. 영유아교사라는 직업에 적합한 긍정적 정서(격려함, 칭찬함 등)를 표현하기 위해서 일종의 가면을 쓰고 있다.	①	②	③	④	⑤
11. 실제로 느낀 정서들을 긍정적인 정서로 바꾸어 표현하기 위해 노력한다.	①	②	③	④	⑤
12. 내가 갖고 있는 정서와는 일치하지 않지만 영유아들에게 긍정적인 정서를 표현한다.	①	②	③	④	⑤
13. 영유아교사로서 기대되는 정서(칭찬함, 격려하기 등)를 표현하기 위해서 노력한다.	①	②	③	④	⑤

출처: 이진화(2007). 보육교사의 정서노동과 개인 및 기관의 정서변인, 직무만족도, 소진과의 관계. 이화여자대학교 대학원 박사학위논문.

5 영유아교사의 행복감

1) 행복감의 개념

인간은 누구나 행복하기를 원한다. 우리의 삶은 행복한 순간도 있지만 힘든 순간들 또한 만나게 된다. 과연 어떠한 삶을 행복한 삶이라고 말하고, 어떠한 삶을 행복하지 않은 삶이라고 말하는 것일까? 또 어떻게 하면 우리 삶이 행복해질 수 있을까? 이러한 질문은 어떻게 말하면 주관적인 부분이 많고, 추상적이거나 정의를 정확히 내리지 못하는 사람도 많을 것이다.

아리스토텔레스는 행복은 생의 의미와 목적이고, 인간의 존재 자체가 추구하는 목적의 전부이자 궁극이라고 표현하였다(이수진, 2016). 또한 행위로 얻을 수 있는 가장 좋은 것들 중에 최고의 것이 행복이라고 말함으로써 모든 사람들이 행복감을 느끼는 것이 무엇보다도 중요하다고 하였다(김흥순, 2005).

행복에 대한 철학적 주장은 크게 쾌락주의적 관점과 행복주의적 관점으로 나누어 볼 수 있다(류지한, 2007). 첫째, 쾌락주의 관점에서 행복은 개인이 주관적으로 경험하는 긍정적인 정서라고 보았다. 즉, 행복은 사람들이 자신의 삶을 긍정적이고도 만족스럽게 느끼는 주관적인 상태이다. 둘째, 행복주의적 관점에서의 행복은 개인의 잠재적 가능성을 충분히 발현하는 자기실현적 입장이라고 보았다.

즉, 철학적인 관점에서 행복을 두 가지 개인 능력으로 정리할 수 있는데, 쾌락주의 관점에서의 행복은 불쾌한 감정을 피하고 쾌락을 제공하는 경험을 추구하는 능력을 말하며, 행복주의 관점에서의 행복은 도덕적 삶을 통해 행복을 추구할 수 있는 능력을 의미한다(이경애, 2010).

2) 행복감 관련 요인

행복과 긍정적 상관을 나타내는 요인들을 보면 표 9-7과 같다.

표 9-7 행복과 긍정적 상관을 나타내는 요인들

상관의 정도	요인	
높은 상관	• 직업 만족도 • 감사 경험의 빈도 • 낙관성 • 자존감	• 성적 활동의 빈도 • 긍정 감정의 경험 빈도
중간 상관	• 종교 • 여가 활동 • 건강 • 결혼 • 친구의 수	• 외향성 • 성실성 • 내부적 통제력 • 정서적 안정성
낮은 상관	• 수입 • 자녀 유무 • 매력 여부 • 지능 수준	• 나이 • 성별 • 교육 수준 • 사회 계층

출처: 박은경(2019). 영유아교사가 지각한 원장의 감성리더십이 교사의 행복감과 교사-영유아의 상호작용에 미치는 영향. 총신대학교 교육대학원 석사학위논문.

3) 행복감과 영유아교사와의 관계

행복감과 영유아교사 간의 관계에 대해 배성희(2009)는 영유아들에게 보호와 교육을 해야 하는 교사는 교육의 질을 결정한다는 측면에서 바라볼 때, 교사의 정신적 건강은 중요하다고 말한다. 영유아의 정신적 건강에 가장 밀접하게 영향을 미치기 때문이다. 교사가 행복감을 지각하는 것은 영유아에게 긍정적인 정서 경험을 제공하여 영유아가 성숙한 인간으로 성장, 발달하는데 중요한 역할을 한다(최윤정·이경민, 2010). 영유아교육기관에서도 행복에 관한 연구가 진행되고

있으며, 교사의 역할과 자질이 강조됨과 동시에 교사의 행복감은 영유아의 건강한 발달과 행복한 성장에 영향을 미친다(김시연, 2014).

정신적으로 건강한 사람은 행복을 경험하는 것과 같기 때문에, 정신건강과 행복은 동일시할 수 있다(이선미, 2013). 그러므로 행복감이 높은 사람이란 자기 자신을 있는 그대로 수용할 줄 알며, 긍정적인 대인관계를 유지하며, 스스로의 행동을 조절할 줄 알며, 주위 환경에 대한 통제력이 있고, 자신의 삶의 목적이 분명하며 자신의 잠재력을 실현시키고자 하는 사람을 말한다. 즉, 교사가 행복하다는 것은 영유아를 다루는 교사에게는 매우 중요한 요인 중 하나이며, 교사 자신뿐만 아니라 오랜 시간 함께 상호작용을 하며 보내는 영유아에게 영향을 미칠 수 있다. 따라서 영유아교사의 행복감은 교사의 역할을 잘 수행하는 데 중요한 요인이다(김하니, 2012). 영유아교사의 역할과 자질을 강조함과 동시에 영유아교사의 행복감은 영유아의 건강한 발달과 성장에 영향을 미친다. 교사의 인간적·감성적·지각적 능력과도 같은 심리적인 특성이 영유아와의 관계에서 중요하게 작용하기 때문에 교사는 일상 가운데 지속적으로 행복을 경험할 수 있어야 한다.

생각해 봅시다

1. 예비영유아교사로서 최근에 행복하다고 느낀 감정을 나누어 본다.
2. 영유아교사의 정서가 항상 불안정하고 불쾌한 감정으로 채워져 있을 경우 학급의 영유아의 정서와 행동에 어떤 영향을 줄 수 있는지 이야기해 본다.
3. 본문에 있는 영유아교사의 인간관계 검사도구를 활용하여 현직 교사들을 대상으로 조사를 해 보고 그 결과에 대해 이야기해 본다.

Chapter

10

개정 누리과정과 교수학습의 지원

배울내용 본 장에서는 누리과정의 변화와 그에 따른 교사의 역할을 이해하고, 개정 누리과정에서 놀이를 지원하기 위한 교사의 실천 방안과 동료 · 가정 · 지역사회와 협력하기 위한 실천 방안을 탐색하고자 한다

학습목표

1. 누리과정의 변화와 그 구체적 내용을 이해하고 개정 누리과정에서의 교사 역할을 이해한다.
2. 놀이 지원자로서의 교사 역할을 이해하고 놀이를 지원하기 위한 구체적 실천 방안을 탐색한다.
3. 동료 · 가정 · 지역사회와 함께하기 위한 교사 역할을 이해하고 구체적인 협력의 방안을 탐색한다.

1 누리과정의 변화와 교사의 역할

1) 누리과정의 성과와 한계

공교육이 지향하는 인간상과 사회상은 시대에 따라 변화하며, 국가 교육과정은 시대에 따라 변화하는 공교육의 방향을 담고 있다. 학생들은 국가 교육과정을 통하여 평생을 살아가는 태도와 방식, 삶의 방향을 배우게 되며, 교사들은 국가 교육과정을 교육의 지침으로 삼고 실천해 나가게 된다. 이러한 의미에서 국가 교육과정은 국가 교육정책의 핵심이라고 할 수 있을 것이다(윤정희, 2013).

누리과정은 2011년 교육과 보육에 대한 국가책임을 강화하기 위하여 시행되었으며, 만5세 영유아를 위한 공통 교육과정으로부터 시작되었다. 만5세 공통과정은 유치원과 어린이집의 교육과 보육의 내용을 통합하고, 영유아학비와 보육비를 전 계층으로 확대하고 현실화하는 정책이었다. 2012년 3월부터 유치원과 어린이집 만5세반에서 시행되었으며, 이어 2013년에는 만3~4세까지 확대되었다(교육과학기술부 · 보건복지부, 2013; 조부경 · 김경은, 2017).

5세 누리과정의 시행은 영유아교육과 보육에 중요한 의미를 가진다. 국가적 차원에서는 영유아교육과 보육에 대한 제도를 정비하는 중요한 의미를 지니게 되었으며, 영유아교육과 보육을 통합한 질 관리 체계를 마련하는 계기가 되었다. 영유아교육기관 차원에서는 학부모의 기관에 대한 인식을 제고하고, 유치원과 어린이집의 불필요한 경쟁을 지양할 수 있게 되었다. 교사는 정부의 지원으로 처우가 개선되고, 전문성을 향상시키는 계기가 되었다. 교사의 질 관리가 이루어질 수 있게 된 것이다. 영유아는 양질의 교육과 보육을 받게 되었는데, 같은 교육과정으로 교육과 보육을 받을 수 있게 되어 생애 초기에 평등한 출발점을 보장 받을 수 있게 되었다. 학부모는 소득수준에 관계없이 비용의 지원을 보편적으로 받을 수 있도록 이루어졌다. 이에 따라 비용부담이 경감되었을 뿐만 아니라, 유치원과 어린이집의 선택 시 갈등을 줄일 수 있게 되었다. 다시 말하면 5세 누리과정의 시행으로 국가적 차원의 제도 개선과 보편교육의 시행, 영유아교육기관의 위상 재정립과 교사의 처우개선 및 전문성 향상, 유아의 교육·보육 경험의 질적 수준 제고 및 학부모의 경제적 부담이 완화되게 되었다(김명숙·김소향, 2013).

2) 개정 누리과정의 내용

교육부는 국정과제 출현과 출발선 평등 실현을 위해 2017년 12월 '유아교육 혁신방안'을 발표하였다. '유아교육 혁신방안'의 주요 내용으로 '유아가 중심이 되는 놀이 위주의 교육과정 개편'이 명시되었다. 이에 유아·놀이중심 교육과정 개편 방향을 반영하여 2019년 7월, 「2019 개정 누리과정」이 고시되었다. 「2019 개정 누리과정」은 유치원과 어린이집에 다니는 3~5세 유아에게 공통으로 적용되는 교육과정으로 2020년 3월부터 시행되었다(교육부·보건복지부, 2019).

교육부와 보건복지부(2019)에서 제시하는 누리과정의 주요 개정 내용을 요약하여 살펴보자.

① 국가 수준의 교육과정으로서 구성 체계를 확립하였다.
② 유아·놀이중심 교육과정을 재정립하였다.
③ 5개 영역의 내용을 간략화하여 제시하였다.
④ 교사의 자율성을 강조하였다.

국가 수준의 교육과정으로서 구성 체계를 확립하였다는 것은 기존 3~5세 유아를 위한 '공통과정'으로 시행되어 오던 3~5세 연령별 누리과정을 '교육과정'으로 명시하고 추구하는 인간상 등을 제시하여 국가 수준의 교육과정으로서 구성 체계를 갖추게 되었다는 의미이다. 또한 「2015 개정 초·중등학교 교육과정」의 취지와 내용을 누리과정 개정에 반영하여 구성 체계 및 교육내용에서 연계하고자 하였다.

개정 누리과정에서는 유아·놀이중심 교육과정을 재정립하였다. 최근 교육과정은 교수자가 학습자의 배움을 예상하여 사전에 조직하는 형태가 많았다. 그러나 개정 누리과정은 교사중심에서 학습자중심으로 바꾸고, 배움을 사전 조직하기보다는 배움 그 자체를 중심으로 변화하고 있다. 기존 3~5세 연령별 누리과정에서도 유아의 놀이를 강조하였지만 획일화된 운영의 문제가 제기되었다. 이에 교사의 계획중심 운영을 개선하기 위해 유아·놀이중심 교육과정을 재정립하였으며, 충분한 놀이시간을 확보하도록 권장하고 유아의 놀이와 배움의 의미를 재 이해하려고 하였다.

개정 누리과정은 3~5세 연령별 누리과정의 과다한 세부 내용을 간략화, 대강화하였다. 이는 교과 지식을 적정화하여 학습자의 학습 부담을 줄이고 학습 경험의 질을 개선하는 것이다. 이에 따라 3~5세 연령별 누리과정에서 제시하였던 369개의 세부 내용을 총 59개의 내용으로 간략화하였다. 연령별로 구분하지도 않았다. 이는 개별 유아의 배움의 특성을 제한하지 않은 것이다. 연령의 구분을 없앤 교육내용은 유아가 놀이하는 실제 내용을 중심으로 누리과정을 운영해 갈 수 있는 토대가 된다

개정 누리과정은 교사의 자율성을 강조하였다. 과다한 세부 내용을 간략화, 대강화하여 국가 수준 교육과정의 기준을 최소화하여 제시하였는데, 이는 교사의 자율성과 다양성을 최대한 존중하기 위한 것이다. 개정 누리과정에서 교사의 자율성을 강조하는 이유는 학습자 중심의 배움을 실현하는 데 교사의 교육적 판단이 중요한 역할을 하기 때문이다. 교사는 그동안 당위적이고 형식적으로 작성했던 연간, 월간, 주간, 일일 계획안의 형식과 내용을 개선하여 각 기관의 실정에 따라 다양한 방식으로 계획안을 작성할 수 있다. 교사가 계획안을 사전에 작성하는 방식을 최소화하는 것이 중요하다. 사전 계획을 최소화함으로써 유아가 실제 놀이하는 내용과 교사의 지원 계획을 자율적으로 기록하는 방식으로 계획안을 개선해 갈 수 있다. 흥미영역의 운영 방식도 자율화하였다. 고정된 흥미영역을 자율적으로 개선하여 유아의 자유로운 놀이가 가능하도록 한다. 유아는 놀이하면서

자연스럽게 5개 영역을 통합하여 경험한다. 그러므로 교사는 유아의 놀이를 5개 영역의 통합을 통해 실천할 수 있다. 개정 누리과정에서는 기관과 학급(반) 수준에서 평가의 자율적 시행을 강조하였다. 이는 유아의 실제 경험을 평가와 연계하여 이해하도록 평가의 자율성을 보장한 것으로, 유아가 실제 놀이하는 내용과 교사의 지원 내용을 기록한 계획안 등을 유아 평가 및 누리과정 운영 평가와 연계하여 활용할 수 있도록 하였다.

개정 누리과정의 구성 내용을 간략화하면 그림 10-1과 같다.

추구하는 인간상	• 건강한 사람, 자주적인 사람, 창의적인 사람, 감성이 풍부한 사람, 더불어 사는 사람
목적	• 유아가 놀이를 통해 심신의 건강과 조화로운 발달을 이루고 바른 인성과 민주 시민의 기초를 형성하는 데에 있다.
목표	• 자신의 소중함을 알고, 건강하고 안전한 생활 습관을 기른다. • 자신의 일을 스스로 해결하는 기초능력을 기른다. • 호기심과 탐구심을 가지고 상상력과 창의력을 기른다. • 일상에서 아름다움을 느끼고 문화적 감수성을 기른다. • 사람과 자연을 존중하고 배려하며 소통하는 태도를 기른다.

놀이, 일상생활, 활동

누리과정 영역	신체운동 · 건강	의사소통	사회관계	예술경험	자연탐구
영역별 목표	실내외에서 신체활동을 즐기고, 건강하고 안전한 생활을 한다.	일상생활에 필요한 의사소통 능력과 상상력을 기른다.	자신을 존중하고 더불어 생활하는 태도를 가진다.	아름다움과 예술에 관심을 가지고 창의적 표현을 즐긴다.	탐구하는 과정을 즐기고, 자연과 더불어 살아가는 태도를 가진다.

그림 10-1 개정 누리과정의 구성

출처: 교육부 · 보건복지부(2019).

개정 누리과정은 5가지 추구하는 인간상을 제시하고 있고 누리과정 목적과 목표 및 5개 영역별 목표를 규정하고 있다. 이러한 목적과 목표는 유아의 성장과 발달을 점검하는 근거로 삼을 수 있으며, 교육과정을 운영하는 기초가 된다.

3) 개정 누리과정과 교사 역할

개정 누리과정의 가장 두드러진 변화 중 하나는 교사의 자율성을 지원하고 현장에서 놀이가 살아날 수 있도록 국가수준 교육과정을 간략화한 것이다. 교사는 간략화된 교육과정 내용을 기반으로 '영유아와 교사가 동시에 주체'가 되는 누리과정을 실현하는 데 초점을 두어야 한다. 기존에 생활주제에 맞춘 계획된 활동을 놀이보다 우선적으로 실시했다면, 이제 이를 지양하고 유아에게 마음껏 놀이할 권리를 회복시켜주는 것이 개정의 취지이다. 개정 누리과정의 변화에 맞도록 놀이를 잘 운영하기 위해 교사가 수행해야 하는 역할은 다음의 네 가지로 요약할 수 있다(교육부 · 보건복지부, 2019).

(1) 유아 · 놀이중심 교육과정을 이해하고 실천하는 역할

개정 누리과정에서 일과는 놀이, 일상생활, 활동으로 구성되는데, 특별히 놀이를 중심으로 일과를 편성할 것을 권장한다.

(2) 놀이를 통한 유아의 배움을 지원하는 역할

교사는 교육과정 운영의 주체이다. 동시에 교사는 유아를 함께 교육과정을 구성해가는 공동 구성자로 인정해야 한다. 어떤 유아라도 자유롭게 놀이하고 그 안에서 배움을 구성할 수 있는 역량을 지닌 존재임을 신뢰하고 유아의 놀이를 잘 관찰해야 한다.

(3) 놀이와 배움을 기록하고 평가하는 역할

개정 누리과정은 교사가 선계획하여 계획–실행–평가–계획으로 이어지던 기존의 선형적 과정을 지양한다. 교사는 유아의 놀이, 일상생활, 활동을 잘 관찰하고 기록하다가 유아의 배움을 지원하기 위한 계획을 수립하는 것이 좋다. 평가에 있어서도 과도한 부담이 되는 평가의 형식을 탈피하며 과도한 문서화를 요구하지 않는다. 형식과 분량에 있어 기관별·학급별로 자율성을 부여한다.

(4) 함께 배우며 성장하는 역할

유아·놀이중심 교육과정을 실행하기 위해 교사는 자신과 유아의 역량을 신뢰하고, 유아의 자율성을 보장하는 학급의 문화를 만들어야 한다. 놀이를 지원하는 과정에서 교사는 각 유아와 놀이의 특성을 고려하여 놀이를 언제, 어떻게 지원해야 할지에 대한 끊임없는 고민에 직면하게 된다. 정답이 없는 자율적인 교육과정을 운영하면서 교사는 한편으로 자신의 전문성을 인정받는 것 같아 보람도 느끼지만, 다른 한편으로 자신이 잘 하고 있는지에 대한 불안감을 느낄 수도 있다. 그러나 이러한 고민과 불안감은 교사가 지속적으로 배움을 추구하게 만드는 원동력이 될 수도 있다.

2 놀이지원자로서의 교사

1) 놀이지원자의 개념

교사는 개정 누리과정에서 놀이지원자로서의 역할을 수행하여야 한다. 놀이지원자 역할을 수행하기 위하여 연간, 월간, 일간 등의 계획안을 검토하고 적절하게 편성하여야 한다. 개정 누리과정에서는 기관 및 학급 수준의 교육과정 운영에 자율성이 강화된 만큼 연간, 월간, 일간 등 교육 계획을 꼼꼼하게 실행해야 한다는 의미는 아니다. 오히려 유아들의 개별 놀이의 흐름을 파악하고, 놀이를 지원하기 위한 계획을 세우며 융통성을 가지고 교육계획을 실행해야 한다는 의미로 해석할 수 있다. 교수·학습을 실천하기 위하여 다양한 놀이가 가능하도록 놀이공간을 구성하고 놀이자료를 풍부하게 하여야 한다. 평가 역시 그 방법과 시기에 대해서도 자율성을 가지도록 하고 있다(교육부·보건복지부, 2019). 즉, 개정 누리과정에서의 놀이지원자로서 교사는 놀이의 전 과정에서 계획과 편성, 교수·학습, 평가에 이르기까지 자율성과 융통성을 토대로 실행한다고 볼 수 있다.

2) 개정 누리과정에서의 놀이지원자

놀이지원자로서 교사 역할을 수행하기 위해서 교육부와 보건복지부(2019)에서 제시하는 개정 누리과정의 편성, 교수·학습의 실천, 평가 등을 살펴보도록 한다. 먼저, 개정 누리과정을 편성하기 위해 교사는 유아를 위한 교육적 지원을 어떻게 할 것인지에 대한 교육적 지원 계획을 수립할 수 있다. 계획하기에서 중요한 것은 교사가 유아의 놀이를 통한 배움을 지원하기 위하여 교육과정 내용과 시간을 조직하되, 미리 모든 것을 계획하여 그대로 실행하는 것을 지양한다. 오히려 유아의 놀이 속에서 발현되고 실행된 내용들을 교육과정이라는 틀에 담아내는 것을 강조한다. 만들어진 교육과정이 아니라 만들어가는 교육과정에 의미를 두는 것이다. 교사는 전체 또는 개별 유아가 진행하고 있는 놀이에 초점을 두되 유아가 생활 속에서 경험하고 있는 크고 작은 관심사, 일상생활을 편안하게 유지하기 위하여 필요한 경험, 계절이나 날씨와 같은 자연적인 현상, 기관의 특별한 행사 등을 반영하여 계획할 수 있다. 개정 누리과정은 유아가 경험해야 할 내용을 바탕으로 배움의 통합성, 융통성, 자율성을 강조하므로 기존의 문서양식으로는 담아낼 수 없거나 필요 없는 부분이 생길 수도 있고, 작성의 시기가 변경될 수도 있다. 따라서 연간, 월간, 주간, 일일 계획안의 형식이나 분량을 자율적으로 할 수 있으며 통합하거나 선택적으로 활용할 수 있다.

교실에서의 일과는 유아의 놀이와 일상생활, 그리고 활동으로 구성된다. 개정 누리과정에서는 일과에서 바깥놀이를 포함하여 유아의 놀이가 충분히 이루어지도록 편성하여 운영할 것을 강조한다. 놀이 이외에도 매일 반복되는 일상생활과 놀이를 지원하는 활동도 포함된다. 이러한 일과는 교사가 미리 계획할 수 있지만 유아의 흥미, 의견, 매일 다르게 발생하는 상황과 여건에 따라 달라질 수 있다. 유아가 진정한 배움이 일어날 수 있도록 유연하게 융통성을 가지고 운영할 수 있다.

교수·학습을 실천하기 위해서 놀이공간과 놀이자료는 매우 중요한 요소이다. 유아가 살아가는 유치원과 어린이집은 물리적인 건축물 이상의 의미를 지닌다. 함께 살아가는 공간임과 동시에 구성원과의 상호작용을 통해 의미를 부여받는 공간인 것이다. 교사는 유아가 공간에 부여하는 의미를 이해하기 위해 놀이를 방해하는 요소는 무엇인지를 관찰하고, 유아의 의견을 반영하여 놀이공간을 구성하고 운영해 나가도록 한다. 유아들의 전반적인 놀이 성향을 고려하여 실내외 놀이공간을 어떻게 활용할 것인지 고민하고 놀이를 격려하는 환경으로 융통성 있게 배치한다. 한편 놀이자료는 유아가 세상을 만나도록 매개하는 역할을 한다. 놀이자료는 유아가 자신의 감정과 생각을 표상하도록 매개하는 역할을 한다. 유아의 배움은 이미 만들어진 놀잇감과 놀이방법을 통해서만 일어나는 것이 아니다. 동일한 놀잇감이라도 유아 자신만의 고유한 탐색이 허용되었을 때 새로운 배움은 움트고 확장된다. 그러므로 교사는 유아가 어떤 자료에 흥미를 갖고 탐색하고자 하며 놀이를 통해 새롭게 의미를 부여할 때 이를 수용해 주어야 한다. 유아에게 위험하거나 유해하지 않는 한 모든 자료가 놀이자료가 될 수 있다. 새로운 가치를 함께 실현하려는 열린 마음과 유아의 주도성을 인정해 주는 태도를 가지는 것이 필요하다.

개정 누리과정에서의 평가는 다양한 방법을 사용하여 유아의 놀이와 일상생활과 활동 안에서 실시한다. 교사는 특히 유아의 놀이 과정을 관찰하여 평가에 필요한 자료를 모을 수 있으며, 기록의 양보다는 유아를 이해하고 놀이를 지원하는 데 의미 있다고 판단되는 자료를 선별하여 활용하는 것이 중요하다. 핵심 단어 위주의 짧은 기록, 간단한 수기 작성, 일지 양식을 변형한 관찰지 등을 활용할 수 있다. 평가의 대상은 유아와 누리과정 운영으로 나누어 수행할 수 있다. 유아 평가는 유아의 특성과 변화 정도를 평가하는데, 유아의 놀이에 대한 기록이나 놀이에서의 경험을 살펴 평가할 수 있다. 누리과정 운영 평가는 운영의 질을 개선하기 위하여 일과 구성의 적절성, 놀이의 지원 방식, 놀이를 통한 경험 등에 대한 반성적 사고 과정을 통해 평가할 수 있다. 누리과정의 5개 영역은 유아가 달성해야 할 성취의 기준이기보다는 하나의 놀이흐름이 마무리되었을 때 5개 영역의 경험이 어떻게 나타났는지를 검토할 수 있다. 개정 누리과정에서의 평가는 유치원과 어린이집의 상황이나 필요에 따라 가장 적합한 방법을 선택하여 자율적으로 실시하고, 교육과정을 개선하기 위한 계획에 반영하여 보다 수준 높은 질적 개선을 이룰 수 있어야 한다.

개정 누리과정에서 제시하는 놀이지원자로서의 교사 역할과 이를 실행하기 위한 예시들을 정리해 보면 표 10-1과 같다(교육부 · 보건복지부, 2019). 이를 토대로 유아들의 놀이를 지원하기 위한 자율적 실행 방안을 생각해 볼 수 있기 바란다.

표 10-1 개정 누리과정에서 제시하는 놀이지원자로서 교사의 역할

편성하기	교육적 지원 계획해 보기	• 연간계획 검토 • 월간, 주간, 일일계획 검토 • 기관이나 교사의 실정에 맞게 계획안의 형식 변경
	일과 구성하기	• 놀이시간을 충분히 운영 • 일상생활이 융통성 있고 영유아 주도적으로 이루어지도록 지도 • 놀이와 연결하여 활동 운영 • 융통성 있는 일과 운영
교수 · 학습 실천하기	놀이공간	• 놀이공간을 융통성 있게 배치 • 놀이 공간의 확장 • 공간 배치의 주도권을 영유아에게 주기 • 다른 놀이공간 찾기
	놀이자료	• 영유아의 놀이자료 활용방법에 대한 격려 • 자연물, 자연현상도 훌륭한 자료 • 다양한 일상의 사물을 활용, 기존 자료의 새로운 활용 • 자료가 없어도 훌륭한 놀이
평가하기	평가를 위한 자료 모으기	• 다양한 방식의 기록
	자료 활용하여 평가하기	• 영유아의 특성 및 변화 정도 평가 • 누리과정 운영 평가 • 놀이에서의 누리과정 5개 영역의 경험 검토

출처: 교육부 · 보건복지부(2019). 2019 개정 누리과정 놀이 실행 자료에서 재구성.

3 협력자로서의 교사

1) 협력자의 개념

교사가 질 높은 놀이중심 교육과정을 실행하려면 어디서부터 어떻게 준비를 해야 하는지 막막하기도 하다. 변화의 시작점은 바로 관계이다. 개정 누리과정은 유아, 교사, 학부모, 원장(원감), 지역지원체계 간의 새로운 관계를 요구한다. 유치원과 어린이집 및 지역사회의 모든 구성원이 놀이의 가치 및 교사와 유아의 역량에 대한 공통적 이해와 신뢰가 형성되면 유아·놀이중심 교육과정을 운영하는 데 필요한 구성원 간의 협력적 관계 및 조직 문화의 구축이 가능해진다(교육부·보건복지부, 2019).

교육과정에서 협력자로서의 역할을 수행하기 위해서는 모든 구성원이 놀이의 가치 및 교사와 유아의 역량에 대한 공통적 이해와 신뢰의 기초를 마련해야 한다. 나아가 유아와 교사와의 관계, 교사와 원장(원감)의 관계, 기관과 학부모와의 관계, 동료 교사 간의 관계, 기관과 지역지원체계와의 관계에서 우호적이고 협력적인 관계를 형성하고, 이를 유지해야 할 필요가 있다. 이렇게 되면 어떠한 방식으로 우호적이고 협력적인 관계를 형성하여야 하는지 고민을 갖게 된다. 우호적이고 협력적인 관계를 형성하기 위해 교육과정을 운영하면서 알게 되는 유용한 정보를 공유하고 안내하는 것은 의미 있는 일이 될 수 있을 것이다. 또한 다양하고 창의적인 생각을 논의하고 제안하는 과정에서도 구성원들은 함께 성장하고 협력할 수 있을 것이다.

2) 개정 누리과정에서의 협력자

협력자로서의 역할을 수행하기 위하여 교사는 누구와 협력할 수 있을까. 먼저 동료 교원들과 협력적 관계를 형성할 수 있을 것이다. 또한 학부모 및 유아의 양육자와 협력적 관계를 형성할 수 있으며, 나아가 지역사회의 여러 기관들과 함께 하여 협력적 관계를 형성할 수 있을 것이다. 더 나아가 개별 영유아교육기관을 지원해 주는 교육청, 시·도청 등의 지역지원체계와도 협력적 관계를 형성할 수 있을 것이다.

동료 교원과 협력적 관계를 형성하기 위하여 손쉽게 할 수 있는 것들 중 하나는 학습공동체를 구성하여 운영하는 것이다. 학습공동체는 교사들이 함께 교육과정과 수업을 연구하고 성찰하고 실천하기 위한 것으로 개인의 전문성 신장과 더불어 공동체가 함께 성장하며 교육 실행력을 제고할 수 있다. 학습공동체가 원활히 운영되기 위해서는 구성원 간 신뢰와 협력을 바탕으로 조직의 비전과 교육적 가치를 공유하며, 교육적 성찰과 실행을 통해 구성원 모두가 함께 성장한다는 분명한 목적의식을 갖추고 있어야 한다.

가정과 협력적 관계를 형성하기 위하며 학부모와 놀이중심교육에 대한 관점을 공유할 수 있다. 교사와 학부모가 놀이에 대한 관점을 공유할수록 유아를 더 잘 지원할 수 있기 때문이다. 따라서 교사는 학부모가 놀이에 대해 어떤 생각을 갖고 있는지 파악하는 것에서 시작하여 학부모와 소통하고 협력하며 그들이 능동적으로 교육과정 변화에 참여할 수 있도록 지원할 필요가 있다. 지역사회는 유아의 놀이를 지원하는 다양한 물적·인적 자원을 갖추고 있으므로 유아 삶의 경험을 풍부하게 해 주고 유아가 지역 공동체의 일원임을 느끼게 할 수 있다. 따라서 교사는 지역사회의 다양한 자원 및 시설을 활용하여 유아의 놀이와 경험이 풍성하게 이루어질 수 있도록 지원할 필요가 있다.

지역지원체계란 개별 유치원이 소속되어 있는 시·도 교육청 및 지역교육지원청, 유아교육진흥원, 개별 어린이집이 소속되어 있는 시·도청, 시·군·구청, 육아종합지원센터를 의미한다. 유아·놀이중심 교육과정의 구현을 위해서 개별 기관의 원장과 원감뿐만 아니라 지역의 기관운영을 지원하는 시·도 교육청 및 지역 교육지원청, 시·도청 및 시·군·구청, 유아교육진흥원, 육아종합지원센터 등도 교사의 교육과정 운영의 자율성과 전문성 신장을 지원한다. 교사가 지역지원체계와 함께 교육과정 운영에서의 어려움을 나누고 해결 방안을 모색해 간다면 놀이 중심 교육과정의 실행을 통해 즐거운 변화를 만들어갈 수 있다.

개정 누리과정에서 제시하는 협력자로서의 교사 역할과 이를 실행하기 위한 예시들을 정리해 보자(교육부·보건복지부, 2019).

표 10-2 개정 누리과정에서 제시하는 협력자로서 교사의 역할

구분	역할
동료 교원과 함께	• 구성원들과 함께 교육비전을 만들기 • 다양한 학습공동체 운영
가정·지역사회와 함께	• 놀이 이해를 돕는 학부모 모임 구성 • 학부모와 소통하며 놀이 정보 공유 • 유아의 경험 확장을 위한 지역사회 자원 활용 • 융통성 있는 일과 운영
지역지원체계와 함께	• 지역지원체계로부터 교육현장 지원 • 시·도교육청과 육아종합지원센터의 학부모교육 활용 • 누리과정 포털을 통한 개정 누리과정 실천사례 공유

출처: 교육부·보건복지부(2019). 2019 개정 누리과정 놀이 실행 자료에서 재구성.

생각해 봅시다

1. 개정 누리과정의 구체적 내용을 정리하고 3~5세 누리과정 및 과거 교육과정에서의 교사 역할과 변화의 내용을 토론해 본다.
2. 놀이 지원자로서의 교사 역할을 이해하기 위하여 영유아교육기관 교사와 연계하여 구체적 실천 방안을 논의해 본다.
3. 동료 · 가정 · 지역사회와 함께 하기 위한 교사 역할을 정리하고 구체적인 협력의 방안을 논의해 본다.

Chapter

11

상호작용

배울내용

본 장에서는 교사가 교육과정을 실천하기 위한 상호작용의 이론과 실천방법에 대해 탐색한다. 상호작용의 개념, 유형, 구성요소, 영유아발달에 미치는 영향 등 이론적 토대를 살펴보고, 수준 높은 상호작용을 실천하기 위해 교사 자신에 대한 탐색과 이해를 선행한 후, 학급에서 실천할 수 있는 효과적인 방법을 탐색한다.

학습목표

1. 상호작용의 개념을 이해하고 교사의 상호작용이 영유아발달에 미치는 영향을 이해한다.
2. 교사 자신을 이해하기 위하여 상호작용능력과 의사소통능력을 점검한다.
3. 효과적인 상호작용을 실천하기 위한 기본 원리를 탐색하고 구체적인 실천 방안을 제시한다.

1 상호작용의 개념과 유형

1) 상호작용의 개념

사회적 상호작용(social interaction)의 사전적 의미를 살펴보면, 둘 또는 그 이상의 사람 · 집단 · 사회단체들이 서로 영향을 주고받는 과정이며, 이러한 과정을 통해 상호 이해하거나 어떤 반응을 나타내게 된다(사회복지학사전, 2020)고 제시하고 있다. 교사와 영유아 간에도 이러한 사회적 상호작용이 나타난다. 영유아들은 교사와의 상호작용을 통해 집단의 성원임을 알게 되고, 서로에 대한 기대와 신뢰가 형성되기도 하는데, 교사의 상호작용은 영유아의 발달적, 사회적, 심리적으로 영향을 미치는 중요 요소로 알려져 있다.

상호작용의 개념은 학자들마다 다양하다. 유아교육학회(2004)는 교사와 영유아의 상호작용을 교수-학습 과정에서 일어나는 교사와 영유아 간의 의사소통이라고 정의하였다. 박찬옥 등(2012)은 상호작용을 둘 이상의 대상이나 물체가 영향을 주고받는 과정으로 정의하였다. 상호작용은 교사가 영유아를 보호하고 교육하는 일련의 과정에서 나타나는 전반적인 태도 및 행동을 포함하는 개념이며, 교육의 효과에 영향을 미치는 교수-학습 과정 중 발생하는 교사와 영유아의 모든 접촉을 의미하기도 한다. 교사의 상호작용은 영유아를 안내하고 교육적인 도움을 제공하며, 효율적인 교육과정을 운영하는데 중요한 요인이다(고여훈, 2013). 학자들이 제시하는 다양한 상호작용의 개념을 정리하면 다음과 같다.

표 11-1 학자들에 따른 상호작용의 개념

학자	연도	정의
유아교육학회	2004	교수-학습 과정에서 일어나는 교사와 영유아 간의 의사소통
박찬옥, 구수연, 이옥임	2012	둘 이상의 대상이나 물체가 영향을 주고받는 과정
고여훈	2013	교사가 영유아를 보호하고 교육하는 일련의 과정에서 나타나는 전반적인 태도 및 행동
김수연	2015	교사-영유아 간의 의사소통을 의미하며 영유아를 보육하는 과정에서 일어나는 일반적인 행동 및 태도를 의미
김언경	2015	영유아와 교사가 언어적 또는 비언어적으로 상호작용을 하면서 서로에게 영향을 끼치며 관계를 맺는 과정
최소영, 신혜영	2015	교사가 영유아를 지원하기 위하여 행동하는 언어적 · 비언어적 소통체계
홍자연	2015	교육의 효과를 보기 위한 보육과 교육과정에서 영유아가 전인적인 발달을 할 수 있도록 교사가 영유아의 요구에 반응하는 것
우덕례	2017	교사와 영유아간의 의사소통과 정서적 상호작용을 포괄하고, 영유아를 교육하면서 나타나는 행동이며 영유아의 요구에 반응하는 것. 행동적 상호작용과 언어적 상호작용으로 구분
김미경	2020	교사-영유아 둘 이상의 관계에서 나타나는 상호작용으로, 언어, 신체, 정서적 상호작용을 통하여 영유아들의 전인적 발달에 도움을 주는 관계

이러한 상호작용의 개념을 종합하면, 상호작용이란 둘 이상의 대상이 서로 영향을 주고받는 과정이나 행동을 의미하며, 이는 한쪽 방향으로만 작동하지 않고 양쪽 방향으로 영향력이 나타나는 교류를 의미한다. 그러므로 교사-영유아 상호작용이란 영유아들이 하루 온 종일 영유아교육기관에서 생활하면서 교사와 맺는 교류와 관계를 의미한다.

2) 상호작용의 구성요인과 유형

상호작용을 구성하는 요인은 크게 3가지 요소로 구분된다. 이는 정서적 상호작용, 언어적 상호작용, 행동적 상호작용 등이다. 정서적 상호작용은 교사가 영유아에게 항상 친절하고 웃는 얼굴로 대하는 것을 기본으로 한다. 영유아의 다양한 정서표현을 민감하게 반응하고 존중하며 영유아가 행복하고 편안한 상태로 자신의 생각이나 느낌을 자유롭게 표현하도록 분위기를 조성하는 것을 포함한다. 언어적 상호작용은 교사가 영유아에게 온정적이고 안정감 있는 소리로 대화를 하거나 영유아의 요구와 질문에 언어적으로 반응하는 것이다. 칭찬과 격려 등의 개방적 질문과 긍정적 언어를 사용하여 영유아로 하여금 자신의 생각과 느낌을 자유롭게 표현할 수 있도록 유도하는 것을 포함한다. 행동적 상호작용은 영유아와 교사가 대화를 나눌 때 영유아의 눈높이에 맞춰 자세를 낮추거나 모델링, 스킨십, 모범보이기 등 신체를 통해 영유아의 표현을 긍정적으로 촉구하는 것을 의미한다(김미경, 2020).

교사의 상호작용 유형은 학자들의 견해에 따라 다양하게 나타난다. 교사가 관여하는 정도에 따라, 교사의 지시 정도에 따라, 교사의 역량과 교육환경의 질에 따라, 언어발달을 촉진시키기 위한 교사의 상호작용 전략에 따라 구분하기도 한다.

교사의 관여 정도에 따라 상호작용 유형을 구분하려는 견해(강인숙, 2002)에서는 적극적 관여 유형, 최소한의 관여 유형, 영유아 무시 유형으로 구분한다.

- **적극적 관여 유형**: 영유아의 요구에 즉각적으로 반응, 애정적인 신체표현, 친근한 분위기의 대화, 영유아놀이에 적극적 참여, 놀이에 영유아를 끌어들이기 위한 적극적 관여
- **최소한의 관여 유형**: 일상적인 양육과 훈육을 위한 접촉, 간단한 언어적 지시, 불필요한 신체접촉, 영유아 곁에 있기
- **영유아 무시 유형**: 교사의 개인적인 업무나 활동준비 등의 이유로 자리를

비운 경우, 영유아에게 주의나 관심을 기울이지 않는 경우

교사의 지시 정도에 따라 상호작용 유형을 구분하려는 견해(Bredekamp & Rosegrant, 1992)에서는 인정하기, 모델링하기, 촉진하기, 지원하기, 비계설정하기, 함께 구성하기, 시범보이기, 지시하기 등 8가지로 구분하고 있다.

- 인정하기: 영유아에게 관심을 기울이고 격려하고 인정하면서 영유아들의 활동이 지속되도록 유지하는 행동이다. 이 수준의 상호작용은 비지시적인 유형으로 이해와 격려가 많이 사용되며, 영유아가 활동에 즐거운 기분으로 적극적으로 참여하도록 하는 효과가 있다.
- 모델링하기: 교사가 희망하는 태도, 성향, 가치 등을 영유아에게 암시나 행동 등의 방법으로 보여주는 것을 말한다. 이 수준의 상호작용도 비지시적인 유형으로 영유아에게 바람직한 행동을 스스로 알아가게 하는 것이다. 교사는 영유아에게 기대하는 행동을 언어로 표현하지 않고 생활 속에서 자연스럽게 모델을 보임으로써 실천할 수 있다.
- 촉진하기: 영유아가 다음 활동을 이어갈 수 있도록 도움을 주는 것을 의미한다. 이는 비지시적 유형으로 자연스러운 분위기에서 언어적 혹은 비언어적으로 제공하는 자극이라 할 수 있다. 교사는 영유아의 행동을 도와주기 위해 촉진하기를 사용하다가 서서히 촉진의 정도를 줄임으로써 영유아의 독립적 수행을 유도해야 한다.
- 지원하기: 다음 활동을 할 수 있도록 도움을 지속적으로 제공하는 것을 말한다. 촉진하기와 유사하지만 교사 참여의 지속시간에 따라서 차이가 있다. 촉진하기는 처음과 끝을 영유아가 통제하지만, 지원하기는 교사가 끝을 결정할 수 있다. 예를 들어, 잠깐 자전거를 탈 때 뒤를 잡아주는 것이 촉진하기라면, 지원하기는 영유아가 완전히 자전거를 탈 수 있을 때까지 돕는 것이다.
- 비계설정하기: 비고츠키(Vygotsky)의 사회문화적 이론으로 현재 영유아의 발달을 높이기 위해 교사가 도전 활동을 준비하고 단계적 도움을 제공하는

것을 말한다. 이 유형의 상호작용에서 중점 사항은 영유아의 현재 능력과 발달 수준을 파악해 영유아가 학습주기에서 어느 정도의 위치에 있는지에 따라서 적절하게 도움을 주는 것이다.

- 함께 구성하기: 상황이나 문제에 있어서 교사가 영유아와 해결하고 배워나가는 것을 의미한다. 비계를 설정하기보다 교사의 적극적인 참여 유형으로 영유아와 교사가 양방향적 소통을 한다는 것이 핵심이다.
- 시범보이기: 지시적 분류에 해당된다. 교사가 지도를 구체적으로 보이기 위해 활동에 적극적으로 참여하며 시범을 보여주는 행동을 말한다. 영유아가 바르지 못한 방법으로 활동하고 있을 경우 교사는 시범을 보이고 영유아는 이를 관찰할 수 있다.
- 지시하기: 영유아가 과제를 수행할 때 교사가 행동의 방향성을 구체적으로 정확히 알려주고 제안하는 것을 말한다. 지시하기는 8가지 유형 중 가장 교사 주도적인 상호작용이다.

언어발달을 촉진시키기 위한 상호작용 전략에 따라 유형을 구분하려는 견해(Girolametto, Weitzman & Greenberg, 2000)는 아동중심, 상호작용 촉진, 언어모델링 유형으로 구분한다.

- 아동중심 유형: 교사가 영유아와 눈높이를 맞추고 얼굴을 마주보며 영유아가 대화를 시작하도록 격려하면서 기다린다. 영유아가 말하는 동안 잘 들어주고 말이 끝날 때까지 기다려주며 영유아가 관심을 갖고 이끄는 대화의 방향으로 따라가는 상호작용이다. 예) 기다리기와 듣기, 영유아가 대화를 주도하고 교사는 따라가기, 함께 참여하며 놀기 등
- 상호작용 촉진 유형: 교사가 대화에 참여한 그룹을 모니터링하면서 모든 영유아가 참여하도록 다양한 질문을 하고 교사와 영유아의 말차례가 지속되고 장려되도록 상호작용하는 것이다. 예) 다양한 질문하기, 말차례 지키기, 영유아의 대화 내용을 다시 한 번 스캔하기 등

- **언어 모델링 유형**: 교사가 영유아에게 정교한 언어 모델을 제공하는 상호작용이다. 예) 교사가 영유아의 말 또는 행동을 모방하기, 다양한 명명하기, 영유아의 대화를 확장해 주기, 느낌 말하기나 설명하기, 대화를 연장하기 등

교사의 역량과 교육환경의 질에 따라 상호작용 유형을 구분하려는 견해(Pianta et al., 2008)에서는 감정지원, 교실조직, 학습지원의 상호작용으로 구분한다.

- **감정지원 유형**: 긍정적 분위기, 부정적 분위기, 교사의 민감성, 아동관점에 대한 존중
- **교실조직 유형**: 행동관리, 생산성, 교육용 학습 자료의 구성
- **학습지원 유형**: 개념발달, 피드백의 질, 언어모델링

이러한 상호작용의 유형구분은 이분법적으로 나누어 분석되어 온 경향이 있다. 일반적으로 지시성이 높으면 긍정적이지 않은 상호작용이며 부정적인 의미로, 반대로 지시성이 낮으면 긍정적인 상호작용으로 간주되어 왔다. 하지만 교사의 상호작용은 민주적/비판적, 애정적/통제적으로 단순히 구분될 수 없는 것이다. 어떤 교사들은 민주적이고 따뜻한 태도를 가지고 있으면서 동시에 때로는 단호하게 제지할 때도 있다. 즉, 교사의 상호작용은 단순히 양분되어 생각될 수 없는 다면적인 과정이며, 어떤 몇 가지 유형만이 바람직하다거나 유용한 것이라고 생각될 수 없다. 교사의 상호작용은 상황에 따라, 대상에 따라 다면적인 면을 갖고 있기 때문이다.

따라서 교사의 상호작용에서 가장 중요한 요인으로 생각해야 할 것은 교사와 영유아의 관계이다. 교사와 영유아의 관계가 긍정적일수록 놀이에서 상호작용이 증가하며 놀이 방해와 단절이 줄어드는 것으로 나타났다. 교사와 영유아의 관계에서 친밀감이 높을수록 놀이에서 상호작용의 질이 높게 나타났다. 반면, 교사와 갈등적인 관계이거나 의존적인 관계일 때는 놀이가 단절되는 것으로 나타났다(고여훈, 2013).

3) 교사의 상호작용이 영유아발달에 미치는 영향

교사와 영유아 간의 적절한 상호작용은 교사에 대한 기본적인 신뢰감을 갖게 한다. 뿐만 아니라, 환경에 대한 안정감과 또래들과의 긍정적 대인관계를 형성하는 데 영향을 미치는 중요한 요소이다. 즉, 교사 상호작용의 질은 영유아의 언어발달, 인지발달, 정서발달, 사회성 발달 등 전반적인 발달에 영향을 미친다.

교사의 상호작용이 영유아의 언어·인지 발달에 영향을 미치는 과정은 언어적·인지적으로 영유아를 지지하는 과정에서 이루어진다. 교사는 영유아와의 상호작용에서 영유아의 언어·인지 발달을 도와주고 좀 더 확장시키려고 다양한 방법으로 지지적 소통을 한다. 예를 들어, 영유아교육기관 하루일과에서 영유아가 보고 느낀 생각이나 감정들, 그리고 궁금한 것들을 교사와 또래에게 언어로 표현하는 기회들이 많이 주어진다. 이때 교사는 영유아가 다양한 개념들을 명료화하고 구체화시킬 수 있도록 직접적이거나 간접적인 상호작용을 하게 된다. 또한 교사는 영유아에게 언어를 학습할 수 있는 사회적 환경을 제공하고 영유아의 언어이해와 언어표현 발달을 촉진시키는 독특한 위치에 있게 된다. 이러한 상호작용 과정을 통하여 교사는 영유아의 언어·인지 발달에 영향을 미치게 된다(김은희, 2017).

교사의 상호작용은 영유아의 사회·정서 발달에 영향을 미친다. 발달적으로 적합하고 수용적인 교사와의 상호작용은 영유아의 욕구와 필요에 민감하게 반응하게 되는데, 이러한 상호작용의 과정은 일 방향적이기보다는 양 방향적 의사소통을 하는 것이다. 양 방향적 의사소통은 영유아와 교사 간의 관계를 민주적으로 이끌어 가며, 민주적 의사소통 방법은 신뢰의 관계를 형성하도록 이끈다. 따라서 이러한 민주적 의사소통의 관계 형성은 영유아기뿐만 아니라 취학 이후 사회적 성취에도 영향을 미친다. 또한 교사와 영유아 간의 신뢰를 토대로 한 긍정적인 관계는 영유아의 사회적 능력을 향상시키는 데 토대가 된다. 박희숙(2014)은 교사-영유아 간의 상호작용이 보다 긍정적으로 평가된 집단은 그렇지 않은 집단에 비해 허락, 칭찬, 교사와 함께 활동하기, 애정적 신체접촉 등의 빈도가 자주 일어났으며, 사회정서적 적응 능력을 높이는 데 효과가 있다고 제시하고 있다.

2 영유아교사의 상호작용

1) 자신에 대한 이해

교사가 성숙한 상호작용을 수행하기 위해서 먼저 교사 자신에 대한 이해를 하여야 한다. 자신의 특성을 이해하기 위하여 상호작용능력과 의사소통능력의 수준을 점검하는 검사 도구를 소개한다. 먼저 상호작용능력을 측정하는 검사 도구를 소개한다. 이 도구는 3개 하위요인과 30개의 문항으로 구성되었다. 3개 하위요인은 정서적 상호작용, 언어적 상호작용, 행동적 상호작용 요인이다. 자신의 상호작용능력을 점검해 보도록 한다.

나의 상호작용능력 알아보기

표 11-2 상호작용 수준 평정척도

요인	번호	문항	전혀 그렇지 않다	그렇지 않다	보통이다	그렇다	아주 그렇다
정서적 상호작용	1	영유아에게 항상 웃는 얼굴로 대한다.	①	②	③	④	⑤
	2	영유아가 생각한 부분을 자유롭게 이야기할 수 있도록 긍정적인 언어를 사용한다.	①	②	③	④	⑤
	3	영유아와 이야기할 때 영유아의 눈높이에 맞추어 자세를 낮춘다.	①	②	③	④	⑤
	4	영유아의 질문과 요구사항에 언어적으로 민감하게 반응하고 귀 기울인다.	①	②	③	④	⑤
	5	영유아의 부적절한 행동에 대해 비평하기보다는 모델링을 보여준다.	①	②	③	④	⑤
	6	영유아의 정서표현을 존중하고 민감하게 반응한다.	①	②	③	④	⑤

요인	번호	문항	전혀 그렇지 않다	그렇지 않다	보통이다	그렇다	아주 그렇다
	7	영유아와 대화할 때 긍정적이고 바른 태도를 유지한다.	①	②	③	④	⑤
	8	영유아의 요구에 정서적으로 반응한다.	①	②	③	④	⑤
	9	영유아에게 칭찬하고 격려할 때 긍정적 언어를 사용한다.	①	②	③	④	⑤
	10	영유아의 개별적인 요구와 감정에 적극적으로 반응한다.	①	②	③	④	⑤
언어적 상호작용	11	영유아에게 고함치기, 꾸짖거나 부정적인 언어로 대응하지 않는다.	①	②	③	④	⑤
	12	영유아의 부정적인 행동에 대하여 바람직한 행동으로 주의를 돌리도록 한다.	①	②	③	④	⑤
	13	영유아와 안정감 있고 편안한 목소리로 이야기를 나눈다.	①	②	③	④	⑤
	14	영유아에게 안아주기 등 긍정적인 신체표현을 자주한다.	①	②	③	④	⑤
	15	영유아가 활동에 참여하도록 정서적으로 격려한다.	①	②	③	④	⑤
	16	영유아에게 활동을 지시하기보다는 먼저 시범을 보인다.	①	②	③	④	⑤
	17	영유아에게 따뜻하고 친절하게 대한다.	①	②	③	④	⑤
	18	영유아의 의견을 존중하면서 의사소통을 시작하고 유지한다.	①	②	③	④	⑤
	19	영유아가 다양한 질문을 할 수 있는 분위기가 허용된 가운데 활동을 진행한다.	①	②	③	④	⑤
	20	영유아에게 단순한 답을 요구하는 질문보다 개방적인 질문을 한다.	①	②	③	④	⑤
행동적 상호작용	21	영유아가 활동에 몰입하지 못할 때 도와주기 위한 행동을 한다.	①	②	③	④	⑤
	22	영유아의 생각에 부언 설명(덧붙여 말함)을 하거나 추가 정보를 언어로 제공해 준다.	①	②	③	④	⑤

요인	번호	문항	전혀 그렇지 않다	그렇지 않다	보통이다	그렇다	아주 그렇다
행동적 상호작용	23	영유아가 협동하거나 양보하는 행동에 대해 긍정적인 강화물을 사용한다.	①	②	③	④	⑤
	24	영유아가 활동 중에 편안하고 행복하도록 한다.	①	②	③	④	⑤
	25	영유아가 손잡고, 매달리기 등 관심을 받고자 할 때 스킨십 행동으로 반응한다.	①	②	③	④	⑤
	26	영유아의 느낌이나 생각을 자유롭게 표현할 수 있는 분위기를 만든다.	①	②	③	④	⑤
	27	영유아로 하여금 확산적인 사고를 유발하는 질문과 대화를 한다.	①	②	③	④	⑤
	28	교실에서는 즐거운 대화와 웃음과 영유아의 목소리가 있도록 한다.	①	②	③	④	⑤
	29	영유아의 부적절한 행동에 대해 체벌보다 언어적 제재 방법을 사용한다.	①	②	③	④	⑤
	30	영유아가 지켜야 할 규칙이나 예절에 대해서 모범을 보인다.	①	②	③	④	⑤

출처: 김미경(2020).

문항의 평가는 전혀 그렇지 않다(1점)에서 아주 그렇다(5점)까지 평정하며, 각 하위요인별 최고점은 50점이며 최하점은 10점이다. 요인별 환산점수는 나의 점수를 최고점인 50으로 나누어 점수를 산출한다. 점수가 높을수록 상호작용능력이 높다는 것을 나타낸다.

표 11-3 상호작용 수준 평정

하위요소	최고점	나의 점수	환산점수	평점
정서적 상호작용	50		나의 점수(　　　)/50=	평균 = 3 우수: 3점 이상 미흡: 3점 미만
언어적 상호작용	50		나의 점수(　　　)/50=	
행동적 상호작용	50		나의 점수(　　　)/50=	
총점	150		나의 총 점수(　　　)150=	

나의 의사소통능력 알아보기

의사소통능력 수준을 알아볼 수 있는 검사 도구(Brown, Fritz, Lunde & Banset, 1999)를 소개한다. 이 도구의 문항의 구성은 5개 하위요인, 25개의 문항으로 구성되었다. 5개 하위요인은 집중, 이해와 해석, 분석과 평가, 반응, 기억요인이다. 자신의 의사소통능력을 점검해 보도록 한다.

표 11-4 의사소통능력 평정척도

문항	전혀 그렇지 않다	그렇지 않다	보통	그렇다	아주 그렇다
1. 나는 결정하기 전에 모든 증거를 고려한다.	①	②	③	④	⑤
2. 나는 의사소통에서 말하는 사람의 감정에 민감하다.	①	②	③	④	⑤
3. 나는 창의적으로 일에 접근한다.	①	②	③	④	⑤
4. 나는 상대방이 말하는 것에 집중한다.	①	②	③	④	⑤
5. 나는 다른 사람이 의견을 말하도록 격려한다.	①	②	③	④	⑤
6. 나는 다른 정보와 아이디어가 서로 어떻게 관련 되는지를 알 수 있다.	①	②	③	④	⑤
7. 나는 누군가가 이야기할 때 내가 동의하든 안하든 전체 내용을 들을 수 있다.	①	②	③	④	⑤
8. 말하는 사람이 내가 이해했다는 것을 즉시 알게 한다.	①	②	③	④	⑤
9. 스트레스를 받는 상황에서도 나는 내가 말한 것을 기억한다.	①	②	③	④	⑤
10. 나는 발표에서 주요한 점을 인식하고, 세부적인 것에 의해서 분산되지 않는다.	①	②	③	④	⑤
11. 나는 말하는 사람의 얼굴 표정, 자세, 비언어적 행동을 알아차린다.	①	②	③	④	⑤
12. 나는 누군가가 나에게 이야기할 때 말한 것을 주의 깊게 듣는다.	①	②	③	④	⑤

문항	전혀 그렇지 않다	그렇지 않다	보통	그렇다	아주 그렇다
13. 나는 누군가가 나에게 말하고 있을 때, 개인적인 관심을 보인다.	①	②	③	④	⑤
14. 나는 누군가가 내게 제공한 정보를 며칠 후에도 기억할 수 있다.	①	②	③	④	⑤
15. 나는 정보와 요청에 적시에 적절한 방법으로 반응한다.	①	②	③	④	⑤
16. 나는 말하는 사람이 접근했을 때 들을 준비가 되어 있다.	①	②	③	④	⑤
17. 나는 결론을 내리기 전에 모든 정보가 제시될 때까지 기다린다.	①	②	③	④	⑤
18. 나는 사람과 상황은 시간에 따라 변화된다는 사실을 인정한다.	①	②	③	④	⑤
19. 누군가가 나에게 이야기할 때, 나는 다른 사람의 대화, 시끄러운 주변, 전화에 의해서 산만해지지 않을 수 있다.	①	②	③	④	⑤
20. 나는 상황을 더 잘 이해하기 위해서 정보를 찾는다.	①	②	③	④	⑤
21. 나는 명확하고 직접적으로 의사소통한다.	①	②	③	④	⑤
22. 나는 세부적인 것에 반응하기보다는 메시지의 주요한 점에 초점을 둔다.	①	②	③	④	⑤
23. 나는 나와 다른 관점을 존중한다.	①	②	③	④	⑤
24. 나는 지난 주 또는 한 달 전에 일어났던 일들의 세부적인 것을 기억한다.	①	②	③	④	⑤
25. 나는 말하는 사람이 방해받지 않고 이야기하게 한다.	①	②	③	④	⑤

출처: 김다혜(2020).

문항의 평가는 전혀 그렇지 않다(1점)에서 아주 그렇다(5점)까지 평정하며, 각 하위요인별 최고점은 25점이며 최하점은 5점이다. 점수가 높을수록 의사소통능력이 높다는 것을 나타낸다.

표 11-5 의사소통능력 평정

하위요소	문항번호	최고점	점수	하위요소별 평점
집중	4, 12, 13, 16, 19	25	나의 점수(　　)	20~25점: 우수함 15~19점: 적절함 10~14점: 문제 있음
이해와 분석	2, 10, 11, 22, 25	25	나의 점수(　　)	
분석과 평가	1, 7, 17, 18, 23	25	나의 점수(　　)	
반응	5, 8, 15, 20, 21	25	나의 점수(　　)	
기억	3, 6, 9, 14, 24	25	나의 점수(　　)	
총점		125	나의 총 점수(　　)	

2) 교사-영유아 상호작용의 기본 원리

교사가 영유아와 질적으로 우수한 수준의 상호작용을 수행하기 위해서 가장 먼저 해야 할 일은 영유아의 개별적인 상태와 상황을 파악하는 것이다. 개별적인 상태와 상황이란 영유아 개인의 독특한 발달수준, 기질, 행동의 특성, 사회적 경험 등을 포괄적으로 의미한다. 영유아의 개별적인 상태와 상황의 파악은 교사가 적절하게 상호작용을 할 수 있도록 돕는 기초가 된다.

교사가 우수한 상호작용을 수행하기 위한 상호작용의 기본 원리를 소개하고자 한다. 안경자 등(2019)은 상호작용의 기본 원리를 관심 보이기, 애정 표현하기, 존중하기, 격려하기, 발문하기, 반응하기 등 6가지로 제시하고 있다.

관심 보이기란 교사가 영유아의 관심에 공감해 주는 행동을 의미한다. 정서적 지원이 필요한 영유아들은 항상 관심받기를 원한다. 급·간식을 먹이고 보호하는 일상적 행동만으로는 부족하며, 언어 또는 비언어적으로 영유아가 관심 있어 하는 것에 대해 긍정적인 반응을 하며 적극적인 자세로 상호작용한다.

애정 표현하기란 교사가 영유아와 애정적인 관계를 만들어 가는 것을 의미한다. 영유아 감정에 대한 긍정적 반응, 따뜻한 미소, 포근한 신체접촉 등을 통해 영유아가 안정감을 갖도록 지원한다. 교사와의 애정적인 상호작용은 놀이에서 또래들을 수용하고 스스로에 대한 통제력을 갖추는 데 도움을 준다.

존중하기란 영유아의 행동이 어색하더라도 이해하고 인정하는 것을 의미한다. 영유아는 성인과 동일하게 독립된 인격체이기에 비교하거나 편견을 갖지 않는다. 시행착오를 거듭하는 과정에서도 성공과 실패를 현재 모습 그대로 조건 없이 인정하며 격려한다. '고마워', '잘 했어' 등과 같은 언어적 상호작용뿐만 아니라, 미소나 끄덕임 등 비언어적 상호작용도 영유아를 인정하고 있는지를 나타내 준다.

격려하기란 교사가 영유아의 생각이나 행동에 대하여 결과보다는 과정에 초점을 두고 용기나 의욕이 솟아나도록 북돋아주는 것을 의미한다. 벌이나 칭찬을 사용하기보다는 행동을 격려하는 상호작용이 바람직하다. 또래와의 갈등 상황에서 벌이나 칭찬을 사용하지 않고 협력하도록 격려할 수 있다. 미술활동을 마치고 잘 했다고 칭찬하기보다는 완성하기까지 기분은 어떠했는지, 어떤 활동이 가장 재미있었는지, 더 재미있게 활동하기 위해서 할 수 있는 일들은 무엇인지 상호작용하고 격려할 수 있을 것이다. 교사의 무조건적인 칭찬보다는 진심을 가진 격려하기가 영유아의 긍정적인 사고를 증진시킬 수 있다.

발문하기란 적합한 질문을 통해 영유아가 다양한 측면에서 생각해 보도록 유도하는 것을 의미한다. 발문의 가장 큰 목적은 영유아의 행동을 확장하고 적극적인 사고를 유발하는데 있다. 인지발달을 위한 교수활동이나 놀이개입에서의 발문은 사고를 확장하는데 효과적인 수단으로 사용된다. 특히 답이 정해져 있지 않은 확산적인 질문은 영유아가 다양한 생각을 할 수 있도록 유도한다. 교사는 발문 후 영유아가 충분히 생각할 시간을 주어야 한다. 충분히 생각할 수 있는 여유로운 시간은 영유아가 보다 높은 수준의 사고를 할 수 있도록 돕는다.

반응하기란 영유아가 궁금해 하거나 질문하는 것에 대해 관심을 갖고 적극적으로 표현하는 것이다. 감정이나 언어가 미숙하여 표현이 서툰 영유아의 마음을 알아차리고 민감하게 반응한다. 언어적으로 되짚어 이야기해 주는 상호작용을 통해 새로운 언어와 문장의 형태를 습득하도록 한다. 또한 영유아에게 이야기할 수 있는 기회를 주고 개방적이며 긍정적인 반응을 하여 스스로 더 깊이 사고하고 문제를 해결해 갈 수 있도록 한다.

이러한 상호작용의 기본 원리를 요약해 본다.

표 11-6 상호작용의 기본 원리와 교사의 역할

기본 원리	교사의 역할
관심 보이기	• 영유아가 탐색하는 것에 관심 보이기 • 영유아의 욕구에 관심 보이기 • 영유아의 행동에 관심 보이기 • 영유아의 반응에 관심 보이기
애정 표현하기	• 따뜻한 미소로 애정 표현하기 • 신체적 접촉을 통한 애정 표현하기 • 다정한 말로 애정 표현하기 • 영유아가 정서적으로 필요로 할 때 애정 표현하기
존중하기	• 영유아의 현재 모습 그대로 조건 없이 존중하기 • 영유아 모두 차별 없이 평등하게 대하며 존중하기 • 영유아를 독립된 인격체로 존중하며 개별 특성 인정하기 • 서로 다른 문화의 영유아들을 이해하고 존중하기
격려하기	• 성취한 것에 내해 격려하기 • 어떤 활동에서의 과정을 격려하기 • 행동의 긍정적인 측면을 격려하기 • 개선한 점에 대해 격려하기 • 재도전하는 것에 대해 격려하기
발문하기	• 예/아니오 또는 단답형 등의 정해진 답을 요구하는 질문하기 • 이전 경험에 대해 회상시키는 발문하기 • 다양한 서술형의 답이 가능하도록 하는 발문하기 • 현상을 좀 더 자세하게 관찰하고 탐구를 위한 발문하기
반응하기	• 마음을 읽어주고 언어로 반응하기 • 눈빛, 미소, 끄덕임 등 비언어적으로 반응하기 • 이해되고 수용되었다는 자세로 반응하기 • 감정과 의미를 반영하는 태도로 반응하기

출처: 안경자 외(2019).

3) 효과적인 상호작용의 실천

교사들의 상호작용을 객관적인 관찰을 통해 파악해 보면 그다지 성공적이지 못한 것이 사실일 것이다. 이것은 교사가 성공적인 상호작용을 실천하기 위한 지식을 증진시켜야 한다는 것을 나타낸다. 효과적인 상호작용을 실천하는 방법을 나-전달법 사용하기, 관찰하고 발견하기, 비계설정(scaffolding)하기 등을 중심으로 살펴본다.

(1) 나-전달법(I-message) 사용하기

나-전달법을 사용하는 것은 효과적인 상호작용을 실천하는데 효율적이다. 고든(Gordon, 1974)은 우리가 일상생활에서 나누는 대화를 나-전달법(I-message)과 너-전달법(You-message)으로 나누어 설명하였다. 너-전달법은 모든 문장에서 '너'라는 이인칭 대명사를 주어로 사용한다. '너'라는 이인칭 대명사를 주어로 할 때 말을 듣는 사람은 대화의 내용을 일방적이고 강제적인 메시지로 받아들인다. 이는 말하는 사람의 의도와 상관없다. 너-전달법은 권위적인 요소를 포함하게 되어 효과적인 상호작용을 실천하는데 어려움이 있다. 반면, 나-전달법은 상대방의 행동으로 인하여 본인이 어떠한 내면적 경험을 하고 있는가, 어떤 영향을 받고 있는가를 전달하는 것이다. '나'를 주어로 하여, 말하는 이의 감정이나 생각을 진실하게 전달할 수 있는 방법이다.

〈나-전달법의 대화 요령〉

1. 문제가 된 행동을 구체적으로 제시한다.

영유아의 자존감을 상하지 않도록 행위자와 행위를 구별한다. 영유아가 문제가 있는 것이 아니라 행동에 초점을 두는 것이다. 행동에 초점을 두고 이야기함으로써 잘못된 행동을 바로잡을 수 있도록 돕는다.

2. 상황에 대한 느낌을 전달한다.

언성을 높이지 않고 그 문제에 대한 교사의 감정을 알도록 한다.
"네가 ~하니 선생님은 속이 상하는구나."

3. 이유를 알게 하라.

교사의 말에 복종하는 것이 아니라 정당한 이유를 이야기한다. 영유아의 행동이 교사(또는 다른 사람)를 어떻게 방해하고 있는지 설명한다.
"왜냐하면, ~하기 때문에 선생님과 친구들이 힘이 많이 드는구나."

4. 교사가 원하는 것을 정확하게 알게 하라.

교사는 잠잠히게 있거나, 투덜거리거나, 영유아에게 핀잔을 주는 행위를 삼간다. 교사가 원하는 것을 영유아에게 정확하고 긍정적인 태도로 요청할 때, 영유아는 더 많은 협조를 할 것이다.
"선생님은 ○○가 ~하기를 바란다."

(2) 관찰하고 발견하기

성인은 자신의 생각과 감정을 여러 방법으로 표현하는 것이 가능하다. 영유아는 언어적 표현이 미숙하고 논리적 사고가 어렵기 때문에 생각과 감정이 그들의 행동 속에 묻혀 있기 쉽다. 그러므로 영유아의 생각과 감정을 파악하기 위해서는 그들의 행동을 면밀하게 관찰하는 것이 선행되어야 한다. 교사의 관찰은 영유아의 성향, 특징, 가족 상황 등과 같은 개인적 특성에서부터 활동의 산출물 또는 놀이의 맥락과 같이 영유아교육기관에서 발생하는 전반적인 삶의 흐름에 이르기까지 폭넓게 실행되어야 할 것이다. 폭넓은 관찰을 통하여 묻혀 있기 쉬운 영유아의 생각과 감정을 발견할 수 있다.

관찰하고 발견하기의 예

다섯 살 학급에서 수질 오염의 주제를 진행하는 동안 교사와 유아들은 팔당댐을 견학하였다. 견학 후 유아들은 댐에 가서 본 것과 느낀 것을 그림으로 그렸다. 유아들이 팔당댐에 가서 본 것은 댐과 관련된 것들보다는 나무, 사람, 자동차, 물, 소라, 물고기 등 그 주변 환경에 관한 것들이었다. 그 중 물속에 관한 이야기가 많아 물속에서 본 것으로 토론의 주제를 고정시켰다.

교사: 팔당댐에서 어떤 물고기를 보았니?
민식: 송사리, 붕어요.
수정: 오징어요, 큰 물고기.
남현: 상어, 돌고래요.
성민: 야-, 오징어, 상어, 돌고래는 팔당댐에 없어. 그건 바다에 살아.
남현: 아니야. 상어하고 돌고래는 큰물속에서 살아.

이때 토론에 참여한 한 유아가 상어, 돌고래, 오징어는 바다에 있지 댐에는 없다고 반론을 제기하였다. 이러한 반론에 대하여 상어, 돌고래가 있다고 제시한 유아는 댐에도 큰물이 있으니 상어와 돌고래도 분명 있다고 주장하였다. 유아들은 바다와 댐, 바다에서 사는 것과 강에 사는 것, 이 두 가지를 혼동하고 있었으며, 따라서 각각의 특성을 이해하지 못하고 있었다. 또한 팔당댐을 견학하면서 직접 눈으로 본 체험과 있음직한 상상을 구별하지 못하고 있었다.

(3) 비계설정(scaffolding)하기

비고츠키(Vygotsky)의 이론에서 비계설정(scaffolding)은 사회적 상호작용의 한 유형이다. 비계설정은 영유아의 학습 과정에서 성인이나 능력 있는 또래가 다른 영유아의 좀 더 높은 목표를 달성하는 데 도움을 주는 포괄적인 활동이라 할 수 있다. 즉, 비계설정은 영유아가 스스로 자신의 과제를 수행하고 주체자로서의 학습자가 될 수 있도록 돕는 교육적 지원체제이며, 교사와 또래들이 사용하는 보다 적극적인 교수·학습 방법의 도구이다(김혜선, 2019). 비계설정의 유형에는 단계적 비계설정과 암시적인 비계설정의 2가지가 있다. 단계적 비계설정의 유형은 계속되는 질문을 통해 단계적으로 이끌어가는 것으로, 영유아의 대답과 궁금함이 교사의 다음 단계의 질문을 유도한다. 암시적 비계설정의 유형은 교사가 의도하고 있는 개념을 영유아가 이해하도록 유도하는 것이다. 종종 특정한 답을 이끌어 내고 맞는 답이 나올 때까지 단서를 제공하거나 계속적으로 질문의 폭을 좁혀가는 것이 특징이다.

표 11-7 단계적 비계설정과 암시적 비계설정의 예

단계적 비계설정의 예	암시적 비계설정의 예
물에 관한 탐색을 계속하던 어느 날, 지홍이가 종이배를 가지고 어린이집에 왔다. 지홍: 선생님, 나 할아버지가 종이배 만들어 주셨어요. 영유아들은 큰 통에 물을 한가득 가지고 왔다. 영유아들은 지홍이의 종이배를 즐거운 마음으로 큰 통 속의 물 위에 띄웠다. 일란: 와! 뜬다! 재은: 선생님, 그런데, 배가 왜 물에 떠요? 교사: 글쎄, 배에 무거운 것을 올리면 어떻게 될까? 재은: 난 자석을 올려볼 거야. 영유아들은 종이배 위에 동전이나 자석 등을 놓아보기도 하며, 아주 무거워지면 가라앉는 모습을 보고 신기해하였다. 하은: 배가 무거우니까 가라앉아요. 교사: 가벼우면 뜨고, 무거우면 가라앉네. 좀 더 큰 배를 만들면 어떻게 될까? 영유아들은 큰 종이를 사용하여 큰 배를 만들었다. 그리고 다시 물통의 물 위에 띄웠다. 재은: 어라! 큰 배는 뜬다. 일란: 나는 동전하고 자석하고 지우개하고 모두 배에 넣어볼래. 하은: 아까 그 배보다 더 많이 넣을 수 있네. 교사: 큰 배에는 더 많은 물건을 넣을 수 있네. 우리 모두가 탈 수 있는 큰 배를 만들면 우리도 뜰까? 영유아들은 생각하느라 한 동안 조용해졌다. 무거운 것이 물에 뜨는 것이 굉장히 생각해 볼 거리였나 보다.	영유아들은 여러 식물들이 겨울을 준비하며 지내는 방법을 알아보는 과정에서 교사는 짚으로 나무를 싸주어 겨울을 나게 하는 이유를 설명하고자 한다. 교사: (그림 자료를 융판에 붙이며) 나무들을 (짚단그림을 제시하며) 꽁 꽁 꽁 꽁 감싸서 겨울을 따뜻하게 지낼 수 있게도 한대. 석진: (큰 나무의 감싸지 않은 부분을 가리키며) 이 나무, 여기는 정말 춥겠다. 교사: 정말 여긴 춥겠다. 작은 나무는 모두 감아주기도 하는데… 이런데 이렇게 감싸주면 뭐가 좋아? 석진: 따뜻한 거! 교사: 따뜻한 거? 맞아! 또! 또 한 가지 더 있다. 수연: (큰 소리로) 알아요! 교사: 뭐지? 교사: 나무에는 여러 벌레들이 살고 있는데, 나무에는 나쁜 벌레들이 있거든. 동민: 벌레를 잡으라고? 벌레도 추우니까 짚 속으로 들어가겠다. 교사: 맞아 벌레가 다 모이면 어떻게 하면 될까? 교사는 식물의 겨울준비를 설명하기 위해 그림으로 단서를 제공하면서 식물을 짚으로 감싸면 좋은 이유를 묻고 따뜻한 것 이외에도 벌레를 없애기 위한 방법을 알도록 질문의 폭을 좁혀 나간다. 출처: 김혜선(2019)에서 수정.

생각해 봅시다

1. 상호작용의 개념을 정리해 보자. 상호작용을 구성하는 요인인 정서적 상호작용, 언어적 상호작용, 행동적 상호작용의 실례를 찾아보고 긍정적 측면과 부정적 측면으로 분석하고 토론해 본다.
2. 교사가 성숙한 상호작용을 수행하기 위해서 먼저 교사 자신에 대한 이해를 하여야 한다. 자신의 상호작용능력과 의사소통능력을 점검하고 점검한 내용을 서로 이야기해 본다.
3. 효과적인 상호작용을 실천하기 위한 기본 원리를 탐색해 보자. 상황을 설정하고 나-전달법(I-message)을 사용하여 이야기해 본다.
4. 영유아교육기관 현장에서 일어나는 영유아의 행동을 면밀하게 관찰해 보고, 관찰한 내용을 토대로 영유아의 행동 특성, 교실 상황, 놀이의 맥락 등을 구분하여 토론해 본다.

Chapter

12

영유아교사의 교권과 발전방향

배울내용 가르치는 일은 전문성이 있어야 하며, 전문직의 특성에 합당한 윤리가 존재한다. 본 장에서는 영유아교사가 지켜야 하는 교직 윤리의 개념과 내용에 대해 살펴보고, 교사의 권리와 교권의 침해를 방지하기 위한 내실화 방안을 탐색하고자 한다.

학습목표

1. 영유아교사의 교직 윤리를 살펴보고 교직의 윤리적 가치를 실천하기 위한 방법을 탐색한다.
2. 영유아교사 교권의 개념과 내용을 이해하고 교권을 침해하는 요인이 무엇인지 탐색한다.
3. 교권의 침해 방지 및 교권 보호 내실화를 위한 방안을 제시한다.

1 영유아교직의 윤리

1) 영유아교사의 교직 윤리

윤리(倫理, ethics)란 인간이 사회의 일원으로서 지켜야 할 행동의 규범으로, 인간이 삶을 살아가는데 필요한 판단의 기준이나 원리를 제공한다. 인간을 대상으로 하는 전문직에는 그 특성에 따른 윤리가 존재하며, 이를 성문화한 것을 윤리강령(倫理綱領)이라 한다. 영유아를 대상으로 하는 영유아교사에게는 교사가 지켜야 하는 교직의 윤리와 윤리강령이 존재한다. 교직의 윤리는 영유아교사에게 판단과 행동의 윤리적 기준과 원칙을 제시한다. 의사결정을 할 경우 옳은 것과 그른 것을 구분하도록 안내하며, 행동을 할 경우 개인의 욕망과 사회적 가치를 조절하여 교사로서 지켜야 할 행동의 규칙을 준수하도록 돕는다. 이로써 판단의 오류나 부적절한 행동을 예방할 수 있도록 하는 것이다. 영유아교사의 윤리강령은 영유아교사라는 직업 특성에서 요구되는 구체적이고 특수화된 행동 윤리의 원칙을 제시해 준다.

우리나라 최초의 윤리강령은 1954년 한국문화협회가 채택한 사도강령이 시초로 보인다. 대한교육연합회(현 한국교원단체총연합회) 대의원회의에서는 1958년 한국교원윤리강령을 제정하고, 1982년 스승의 날에 사도헌장과 사도강령을 공표하였다. 이후 2005년에 교육인적자원부 및 한국교직원조합 등 10개 단체와 교원이 참여하여 교직윤리헌장을 마련하고 그에 따른 실천 방안을 발표하였다(조은진 외, 2016). 영유아교사의 윤리강령은 유치원 교사 강령과 보육교사 강령이 각각 존재한다. 유치원 교사 강령은 유아교육단체들이 2010년에 공동으로 발표하였는데, 유치원 교사 헌장과 유치원 교사 강령이 그것이다. 보육교사 강령은 한국어린이집총연합회가 2011년에 발표하였으며, 어린이집 원장 및 보육교사 윤리 강령이 그것이다. 각각의 내용을 살펴보면 다음과 같다.

유치원 교사 헌장

유아교육은 유아의 삶에 초석이 되며, 우리 사회와 국가의 미래를 결정한다. 우리는 국민의 생애초기 교육을 책임지며 사회로부터 존경받는 교사로서 자신을 연마하고 소명의식을 가지고 유아 교육자로서 가야 할 길을 밝힌다.

1. 우리는 유아를 사랑하고 개성을 존중하며 전인발달을 지원하고 평화로운 교실문화를 조성한다.
2. 우리는 미래지향적이며 질 높은 교육을 계획하고 실천하여 교육자로서의 책임을 다한다.
3. 우리는 가정에 대한 이해와 연대를 강화하여 교육복지 사회구축에 공헌한다.
4. 우리는 사회의 변화와 요구에 적극 부응하여 유아교육의 혁신과 발전을 위해 노력한다.
5. 우리는 교육자로서의 품위를 유지하고 부단한 자기개발을 통해 유아교육 전문가로서의 위상을 갖춘다.

유치원 교사 강령

01. 유치원 교사와 유아

핵심개념 사랑, 평등, 개성 존중 전인교육 안전과 보호

1. 우리는 유아를 사랑하며 유아의 인격을 존중한다.
2. 우리는 유아의 개인적 · 가정적 배경에 관계없이 모든 유아를 평등하게 대한다.
3. 우리는 유아의 개성을 존중하며 개인의 흥미와 잠재력에 적합한 교육을 제공한다.
4. 우리는 유아의 전인발달을 지원하는 교육과 환경을 제공한다.
5. 우리는 유아의 안녕을 위협하는 가정적 · 사회문화적 · 경제적 상황을 적극적으로 파악하고 유아를 보호하기 위해 노력한다.

02. 유치원 교사와 가정

핵심개념 가족에 대한 이해, 권리 보호, 협력, 지원

1. 우리는 유아를 교육하고 지원하기 위해 가정과 연계하고 협력관계를 구축한다.
2. 우리는 교육적 목적으로 수집한 가족 정보에 대해 기밀을 유지하고 가족의 사생활을 보장한다.

3. 우리는 유치원에서 일어난 안전사고나 위험 상황에 대해 가족에게 충분히 설명한다.
4. 우리는 가족에게 유치원을 개방하며 필요한 정보를 제공한다.
5. 우리는 유치원 운영에 관련된 중요한 의사결정 과정에 부모를 참여시킨다.
6. 우리는 가족에게 필요한 지역사회 자원에 대한 정보를 구축하고 이를 가족에게 적극 제공한다.

03. 유치원 교사와 사회

핵심개념 사회에 대한 이해, 교원의 지위 향상, 유아교육 위상 강화, 교직문화, 지역사회와의 협력

1. 우리는 사회의 흐름을 파악하고 이를 교육에 반영하고자 노력한다.
2. 우리는 유아에 관련된 법률과 정책을 이해하고, 이를 개선하기 위한 활동에 적극 참여한다.
3. 우리는 교직 관련 단체와 전문가 협회를 통해 교권 확립을 위한 활동에 참여한다.
4. 우리는 유치원 교육을 사회에 널리 알려 유아교육의 위상을 높인다.
5. 우리는 교직원 간의 상호존중과 협력을 통해 건전한 교직문화를 형성한다.
6. 우리는 유치원과 연계하여 지역사회의 생활과 문화 향상에 기여한다.

04. 유치원 교사의 책무

핵심개념 직업의식과 긍지, 인성(열정, 개방성, 창의성, 자율성), 교사로서의 품위, 연구와 자기개발

1. 우리는 교육전문가로서의 직업의식을 갖는다.
2. 우리는 건전한 국가관과 확고한 교육관을 가지고 교직에 종사한다.
3. 우리는 유아에게 최적의 교육을 제공하기 위해 열과 성을 다한다.
4. 우리는 건전한 언행과 생활태도로 유아에게 모범이 되도록 한다.
5. 우리는 열린 사고와 개방적 태도를 가지고 전문성 향상에 매진한다.
6. 우리는 다양한 분야의 전문가와 교류하고 새로운 지식과 정책을 비판적으로 수용한다.

출처: 유치원교원양성 · 임용제도개선연구단, 한국4년제유아교사양성대학교수협의회, 한국전문대학유아교육과교수협의회, 한국국공립유치원교원연합회, 한국유치원총연합회, 전국사립유치원연합회 (2010).

「보육인 윤리 선언」

나는 영유아의 건강한 성장과 발달을 지원하는 보육교사(어린이집 원장)로서, 직무상의 윤리적 책임을 다하여 다음 사항들을 지킬 것을 다짐합니다.

1. 나는 내가 영유아에게 지대한 영향을 미치는 존재임을 잊지 않으며, 항상 스스로의 말과 행동에 신중을 기한다.
1. 나는 영유아의 인격과 권리를 존중하며, 어떠한 경우에도 영유아에게 해가 되는 일을 하지 않는다.
1. 나는 영유아 가정의 다양성을 이해하고 존중하며, 상호 신뢰하는 동반자적 관계를 유지한다.
1. 나는 동료를 존중하고 지지하며, 서로 협력하여 최상의 보육서비스를 제공하기 위해 노력한다.
1. 나는 보육의 사회적 책임과 역할을 인식하고, 영유아의 권익과 복지를 위한 활동에 앞장선다.
1. 나는 「어린이집 원장 · 교사 윤리강령」을 직무수행의 도덕적 규준으로 삼아 진심을 다하여 충실히 이행한다.

『어린이집 원장 및 보육교사 윤리강령』

보육은 영유아를 건강하게 양육하고, 안전하게 보호하며, 발달특성에 적합한 교육을 제공하는 복지서비스이며, 보육인은 사랑과 존중과 전문지식을 바탕으로 영유아의 전인적 성장에 영향을 미치는 전문직업인이다. 그러므로 보육인은 윤리적 의식과 태도를 가지고 사회적 본분에 임해야 한다.

이에 어린이집 원장과 보육교사는 스스로 책무성을 발현하여 윤리강령을 제정함을 밝힌다. 본 강령을 직무수행의 규준으로 삼아, 보육현장에서 발생하는 윤리적 갈등을 해결하고, 생존권, 보호권, 발달권, 참여권 등 영유아의 권리를 보장함으로써 직무상의 윤리적 책임을 다하여 전문직업인으로서의 위상을 공고히 하고자 한다.

더불어 영유아와 그 가정, 동료와 사회의 존엄성을 존중하는 보육의 실천으로 다각적인 신뢰를 구축하고, 영유아의 잠재력을 최대한 발휘시킴으로써 영유아가 긍정적인 자아개념을 형성하고 유능한 사회인으로 성장할 수 있도록 도와, 궁극적으로는 영유아와 그 가정, 동료와 사회의 통합적 · 이상적 복지 실현에 기여하고자 한다.

제Ⅰ장. 영유아에 대한 윤리

1. 영유아에게 고른 영양과 충분한 휴식을 제공하여, 몸과 마음이 건강한 사람으로 자라도록 돕는다.
2. 성별, 지역, 종교, 인종, 장애 등 어떤 이유에서도 영유아를 차별하지 않고, 공평한 기회를 제공한다.
3. 영유아는 다치기 쉬운 존재임을 인식하여 항상 안전하게 보호한다.
4. 영유아에 대한 정서적 · 언어적 · 신체적 학대를 행하지 않는다.
5. 어린이집 내외에서의 영유아 학대나 방임을 민감하게 관찰하며, 필요한 경우 관련 기관("아동보호전문기관" 등)에 보고하고 조치를 취한다.
6. 영유아의 인격을 존중하고, 개인의 잠재력과 개성을 인정한다.
7. 개별적 상호작용 속에서 영유아의 요구를 수용하기 위해 노력한다.
8. 영유아의 사회 · 정서 · 인지 · 신체 발달을 통합적으로 지원하는 보육프로그램을 실시한다.
9. 특별한 도움을 필요로 하는 경우, 전문가와 협력하여 영유아의 입장에서 최선의 대안을 찾는다.
10. 보육활동을 계획, 실행, 평가하는 모든 과정에 영유아의 흥미와 의사를 반영한다.
11. 영유아의 개인적 기록과 정보에 대해 비밀을 보장한다.

제Ⅱ장. 가정에 대한 윤리

1. 상호 신뢰를 바탕으로 영유아의 가정과 동반자적인 관계를 유지한다.
2. 각 가정의 양육가치와 의사결정을 존중한다.
3. 경제적 수준, 가족형태, 지역, 문화, 관습, 종교, 언어 등 어떤 것에 의해서도 영유아의 가정을 차별 대우하지 않는다.
4. 보육활동 및 발달 상황에 관한 정보를 정확하게 제공하여 영유아에 대한 가정의 이해를 돕는다. 다문화, 심신장애 등으로 의사소통에 도움이 필요한 경우 문제를 해결할 최선의 방법을 도모한다.
5. 어린이집 운영 전반에 관한 정보를 공개하여 영유아 가정의 알 권리에 응한다.
6. 보육프로그램과 주요 의사결정에 영유아의 가정이 참여하도록 안내한다.
7. 필요한 사회적 지원, 전문서비스 등 관련 정보를 제공하여 영유아 가정의 복리 증진을 돕는다.
8. 영유아 가정의 사생활을 보호하고 익명성을 보장한다.

제Ⅲ장. 동료에 대한 윤리

[어린이집 원장]
1. 최상의 보육서비스 제공에 필요한 인적 · 물적 환경의 조성 및 유지를 위해 노력한다.
2. 보육교사를 신뢰하고 존중하며 전문성과 자율성을 인정한다.
3. 성별, 학연, 지연, 인종, 종교 등에 따라 보육교사를 차별하지 않는다.
4. 업무 관련 의사결정이 필요한 경우, 보육교사의 의견 개진 기회를 보장한다.
5. 보육교사에게 지속적 재교육 등 전문적 역량 제고의 기회를 부여한다.
6. 보육교사에게 적정 수준의 보상(보험, 급여 등)을 안정적으로 제공하며, 복지증진에 힘쓴다.
7. 보육교사 개인의 기록과 정보에 대한 비밀을 보장한다.

[보육교사]
1. 존중과 신뢰를 바탕으로 협력하며, 서로의 전문성과 자율성을 인정한다.
2. 상호 간 역량계발과 복지증진에 부합하는 근무환경이 되도록 힘쓴다.
3. 어린이집 원장 및 동료와 영유아 보육에 대한 신념을 공유한다.
4. 보육교사로서의 전문성 향상을 위해 스스로 노력한다.
5. 어린이집 내에서 영유아 및 보육교사의 인권과 복지를 위협하는 비윤리적 사태가 발생한 경우, 법률규정이나 윤리기준("한국보육시설연합회 윤리강령위원회" 참조)에 따라 조치를 취한다.

제Ⅳ장. 사회에 대한 윤리

1. 공보육에 대한 책임을 인식하고, 항상 질 좋은 보육서비스를 제공한다.
2. 영유아의 안전을 위협하는 환경이나 정책이 발견될 시, 관계기관과 협의하여 개선한다.
3. 공적 책임이 있는 어린이집으로서 재정의 투명성을 유지하고, 부정한 방법으로 사적 이익을 취하지 않는다.
4. 영유아의 권익보호를 위해 관련 정책 결정 및 법률 제정에 적극 참여하며, 사회적으로 이를 널리 알리는 데 앞장선다.
5. 지역사회 실정에 맞는 어린이집의 책임과 역할을 인지하고, 실천하고자 노력한다.

출처: 중앙육아종합지원센터(2020).

이들 윤리강령의 내용을 요약하면 영유아에 대한 책임, 영유아 가족에 대한 책임, 동료에 대한 책임, 사회에 대한 책임 등으로 정리할 수 있다.

- **영유아에 대한 책임:** 영유아의 인격 존중과 안전 보호, 적합한 교육, 보육 및 환경의 제공 등
- **영유아 가족에 대한 책임:** 가정과 연계하고 협력 관계 구축, 정보의 공개 및 제공, 의사결정에 부모를 참여시키고 부모의 양육가치와 의사결정 존중 등
- **동료에 대한 책임:** 전문가로서의 직업의식 고취, 전문성과 자율성의 인정, 상호간 역량계발과 복지증진 등
- **사회에 대한 책임:** 사회에 대한 이해와 교육에의 반영, 영유아교육 및 보육의 위상 증진, 교직문화 형성 및 실천 등

2 영유아교사의 교권

1) 교권의 개념과 내용

교사의 권리는 교권(教勸)이라고 한다. 교권이란 전문직으로서의 교직에 종사하는 교원의 권리로 교원의 권위(権威)로 사용되기도 한다. 넓은 의미의 교권은 교육권(教育権)을 의미하는데, 이것은 교육을 받을 권리와 교육을 할 권리를 포함하는 총괄적인 개념이다. 즉, 교육권으로서의 교권에는 영유아의 학습권, 학부모의 교육권, 교사의 교육권, 학교 설립자의 교육 관리권, 그리고 국가의 교육 감독권이 모두 포함된다. 반면, 제한적 의미의 교권은 교원의 교육권을 의미한다. 교원의 교육권은 가르치는 일에 있어서의 권리, 신분상의 권리, 재산상의 권리 등으로 구분할 수 있다(서울대학교 교육연구소, 1995). 일반적으로 교사의 권리가 의미하는 것은 제한적 의미의 교권이다.

2011년 「인천광역시 교권 확립 헌장 운영 조례」에서는 교권의 개념을 분명하게 정의하였다. 제2조 제3항에 따르면, 교권이란 학생에 대한 교원의 우월적 지위가 아니라 국민의 자녀교육권을 위임받아 교원 자신이 가지는 전문교과에 대한 지적 능력, 높은 수준의 덕성과 인격을 바탕으로 진리와 양심에 따라 외부의 부당한 지배나 간섭이 없이 자유롭게 교육을 행할 수 있는 권리로 정의하였다. 교권의 내용은 서울대학교 교육연구소(1995)에서 제시하는 내용과 「인천광역시 교권 확립 헌장 운영 조례」에 규정된 내용이 있다. 이들 내용을 소개하고자 한다.

표 12-1 교권의 내용

구분	교권의 내용
서울대학교 교육연구소 (1995)	① 가르치는 일에 있어서의 권리: 교사가 교육의 자율성과 학문의 자유를 보장받을 권리 등 ② 신분상의 권리: 신분 보유권, 직무 집행권, 직명 사용권, 불체포 특권 등 ③ 재산상의 권리: 보수와 연금 등의 경제적 급여와 복지 후생 서비스를 받을 권리 등 ④ 교직단체활동권: 교원 등이 상호 협동하여 교육의 진흥과 문화의 창달에 전력하며, 경제적 · 사회적 지위를 향상시키기 위해 교육회를 조직하고 활동할 권리 등
「인천광역시 교권 확립 헌장 운영 조례」	• 수업권 • 교육과정 결정권 • 교재 선택 활용권 • 강의내용 편성권 • 교육방법 결정권 • 성적 평가권 • 학생생활지도권 • 학생징계요구권

교사의 교육권은 법률을 통하여 보장 받는다. 교사의 권리 즉 교권이 법률에 가장 처음 기록된 것은 1981년 「교육공무원법」 제43조에서였다. 이후 1991년 「교육공무원법」이 개정되면서 '교원은 존중되어야 하며 교원은 그 전문적 지위나 신분에 영향을 미치는 부당한 간섭을 받지 아니한다'로 명시하고 현재까지 이어지고 있다.

해외의 경우에도 교권은 법률로 규정되고 법률을 통하여 보장된다. 영국의 경우, 19세기부터 내려오는 판례법에 근거한 교권이 행사되어오다가, 1996년 「교육법 1996(Education Act 1996)」에 의해 교사의 권위와 행동의 범위가 법률로서 명시되었다. 이후 2011년에 개정된 「교육법」에 따라 교권의 법적 근거가 강화되었고 훈육과 학부모와의 협조에 대한 행동 규정이 명시되어 있다. 또한 교사의 전문성의 윤리와 학생의 윤리가 제시되어 있다. 독일의 경우, 교사 업무규정에 학생을 위한 수업, 훈육, 상담, 평가, 감독, 돌봄에 대한 교육자율권을 규정하고 업무규정을 통해 교사 고유의 책임을 규정하고 있다. 동시에 독일은 교사에게 강력한 성적평가의 재량권을 부여하여 교권확립의 토대를 마련하여, 교사의 책임뿐만 아니라 교권확립에 대한 균형을 이루고 있다(오형자, 2018).

우리나라 법령에서 제시하고 있는 교권의 내용을 살펴보면 표 12-2와 같다.

표 12-2 우리나라 법령에 제시된 교권

법	내용	비고
헌법	**(제31조 제6항)** 학교교육 및 평생교육을 포함한 교육제도와 그 운영, 교육재정 및 교원의 지위에 관한 기본적인 사항은 법률로 정한다.	「헌법」 제31조는 교육권과 의무교육 등을 규정한 조항으로 6항으로 구성되어 있다.
교육기본법	**제14조(교원)** ① 학교교육에서 교원(教員)의 전문성은 존중되며, 교원의 경제적·사회적 지위는 우대되고 그 신분은 보장된다. ② 교원은 교육자로서 갖추어야 할 품성과 자질을 향상시키기 위하여 노력하여야 한다. ③ 교원은 교육자로서의 윤리의식을 확립하고, 이를 바탕으로 학생에게 학습윤리를 지도하고 지식을 습득하게 하며, 학생 개개인의 적성을 계발할 수 있도록 노력하여야 한다. ④ 교원은 특정한 정당이나 정파를 지지하거나 반대하기 위하여 학생을 지도하거나 선동하여서는 아니 된다. ⑤ 교원은 법률로 정하는 바에 따라 다른 공직에 취임할 수 있다. ⑥ 교원의 임용·복무·보수 및 연금 등에 관하여 필요한 사항은 따로 법률로 정한다. [전문개정 2007. 12. 21.]	「교육기본법」에는 교육당사자(학습자, 보호자, 교원, 학교·사회교육시설의 설립자·경영자)의 권리와 의무를 규정하고 있다. 교원에 관한 규정은 제14조에 명시하고 있다.

<table>
<tr><th>법</th><th>내용</th><th>비고</th></tr>
<tr><td>교육
공무원
법</td><td>제43조(교권의 존중과 신분보장) ① 교권(教権)은 존중되어야 하며, 교원은 그 전문적 지위나 신분에 영향을 미치는 부당한 간섭을 받지 아니한다.
② 교육공무원은 형의 선고나 징계처분 또는 이 법에서 정하는 사유에 의하지 아니하고는 본인의 의사에 반하여 강임 · 휴직 또는 면직을 당하지 아니한다.
③ 교육공무원은 권고에 의하여 사직을 당하지 아니한다.
[전문개정 2011. 9. 30.]</td><td>「교육공무원법」 제7장은 교육공무원의 신분보장, 징계, 소청을 규정하고 있으며, 제43조에 교권의 존중을 명시하고 있다.</td></tr>
<tr><td>사립
학교법</td><td>제56조(의사에 반한 휴직 · 면직등의 금지) ① 사립학교 교원은 형의 선고 · 징계처분 또는 이 법에 정하는 사유에 의하지 아니하고는 본인의 의사에 반하여 휴직 또는 면직 등 불리한 처분을 받지 아니한다. 다만, 학급 · 학과의 개폐에 의하여 폐직이나 과원이 된 때에는 그러하지 아니하다. 〈개정 1990. 4. 7.〉
② 사립학교 교원은 권고에 의하여 사직을 당하지 아니한다.
[전문개정 1981. 2. 28.]

제60조(교원의 불체포특권) 사립학교의 교원은 현행범인의 경우를 제외하고는 소속 학교장의 동의 없이 학원 안에서 체포되지 아니한다.

제60조의2(사회보장) ① 사립학교의 교원 및 사무직원이 질병 · 부상 · 장해 · 퇴직 · 사망 또는 재해를 입었을 때에는 본인이나 그 유족에게 법률이 정하는 바에 따라 적절한 급여를 지급한다. 〈개정 1977. 12. 31., 2018. 12. 18.〉
② 제1항의 법률에는 다음의 사항이 규정되어야 한다. 〈개정 2018. 12. 18.〉

1. 상당한 기간 근무하고 퇴직하거나 사망한 경우에 본인이나 그 유족에게 연금 또는 일시금을 지급하는 사항
2. 직무로 인한 부상 또는 질병으로 인하여 사망하거나 퇴직한 경우에 본인이나 그 유족에게 연금 또는 보상금을 지급하는 사항
3. 직무로 인한 부상 또는 질병으로 인한 요양기간 중 소득능력에 장애를 받을 경우에 그 본인이 받는 손실보상에 관한 사항
4. 직무로 인하지 아니한 사망 · 장해 · 부상 · 질병 · 출산 기타 사고에 대한 급여의 지급에 관한 사항
[본조신설 1973. 12. 20.]</td><td>「사립학교법」 제2절에 교원의 신분보장 및 사회보장을 명시하고 있다.</td></tr>
</table>

법	내용	비고
교원의 지위 향상 및 교육 활동 보호를 위한 특별법	**제2조(교원에 대한 예우)** ① 국가, 지방자치단체, 그 밖의 공공단체는 교원이 사회적으로 존경받고 높은 긍지와 사명감을 가지고 교육활동을 할 수 있는 여건을 조성하도록 노력하여야 한다. ② 국가, 지방자치단체, 그 밖의 공공단체는 교원이 학생에 대한 교육과 지도를 할 때 그 권위를 존중받을 수 있도록 특별히 배려하여야 한다. ③ 국가, 지방자치단체, 그 밖의 공공단체는 그가 주관하는 행사 등에서 교원을 우대하여야 한다. 〈개정 2016. 2. 3.〉 ④ 제1항부터 제3항까지에서 규정한 사항 외에 교원에 대한 예우에 필요한 사항은 대통령령으로 정한다. 〈신설 2016. 2. 3.〉 [전문개정 2008. 3. 14.]	이 법은 교원에 대한 예우와 처우를 개선하고 신분보장과 교육활동에 대한 보호를 강화함으로써 교원의 지위를 향상시키고 교육 발전을 도모하는 것을 명시하고 있다.
영유아 교육법 시행령	**제28조(교원의 교육 및 연수)** ① 교육부장관과 교육감은 유치원 교원의 자질 향상을 위한 교육 및 연수를 정기적으로 실시하여야 한다. 〈개정 2013. 3. 23.〉 ② 교육부장관과 교육감은 교원의 각종 교육 및 연수 계획을 수립하거나 집행할 경우 유치원 교원을 다른 교원과 같게 대우하여야 하며 차별해서는 아니 된다. 〈개정 2013. 3. 23.〉 [전문개정 2010. 5. 31.]	영유아교육법 시행령에는 유치원 교원의 교육과 연수를 규정하고 있다.

이러한 교권의 개념은 학습자인 학생, 영아나 유아의 인권과 상충되는 개념이 아니다. 교권은 학생, 영이, 유아의 학습권을 보장하기 위하여 교사의 역할과 신분을 규정한 것이다. 따라서 교권의 신장은 학습자인 학생과 영아 및 유아의 인권 신장으로 연결된다. 이들의 인권 신장은 다시 교권을 확립하는데 영향을 미치기에, 교권과 학습자의 인권은 상호 보완적이며 상호 호혜적이다.

2) 교권의 침해와 교권보호 내실화를 위한 방안

영유아교사가 교사로서의 역량을 최대한 발휘하고 교직을 성공적으로 수행하기 위해서는 교사로서의 권리를 충분히 보장받아야 한다. 영유아교사는 영유아를 교육할 권리, 사회적·경제적으로 우대되고 신분을 보장 받을 권리, 교사의 근로

조건 유지·향상을 위해 노력할 권리 등을 존중 받을 때 영유아의 성장과 발달에 적합한 교육환경을 구성할 수 있다. 그러나 영유아교육현장에서 교사의 교육할 권리와 사회·윤리적인 권위 및 전문적인 권위를 무시하고 간섭하는 사례가 증가(김보현 외, 2020)하고 있어 교권침해의 문제를 점검할 필요가 있다.

교권침해란 정상적인 교육활동을 위한 교원의 교육권이 교육행정기관, 학교관리자, 동료교원, 영유아, 학부모, 지역주민, 언론 등에 의해 부당하게 간섭받거나 침해되는 현상을 말한다. 「교원의 지위 향상 및 교육활동 보호를 위한 특별법」 제15조에는 학교의 학생 또는 그 보호자 등이 교육활동 중인 교원에 대하여 상해, 폭행, 협박 등 대통령령으로 정하는 교육활동을 침해하는 행위라고 교권침해를 규정하고 있다. 「교원의 지위 향상 및 교육활동 보호를 위한 특별법 시행령」 제2조의3에는 상해와 폭행의 죄, 협박의 죄, 명예에 관한 죄, 손괴의 죄, 성폭력 범죄 행위, 불법 정보 유통 행위와 교육부장관이 정하여 고시하는 행위로서 교육활동을 부당하게 간섭하거나 제한하는 행위라고 보고 있다. 아울러 교육활동 침해 고시 제2조에는 교원의 교육활동 침해 행위를 교원의 교육활동을 부당하게 간섭하거나 제한하는 행위로서, 공무방해에 관한 죄 또는 교원의 정당한 교육활동을 방해하는 행위, 교육활동 중인 교원에게 성적 언동 등으로 성적 굴욕감 또는 혐오감을 느끼게 하는 행위, 교원의 정당한 교육활동에 반복적으로 부당하게 간섭하는 행위, 「교육공무원법」 제43조 제1항에서 제시된 교원의 전문적 지위나 신분에 영향을 미치는 부당한 간섭을 하는 행위로 규정하고 있다(김규태, 2018).

김규태(2018)는 교권의 침해 유형을 교원으로서의 교육할 권리 침해, 전문직 종사자로서의 권리 침해, 인간으로서의 기본권 침해로 구분하고 그 구체적인 유형을 제시하였다.

표 12-3 교권침해 유형

구분	교권침해 유형
교원으로서의 교육할 권리 침해	• 인터넷에서의 교사 비방 또는 언론매체를 통한 압박 • 학교안전공제회 보상 거부, 직접 보상, 추가보상 요구 • 학교폭력 처리과정에서 교사에 대한 부당한 압박 • 학교안전사고에 대한 손해배상청구, 형사고소 • 학내에서 폭언이나 난동 등 수업과 업무 방해 • 교사 배제를 주장하는 서명운동 등 명예 훼손 • 전화나 이메일 SNS를 통한 폭언과 협박 • 영유아 인권 침해를 빙자한 담임 교체 요구 • 학교폭력 피해자 학부모의 무리한 요구 • 학부모에 의한 교사 폭언, 폭행, 협박 • 교사에게 일방적인 책임 전가 • 영유아평가와 관련한 권한 침해 등
전문직 종사자로서의 권리 침해	• 사립학교에서의 법인 내 학교 간 강제전보 • 근무지 외 연수에 대한 승인권 남용 • 교내인사자문위원회의 운영 관련 • 계약제 교원에 대한 교권침해 등
인간으로서의 기본권 침해	• 모성보호 및 여성의 권리와 관련된 권리 침해 • 휴가 허가권의 남용 등 복무와 관련된 분쟁 • 교사 성희롱 또는 폭행 등

출처: 김규태(2018).

최근 「교원의 지위 향상 및 교육활동 보호를 위한 특별법」(약칭: 교원지위법)을 개정하여 시행(2020. 6. 11)하고 있어 영유아교육기관 중 유치원 교사의 교권보호 방안은 점차 마련되고 있다. 그러나 영유아교육기관 중 어린이집 교사의 경우에는 교권침해 등에 대한 법 조항이 별도로 규정되어 있지 않기에, 특별법에 준하는 보호나 교사로서의 권리 보호 그 어느 것도 받고 있지 못한 실정이다.

교권의 보호는 교사 개인의 문제가 아니라 교육 공동체인 영유아와 학부모가 함께 해결할 과제이다. 교권보호 방안도 학교 문화를 민주적으로 개선해 나감으로써 수업권과 교사의 인권을 보호하고, 교사 개인이 아닌 기관 및 국가 차원에서 정책으로서 교권을 보호해 주어야 한다. 더 나아가서는 사회적 차원에서 법과 제도로서 교권을 보호해야 한다.

교권보호 내실화 방안에 대하여 김태옥 등(2018)이 제시한 방안을 학교문화 개선 차원, 교권보호 정책적 차원, 교권보호 법령·제도적 차원으로 살펴보면 다음과 같다.

(1) 학교 문화 개선 차원

회복적 생활교육을 도입하고 영유아 및 교원의 언어문화를 개선하며, 영유아와 교사가 더불어 성장하는 수업 문화 조성을 통해 학교의 민주적인 자치역량을 강화시켜 나간다.

(2) 교권보호 정책적 차원

교권침해 예방 교육을 강화하고 교원의 개인정보 보호 수준을 강화시켜 나간다. 단위 학교 내 '교사회'를 의무화하고 교원 양성 과정 개선 및 저경력 교사에게 감정코칭 연수를 강화한다. 교권침해 행위에 대한 무관용 원칙 적용 등을 통해 교권침해 예방 시스템을 강화시키고 사안 처리를 용이하게 만든다.

(3) 법령 · 제도적 차원

교원지위법 및 관련법의 개정을 통해 교권침해 가해자에 대한 징계 규정을 강화하고 학교폭력대책자치위원회와 교권보호위원회의 통합 운영을 통해 교권보호위원회를 활성화시키며, 학칙에 교권침해에 관한 내용을 반영함으로써 현실적인 교권침해를 예방할 수 있도록 한다.

표 12-4 영유아교사의 교권보호 내실화 방안

영역	세부 내용
학교문화 개선 차원	• 회복적 생활교육의 도입 • 교원의 언어문화 개선 • 영유아와 교사가 더불어 성장하는 수업 문화 조성
교권보호 정책적 차원	• 교권침해 예방 교육 강화 • 교원의 개인정보 보호 수준 강화 • 민원 접수창구의 단일화 및 규격화 • 단위 학교 내 '교사회'의 의무화 • 교원 양성과정 개선 및 저경력 교사 감정코칭 연수 강화 • 교권침해 행위에 대한 무관용 원칙 적용
교권보호 법령 · 제도적 차원	• 「교원지위법」 개정 • 「유아교육법」, 「영유아보육법」 개정 • 학교폭력대책자치위원회와 교권보호위원회의 통합 운영 • 학칙, 원칙 개정을 통한 교권침해 예방

출처: 김태옥 외(2018).

생각해 봅시다

1. 영유아교사의 교직 윤리를 영유아에 대한 책임, 영유아 가족에 대한 책임, 동료에 대한 책임, 사회에 대한 책임의 측면에서 살펴보고 이와 관련된 사회적 이슈나 신문기사를 검색해 본다. 검색한 내용을 서로 토론하고, 영유아교사의 교직 윤리를 실천하기 위한 방법을 탐색해 본다.
2. 영유아교사 교권의 개념과 내용을 정리하고 교권을 침해하는 사례를 찾아, 그 원인이 무엇인지 탐색해 본다.
3. 교권의 침해를 방지하기 위한 방안을 토론하고 발표해 본다.

참고문헌

강기수(2002). **인간학적 교사론**. 부산: 세종출판사.

강문숙, 박수홍, 김두규(2012). 예비유아교사의 문제해결력 증진을 위한 블렌디드 PBL 프로그램 개발. **교사교육연구**, 51(3), 333-352.

강선보, 박의수, 김귀성, 송순재, 정윤경, 김영래, 고미숙(2008). **인성교육**. 경기: 양서원.

강양자(2016). 유아교사의 발달단계에 따른 교직적응 모형 개발. 중부대학교 대학원 박사학위논문.

강인숙(2002). 교사반응성 프로그램이 교사 및 유아의 상호작용에 미치는 효과. 동아대학교 대학원 박사학위논문

강주연(2017). 유아교사의 발달단계에 따른 자기장학 모형개발 및 적용. 경북대학교 대학원 박사학위논문.

고동섭(2001). 유아교육과 신입생의 특성. 이화여자대학교 대학원 석사학위논문.

고여훈(2013). 하늘반 유아들의 거친 신체 놀이 특징과 교사의 상호작용. 이화여자대학교 대학원 박사학위논문.

고은미(2017). 어린이집 원장의 직무역량 교육요구에 따른 현직교육과정 분석. 신라대학교 대학원 박사학위논문.

고학재(2010). 학교장의 장학신념, 교사의 발달수준, 학교장학문화 및 장학효과성과의 관계. 인천대학교 대학원 박사학위논문.

곽영우, 권상혁, 서정화, 신통철, 최성락, 하상일, 황희일(1997). **예비교원을 위한 교사론**. 서울: 교육과학사.

교육과학기술부(2011). **유치원 기본과정 내실화를 위한 인성교육프로그램**. 교육과학기술부.

교육과학기술부(2012). **유치원 기본과정 내실화를 위한 인성교육프로그램**. 교육과학기술부.

교육부(2019). **2020년 교원연수 중점 추진방향**. 세종: 교육부.

교육부(2019). **유치원 교육과정 고시문**(교육부 고시 제 2019-189호). 세종: 교육부.

교육부(2020). **2020년도 교원자격검정 실무편람**. 세종: 교육부.

교육부, 보건복지부(2019). **2019 개정 누리과정 놀이 실행 자료**. 세종: 교육부·보건복지부.

교육부, 보건복지부(2019). **2019 개정 누리과정 해설서**. 세종: 교육부·보건복지부.

구효진, 오인지, 임화성(2017). 유아특수교사의 심리적 소진과 회복탄력성에 관한 연구. **한국유아특수연구**, 17(1), 205-231.

권기욱(2006). **유치원 학급경영**. 서울: 보현사.

권선영, 김명소(2016). 직업소명이 삶의 만족에 미치는 영향. **한국심리학회지여성**, 21(1), 151-171.

김 현(2016). 예비유아교사의 교사동기와 교직열정이 교직헌신에 미치는 영향. **학습자중심교과교육연구**, 16(12), 103-121.

김경령(2014). 예비교사의 교직인성 자기점검도구 개발 연구. **한국교원교육연구**, 31(1), 117-139.

김경옥, 류성림(2009). 상황제시형 수학 문제 만들기 활동이 문제해결력 및 수학적 태도에 미치는 영향. **학교수학**, 11(4), 665-683.

김경옥, 류성림(2009). 상황제시형 수학 문제 만들기(WQA)활동이 문제해결력 및 수학 태도에 미치는 영향. **학교수학**, 11(4), 665-683.

김규태(2018). 교육현장의 교원보호 방안. 2018년 제5회 교육정책네트워크 교육정책 토론회. 한국교육개발원·교육정책네트워크.

김다혜(2020). 유아교사의 자아존중감 및 의사소통능력이 교사-유아 상호작용에 미치는 영향. 인천대학교 대학원 석사학위논문.

김명숙, 김소향(2013). 5세 누리과정 교사들의 누리과정이해와 교사 효능감 및 직무만족도비교. **유아교육 · 보육복지연구**, 17(4), 55-77.

김미경(2020). 어린이집 원장의 감성리더십이 교사-영유아 상호작용에 미치는 영향에 관한 연구-리더-구성원(LMX)과 직무만족의 매개효과를 중심으로-. 서경대학교 대학원 박사학위논문.

김민성(2012). 교사 전문성의 연계적 특성과 교사 교육의 방향. **교육심리연구**, 26(1), 39-61.

김보현, 박미경, 최양미, 이홍재(2020). 보육교사 발달단계에 따른 교권 침해 경험 및 대응요구 분석. **학습자중심교과교육연구**, 20(5), 653-674.

김선남(2001). 유아특수교육 교사의 자질에 대한 관리자의 기대수준 조사. 공주대학교 특수교육대학원 석사학위논문.

김선희(2010). 멘토링 활동이 유치원 교사의 전문성 발달에 미치는 영향. 한국교원대학교 교육대학원 석사학위논문.

김선희(2013). 다문화 가정 유아의 또래유능성에 대한 유아의 언어능력과 교사-유아관계의 영향. **교육과학연구**, 44(2), 47-67.

김성희(2016). PBL기반 유아과학교육이 예비유아교사의 과학적 태도, 과학교수 효능감, 문제해결능력에 미치는 효과. **한국교육문제연구**, 34(3), 199-216.

김수연(2015). 유아교사의 정서노동이 직무만족 및 교사-유아 상호작용에 미치는 영향: 정서지능과 사회적 지지의 조절효과를 중심으로. 신라대학교 대학원 박사학위논문.

김숙령(1995). 유아의 애착 상태와 유치원 생활에서 나타나는 사회정서 문제행동 등 간의 관계에 관한 연구. **유아교육연구**, 15(1), 21-38.

김시연(2014). 유아교사의 행복감, 교직에 대한 열정, 직무만족도, 교사 효능감 및 교사-유아 상호작용 간의 구조분석. 광주여자대학교 박사학위논문.

김언경(2015). 교사-유아 상호작용의 동시성과 유아의 조망수용능력 및 대인문제해결능력 간의 관계. 이화여자대학교 대학원 박사학위논문

김연옥, 천성문, 이정희(2012). 유아교사 소진 척도 개발 및 타당화. **열린유아교육연구**, 17(4), 273-298.

김영미(2017). 원장의 코칭리더십, 조직문화, 유아교사의 임파워먼트, 교사효능감 및 직무만족도 간의 구조적 관계. 동아대학교 대학원 박사학위논문.

김영순(2010). 반성적 사고를 강조한 수업장학이 초등교사의 과학수업에 미치는 영향. 한국교원대학교 대학원 박사학위논문.

김영옥(2019). 기독유아교사의 신앙성숙도와 심리적 안녕감과의 관계. 백석대학교 기독교전문대학원 박사학위논문.

김영주, 원혜정(2017). 예비 유아교사의 DISC행동유형에 따른 교직동기와 교직열정의 차이. **열린유아교육연구**, 22(4), 1-25.

김용숙(2005). **유아교육과정**. 서울: 서현사.

김원형(1995). 조직에서의 정서조절. **사회과학논문집**, 20(1), 163-176.

김유정, 박지혜, 안선희(2012). 보육교사의 의사소통 능력, 대인관계 유능성, 그리고 가정연계 효능감이 부모-교사 협력에 미치는 영향. **아동학회지**, 33(5), 71-89.

김은영, 박은혜(2006). 유치원 교사의 직무분석. **한국교원교육연구**, 23(2), 303-323.

김은주, 권미량(2008). **유아교사교육**. 경기: 공동체.

김은화(2004). 유치원 교사의 직무스트레스와 사회적 지지 및 자아존중감 간의 관계. 연세대학교 교육대학원 석사학위논문.

김은희(2017). 점토놀이와 그림책 읽기 활동에서 나타난 교사의 상호작용 유형이 유아의 언어표현력에 미치는 영향. 건국대학교 대학원 박사학위논문.

김의성(2013). 보육교사의 적성이 직무만족도에 미치는 영향. 인천대학교 교육대학원 석사학위논문.

김의향(2006). 7~24개월 영아의 의사소통적 몸짓과 어휘 습득 간의 관계. 연세대학교 대학원 박사학위논문.

김인경(2019). 영유아 보육·교육 질 개선, 무엇을 어떻게 할 것인가? 정책토론회, 선진국형 서비스산업 발전방향. Session 4, 영유아 보육·교육, 111-145.

김장주(1994). 초등학교 교사의 스트레스와 그 대처방법에 관한 연구. 건국대학교 대학원 석사학위논문.

김정화(2012). 유아교사의 생애핵심능력에 대한 인식: 의사소통, 문제해결, 자기주도적 학습 중심으로. 배재대학교 대학원 석사학위논문.

김정환, 남현우, 염시창, 임진영(2012). **교직 적성 · 인성 검사도구 개발 연구**. 서울: 교육과학기술부.

김정휘, 고흥화(1994). **교사의 직무 스트레스 연구**. 서울: 배영사.

김정희(2009). 유아교육기관 원장의 리더십과 조직효과성에 대한 교사 임파워먼트의 매개효과. **생태유아교육연구**, 8(2), 187-209.

김정희(2013). 보육교사의 유머감각과 원장-교사 교환관계가 소진에 미치는 영향. **생태유아교육연구**, 12(3), 105-124.

김정희, 문혁준, 백혜리, 김혜연, 김민희, 정다운(2017). **보육실습**. 서울: 창지사.

김종철(1982). **교육행정의 이론과 실제**. 서울: 교육과학사.

김지아(2002). 자기조절향상 프로그램이 유아의 자기 조절력에 미치는 영향. 중앙대학교 일반대학원 석사학위논문.

김지영(2010). 보육교사의 정서노동에 관한 연구. 이화여자대학교 대학원 석사학위논문.

김지영(2015). 원장과의 관계, 원장과의 의사소통 및 어린이집 유형과 어린이집 교사의 직무스트레스 간의 관계. 경희대학교 교육대학원 석사학위논문.

김지은, 안선희(2007). 영아교사의 개인적 배경 및 근무여건과 사회적 지지가 소진에 미치는 영향. **아동학회지**, 28(3), 149-162.

김지현(1995). 유치원 교사의 직무 스트레스와 교육활동에 관한 연구. 성균관대학교 대학원 석사학위논문.

김태석(2008). 교사의 반성적 수업분석이 수업행동에 미치는 영향. 단국대학교 대학원 박사학위논문.

김태영(2016). 교사전문성 기반 교사발달 진단도구의 개발과 분석. 강원대학교 대학원 박사학위논문.

김태옥, 임두빈, 박정수, 주아름, 박한범, 최선미(2018). **교권침해 실태분석 및 교권보호 방안 연구**. 충청남도교육연구정보원·교육정책연구센터.

김하니(2012). 보육교사의 정서지능, 교사효능감 및 직무만족도가 보육교사의 행복감에 미치는 영향. 부산대학교 대학원 석사학위논문.

김하종(2015). 유치원 교사의 수업전문성 관련 변인간의 구조 분석. 전남대학교 대학원 박사학위논문.

김현(2016). 예비유아교사의 교사동기와 교직열정이 교직헌신에 미치는 영향. **학습자중심교과교육연구**, 16(12), 103-121.

김현주(2009). 유아의 기질과 어머니의 양육신념이 유아의 자기 조절력에 미치는 영향. 덕성여자대학교 교육대학원 석사학위논문.

김현진(2012). 예비 유아교사의 교직에 대한 열정, 교사동기 그리고 교사효능감에 관한 연구. 열린유아교육연구, 17(6), 249-275.

김혜경(2012). 보육교사 적성검사도구 개발, 경희대학교 대학원 박사학위논문.

김혜선(2019). 유치원교실의 협력적인 상호작용. 경기: 공동체.

김효선(2000). 유치원 교사에 대한 사회적 인식 조사. 중앙대학교 대학원 석사학위논문.

김휘경(2006). 동료장학실행수준에 따른 보육교사 전문성 발달. 숙명여자대학교 대학원 석사학위논문.

김흥순(2005). 청소년의 행복감에 영향을 미치는 성격 및 생활사건의 관계. 경기대학교 대학원 석사학위논문.

김희수(2016). 보육교사의 인간관계(원장·동료교사·학부모), 업무보상, 근무조건과 심리적 소진. 경희대학교 대학원 석사학위논문.

김희태, 백영숙(2009). 유아교사의 창의성과 교수 효능감. 유아교육학논집, 13(3), 51-67.

남미경, 윤갑정(2016). 문제중심학습(PBL)이 예비보육교사의 자기조절학습능력과 문제해결력에 미치는 영향: 성별, 학년, PBL사전경험을 중심으로. 학습자중심교과교육연구, 16(9), 243-270.

남예슬, 김영훈(2015). 정서 억제가 심리적 건강에 미치는 영향. 한국심리학회 학술대회 자료집, 8, 336.

단현국(2004). 한국 유아의 스트레스와 행동문제와의 관계에 대한 완화요인의 효과. 유아교육연구, 24(2), 135-158.

도명애(2009). 유아교육교사의 직무스트레스 및 대처방식. 대구대학교 대학원 박사학위논문.

두산백과사전 두피디아(2017). “코칭” http://www.doopedia.co.kr.

류경희, 강상(2015). 유아교사의 정서지능, 동료교사 협력관계, 부모-교사 협력관계와 교사효능감 간의 구조모형 분석. 한국유아교육 · 보육행정연구, 19(2), 203-225.

류지한(2007). 고대의 쾌락주의. 철학논총, 50, 91-111.

류칠선(1998). 유치원 교사 이미지 평가척도개발. 아동학회지, 19(1). 183-192.

명제창(1998). 학교 조직에서의 도덕성, 지도성 측정에 관한 연구. 충남대학교 대학원 박사학위논문.

문미선(2007). 보육교사의 이직의도와 근무환경 및 직무만족도와의 관계연구. 덕성여자대학교 대학원 석사학위논문.

문용린(2011). 문용린 교수의 정서지능 강의: 부모와 아이가 함께 키워야 할 마음의 힘. 서울: 북스넛.

문혁준, 안효진, 김경회, 김영심, 김정희, 김혜연, 배지희, 서소정, 이미정, 이희경, 정다운,

조혜정(2014). 개정 보육교사론. 서울: 창지사.

민광미(2014). 영아반 교사용 민감성 척도 개발 및 타당화 연구. 건국대학교 대학원 박사학위논문.

박미옥(2013). 유아교사의 직무스트레스 대처방식 척도 개발 및 타당화. 경성대학교 대학원 박사학위논문.

박석출(2002). 초중등학교 교사들의 직무스트레스와 대처방식. 창원대학교 교육대학원 석사학위논문.

박성혜(2015). 유아교사의 교직적성과 자아존중감 및 교수효능감의 관계. 유아교육학논집, 19(2), 211-242.

박성혜, 박은주(2014). 유아교사의 교직적성과 행복감과의 관계. 유아교육학논집, 18(6), 165-190.

박은경(2019). 유아교사가 지각한 원장의 감성리더십이 교사의 행복감과 교사-유아의 상호작용에 미치는 영향. 총신대학교 교육대학원 석사학위논문.

박은혜(2013). 유아교사론. 서울: 창지사.

박은혜(2017). 유아교사론(제5판). 서울: 창지사.

박은혜, 조운주(2007). 예비유아교사가 인식한 유아교사 이미지의 변화 탐색. 유아교육학논집, 11(4), 225-246.

박준기(2010). 전문성 발달단계를 반영한 교사자격기준 개발 및 타당성 분석. 단국대학교 대학원 박사학위논문.

박진희(1990). 유치원 교사의 전문성 발달을 위한 기초연구. 이화여자대학교 대학원 석사학위논문.

박찬옥, 구수연, 이옥임(2012). 영아교사상호작용의 이론과 실제. 경기: 정민사.

박형주(2017). 인공지능시대와 지식전수형교육의 종말. 한국육아지원학회 학술대회 자료집, 11–14. 익산: 원광대학교.

박효정, 정광희(2000, 2001). 한국 사회의 도덕성 지표 개발 연구(Ⅰ, Ⅱ). 한국교육개발원.

박희숙(2014). 24시간 어린이집 교사-영유아의 상호작용이 영유아 정서지능에 미치는 영향. 육아지원연구, 9(1), 267-285.

배성희(2009). 보육교사의 행복이 교사의 효능감과 직무만족도에 미치는 영향. 부산교육학연구, 22, 25-44.

배성희, 김연화, 한세영(2014). 보육교사의 직무스트레스, 자아탄력성 및 소진이 이직의도에 미치는 영향. 한국유아교육 · 보육행정연구, 18(1), 234-258.

백승관(2003). 교사의 발달과정에 관한 탐색 모형. 교육행정학연구, 21(1), 29-50.

백은주(2002). 발달 장학을 통한 유치원 교사의 발달과정. 한국교원대학교 대학원 박사학위논문.

백은주, 조부경(2004). 유치원 교사의 전문성 발달 수준 자기평가도구 개발. 유아교육연구, 24(4), 95-117.

변상우(2017). 유아교사 자기 조절력 척도개발. 경성대학교 대학원 박사학위논문.

변유미(2016). 초임유아교사의 교직적응 지원을 위한 디지털 스토리텔링 기반 멘토링의 교육적 의미. 중앙대학교 대학원 석사학위논문.

보건복지부(2020). 2020 보육사업안내. 세종: 보건복지부.

보건복지부, 육아정책연구소(2016). 보육교사 양성과정 및 보육실습 매뉴얼 연구. 서울: 보건복지부.

사회복지학사전(2020). 사회적 상호작용. https://terms.naver.com

서경혜, 최진영, 김수진, 이지영(2013). 예비교사 교직인성 분석: 재학기간, 교육실습, 교육봉사 및 진로에 따른 차이를 중심으로. 한국교원교육연구, 30(2), 305-328.

서동미, 엄은나(2013). 유치원 교사의 학급 경영에 대한 인식과 자기평가. 유아교육학논집, 17(5), 165-185.

서울대학교 교육연구소(1995). 교육학용어사전. 서울: 하우동설.

서정균, 이대균(2011). 어린이집 교사가 부모와의 관계에서 느끼는 스트레스와 대처방법. 미래유아교육학회지, 18(4), 259-291.

서주희(2013). 보육교사의 직무만족도, 교사효능감 및 유아의 사회적 능력의 관계. 전남대학교 대학원 석사학위논문.

서지영(2002). 유치원 교사의 이직의도에 관한 이론적 모형연구. 숙명여자대학교 대학원 박사학위논문.

서현, 이승은(2013). 예비유아교사들이 인식한 유아교사 이미지. 한국보육학회, 13(3), 223-240.

서현, 임지윤, 박미자(2013). 유아교사의 바람직한 인성에 대한 예비유아교사와 현직유아교사의 인식비교. 한국영유아보육학, 77, 41-71.

손병환(2000). 교육심리학. 경북: 대구효성카톨릭대학교 출판부.

송근영(2014). 분수에 관한 교사 발달 단계별 PCK 분석 및 전문성 개발 프로그램 탐색. 한국교원대학교 대학원 박사학위논문.

송선화(2012). 보육교사의 직무스트레스가 직무만족에 미치는 영향: 인간관계의 매개효과를 중심으로. 한국유아교육 · 보육행정연구, 16(1), 133-151.

송유진(1993). 유아교육기관 조직풍토와 교사의 직무만족에 관한 연구. 이화여자대학교 대학원 석사학위논문.

송인섭(1989). 인간심리와 자아개념. 경기: 양서원.

송인섭(1999). 자아개념의 이론, 측정, 변화. 한국심리학회, 한국심리학회지, 13(4), 1-46.

송인섭(2002). 자아개념 형성에 미치는 영향. 사회 · 교육과학 연구, 5(2), 3-21.

신구범(2005). 조직행위론. 서울: 형설출판사.

신동철, 권재환(2020). 부장교사가 지각하는 학교장의 도덕적 지도성과 조직몰입의 관계에서 교사효능감과 조직문화인식의 중다매개효과. 교육문화연구, 26(3), 215-238.

신재호, 이찬(2008). 대기업의 팀역량과 팀원특성간의 관계: 팀 맥락을 선행요인으로. 한국산업 및 조직 심리학회, 20(4), p.475.

신진희(2019). 보육교사의 자기장학이 교직전문성과 교수몰입에 미치는 영향. 총신대학교 교육대학원 석사학위논문.

신혜영(2004). 어린이집 교사의 직무 스트레스와 효능감이 교사 행동의 질에 미치는 영향. 연세대학교 대학원 박사학위논문.

신혜지(2017). 교사가 지각하는 직장어린이집원장의 감성리더십과 교사의 직무만족도 및 셀프리더십의 관계. 성신여자대학교 대학원 석사학위논문.

안경자, 장선경, 박영신, 손윤희, 김진희(2019). 개정판 교사–영유아 상호작용 현장이야기. 경기: 공동체.

안나래, 김희수, 안선희(2015). 보육교사의 직무스트레스와 이직의도의 관계에서 교직선택동기의 조절효과. 한국가정관리학회지, 33(5), 87-102.

안효일(2007). 수업 전문성의 근거: 지식의 통합성. 초등교육연구, 20(1), 119-144.

양승렬(1988). 리더십 유형과 부하 충족도에 관한 실증적연구. 조선대학교 대학원 석사학위논문.

오교선, 이병환(2019). 한국과 핀란드의 유아교육제도 및 유아교사 현직교육 비교. 교육문화연구, 25(5), 523-542.

오은석(2019). 동료장학과 자기장학이 교사학습공동체를 매개로 교사전문성에 미치는 영향. 인천대학교 대학원 박사학위논문.

오지혜, 윤혜미(2017). 부모와의 애착이 대학생의 심리적 안녕감에 미치는 영향에서 대인관계 유능성의 매개효과. 한국콘텐츠학회논문지, 17, 1-12.

오형자(2018). 서진국의 교사 교원보호 정책 연구. 고려대학교 대학원 석사학위논문.

우경애, 김세곤(2017). PBL수업에서 자기효능감과 SNS활용이 예비유아교사의 자기주도 학습역량과 문제해결력에 미치는 영향에 대한 연구. 유아교육학논집, 21(1), 167-187.

우덕례(2017). 원장 리더십 유형에 따른 교사 직무만족 및 원장-교사 관계가 교사-유아 상호작용에 미치는 영향. 중앙대학교 박사학위논문.

우종옥(2001). 21세기 교육의 큰 두 개의 축: 창의력 교육과 인성교육. 서울: 교육과학사.

원혜경, 이소정(2015). 예비영유아교사의 교직 적·인성 분석: 보육관련 학과 중심으로. 유아교육학논집, 19(5), 327-348.

원혜경, 이소정(2017). 예비영유아교사를 위한 간편형 교직 적·인성 척도 타당화 연구. 유아교육학논집, 21(1), 133-165.

원혜경, 임승렬(2011). 보육교사의 자아상 척도 개발 및 타당화 연구. 유아교육연구, 31(2), 57-75.

원혜경, 조숙영(2018). 예비 유아교사의 교직동기와 교직열정이 유아권리인식에 미치는 영향. 학습자중심교과교육연구, 18(1), 849-870.

유미나, 신나리(2013). 보육교사의 소진과 관련된 직무만족도와 직장 내 사회적 지지. 생애학회지, 3(2). 73-85.

유아교육학회 편(2004). 유아교육사전(용어편). 한국사전연구사.

유연화(2005). 교사의 상호작용 행동 유형에 따른 유아의 언어적 상호작용기능과 언어발달연구. 덕성여자대학교 대학원 박사학위논문.

유재경(2013). 유아교사의 직무와 교사-유아 상호작용이 유아의 친사회적 행동에 미치는 영향. 경희대학교 교육대학원 석사학위논문.

유지영(2004). 유아교육기관에서의 교사 리더십유형과 조직효과성 연구. 숙명여자대학교 교육대학원 석사학위논문.

유치원교원양성·임용제도개선연구단, 한국4년제유아교사양성대학교수협의회, 한국전문대학 유아교육과교수협의회, 한국국공립유치원교원연합회, 한국유치원총연합회, 전국사립유치원연합회(2010). 유치원 교사 헌장 · 강령.

유효순(2003). 유아의 애착 안정성과 정서지능의 관계. 인간발달연구, 10(2), 19-31.

유효순, 원혜경, 김정희, 문명희(2016). 영유아발달. 서울: 창지사.

윤기영, 박상님(2001). 유아교사와 학부모의 인간관계. 한국교사교육, 17(1), 1-13.

윤성희(2013). 유치원 교육과정 변천에 따른 교사용 지도서의 「지구과학」 관련 활동 분석. 제5차 유치원 교육과정~누리과정을 중심으로. 학습자중심교과교육연구, 13(6), 445-464.

윤홍주(1996). 교사 발달단계 및 직능발달 요인에 관한 연구. 서울대학교 대학원 석사학위논문.

이경애(2010). 유아교사의 행복과 직무관련변인의 관계분석: 직무만족, 교사효능감, 역할수행능력, 이직의도를 중심으로. 동의대학교 대학원 박사학위논문.

이경하, 석은조(2010). 예비교사와 현직교사가 생각하는 좋은 유아교사의 자질. 열린유아교육 연구, 15(5). 167-187.

이경화, 김정원(2011). 영유아교육기관 운영관리. 경기: 공동체.

이금란(2000). 유치원 교사의 이미지에 관한 연구: 인천광역시를 중심으로. 이화여자대학교 대학원 석사학위논문.

이기숙, 박경자, 김영옥(2007). 보육교사의 질적 특성과 유아의 인지 사회성 발달과의 관계. 육아정책연구, 1(1), 143-168.

이기숙, 장영희, 정미라, 엄정애(2015). 유아교육개론. 경기: 양서원.

이남희(2008). 유아교사의 이직결정에 영향을 미치는 동료, 원장 및 학부모와의 인간관계연구. 성균관대학교 대학원 석사학위논문.

이만제(2009). 대학생 인터넷게임 중독 집단의 의사소통유형 및 문제해결능력. 한국콘텐츠학회논문지, 9(11), 108-119.

이석재, 장유경, 이헌남, 박광엽(2003). 생애능력 측정도구 개발연구: 의사소통능력, 문제해결능력, 자기주도 학습능력을 중심으로. 한국교육개발원.

이선미(2013). 유아교사문화가 교사행복감에 미치는 영향. 경성대학교 교육대학원 석사학위논문.

이세나, 이영석(2005). 유치원교사의 반성적 사고 경험이 반성적 사고수준과 반성적 사고과정에 미치는 영향. 미래유아교육학회지, 12(2), 247-274.

이수진(2016). 원장과 유아교사가 지각하는 감성리더십에 따른 유아교사 행복감과 직무스트레스. 덕성여자대학교 교육대학원 석사학위논문.

이순규(1994). 자기조절 학습훈련이 아동의 자주적 학습 태도 및 자기 통제력에 미치는 영향. 한국교원대학교 대학원 석사학위논문.

이연섭, 홍순정(1989). 유아교육개론. 서울: 한국방송통신대학교.

이영자, 유효순, 이정욱(2011). 유아사회교육. 경기: 교문사

이윤식(2002). 장학론: 유치원 · 초등 · 중등 · 자율장학론. 서울: 교육과학사.

이은화(1985). 유아교사의 역할과 자세. 서울: 새세대 육영회.

이은화, 배소연, 조부경(2003). 유아교사론. 경기: 양서원.

이인원, 김호년, 전정희, 김의석, 김영애(2010). 유아교육기관 운영관리. 서울: 양서원.

이정란(2003). 유아의 자기조절 구성요인 및 관련 변인에 대한 구조분석. 덕성여자대학교 대학원 박사학위논문.

이정숙(2003). 교사경력과 유아연령에 따른 교사-유아의 상호작용. 계명대학교 대학원 석사학위논문.

이진화(2007). 보육교사의 정서노동과 개인 및 기관의 정서변인, 직무만족도, 소진과의 관계. 이화여자대학교 대학원 박사학위논문.

이현민, 조복희(1998). 자녀의 정서표현에 대한 어머니 태도, 아동의 자기조절능력과 정시지능과의 관계. 생활과학논집, 2(1), 17-28.

이화순(2010). 보육교사의 신념과 보육교사: 영아 상호작용 및 영아의 어린이집 적응의 관계. 계명대학교 대학원 석사학위논문.

이효림, 김종훈, 김민정(2018). 국내 현직 유아교사교육 관련 연구동향 분석: 빈도분석과 언어 네트워크 분석의 비교: 2000-2017. 유아교육연구, 38(3), 143-178.

인천광역시조례 제4965호, 2011. 10. 17., 제정

임수정(2018). 유아교사의 인간관계가 행복감에 미치는 영향. 경남대학교 대학원 석사학위

논문.

장미아(1996). 유치원 교사의 직무스트레스와 대처방법. 이화여자대학교 대학원 석사학위 논문.

장이권(2002). 초등학교 교장의 도덕적 리더십에 관한 연구. **초등교육논총**, 18(2), 261-290.

전성연(1987). 한국교사의 자아개념 특성에 관한 연구. **고대논집**, 12, 1-12.

전재선(2011). 유아교사 인성 자기평가도구 개발 및 타당화 연구. 성균관대학교 대학원 박사학위논문.

전재선(2013). 예비유아교사인성교육 프로그램 모형개발. **한국보육학회지**, 13(4), 305-327.

정순희, 최영미, 이희영(2013). 영아보육교사의 교사효능감 및 정서적 지지가 소진에 미치는 영향. **미래유아교육학회지**, 20(4), 193-215.

정옥분, 정순화, 임정하(2007). **정서발달과 정서지능**. 서울: 학지사.

정원식(1977). **자아개념 검사요강**. 서울: 코리안테스팅.

정원식(1994). **인간과 교육**. 서울: 교육과학사.

정은주(2005). 유아의 행동적-정서적 자기조절능력에 영향을 미치는 변인 연구. 서울대학교 대학원 박사학위논문.

정효진(2010). 교사특성에 기초한 레지오 교사의 관심사 및 어려움 분석. 경북대학교 대학원 석사학위논문.

조복희(1999). **아동발달**. 서울: 교육과학사.

조부경(1994). 유치원교사의 교직전문성 인식과 관심사와의 관계에 관한 연구. **한국교원대학 교수논총**, 10(2), 131-161.

조부경, 김경은(2017). 교육·보육과정으로서 누리과정의 성과와 내실화 방인. **한국유아교육 연구**, 19(3), 1-22.

조부경, 남옥자(2006). 공립유치원 교사의 역할수행에 영향을 주는 교사 내·외적 요인. **아동학회지**, 27(6), 81-96.

조부경, 백은주(2002) 유치원 교사의 발달 수준에 따른 장학 요구도 차이. **한국교원 교육연구**, 19(2), 109-135.

조숙영, 원혜경(2016). 유아교사의 유아권리인식 척도 개발 및 타당화 연구. **학습자중심교과교육연구**, 16(11), 1165-1185.

조연순, 김아영, 임현식, 신동주, 조아미, 김인정(1998). 정의교육과 인성교육 구현을 위한 기초연구 1. **교육과학연구**, 28(1), 131-152.

조은진, 한세영, 신혜은(2016). 영유아교사의 교직윤리: 윤리강령을 중심으로. **아동학회지**, 37(6), 185-200.

조인숙(2005). 보육서비스 질과 보육시설 조직문화의 관계분석. 덕성여자대학교 대학원 박사학위논문.

조혜진(2003). 사립유치원 교사의 역할지각과 역할수행정도에 관한 연구. 건국대학교 대학원 석사학위논문.

조희정(2012). ASSURE 이론에 기초한 유아교사 양성과정의 모의수업 모형개발 및 적용. 배재대학교 대학원 박사학위논문.

중앙육아종합지원센터(2020). 어린이집 원장 및 보육교사 윤리강령. https://central.childcare.go.kr에서 출력

최기선(2001). 유치원교사의 직무스트레스와 대처방법에 관한 연구, 인천대학교 교육대학원 석사학위논문.

최미숙(2012). 보육교사의 업무수행에 따른 인간관계와 사회적 지지가 직무만족에 미치는 영향. 건국대학교 대학원 석사학위논문.

최소영, 신혜영(2015). 유아의 놀이성과 교사-유아 상호작용이 또래놀이 상호작용에 미치는 영향. **한국보육지원학회지**, 11(2), 311-329.

최송미, 연문희(2005). 한국 대학생의 사회적 유능성 구성요인 탐색과 유용성 연구. **한국심리학회지: 상담 및 심리치료**, 17(1), 131-155.

최윤미(2009). 대학에서의 팀 학습 활동에 대한 학습자의 평가. **교육방법연구**, 22(4), 143-163.

최윤정(2009). 유아교사의 행복 증진 프로그램 개발 연구. 성균관대학교 대학원 박사학위논문.

최윤정, 이경민(2010). 유아교사의 교직만족에 영향을 주는 생활만족과 몰입경험의 관계분석 연구. **유아교육연구**, 30(3), 195-214.

최윤진, 김정희(2014). 어린이집 영아반 교사의 사회적 지지와 소진의 관계에서 심리적 안녕감의 매개효과. **유아교육학논집**, 18(5), 225-246.

최은영, 양미선, 김지현, 엄지원, 장혜진(2019). **교사의 유아 · 놀이중심 교육활동 지원방안**. 교육부·충청남도 교육청·육아정책연구소.

최은정(2009). **보육시설에서의 영아–교사 상호작용에 영향을 미치는 변인 연구**. 경희대학교 교육대학원 석사학위논문.

최희선(2001). **학교 · 학급경영**. 서울: 형설출판사.

추갑식. 신재한(2015). 초등교사가 인식하는 교육과정 통합 및 재구성 유형에 대한 연구. **교사교육연구**, 54(1), 120-137.

표준국어대사전(2020). 장학 https://stdict.korea.go.kr

표준국어대사전(2020). 현직교육 https://stdict.korea.go.kr

하유진(2012). 소명의식이 업무 변인에 미치는 영향: 경력몰입의 매개 효과와 개인-상사적합 및 조직지원인식의 조절효과. 연세대학교 대학원 박사학위논문.

한국유아교육학회(2011). **유아교육백서**. 경기: 양서원.

한나리, 이동귀(2010). 한국 대학생의 대인관계 유능성 척도 타당화 연구. **한국 심리학회지: 상담 및 심리치료, 22**(1). 137-156.

홍자영(2015). 어린이집 원장의 감성리더십, 교사의 감성지능, 교사효능감, 교사유아 상호작용 간의 관계. 안양대학교 대학원 박사학위논문.

홍현재(2013). 유아의 기질, 어머니의 양육행동, 교사-유아 관계가 유아의 문제행동에 미치는 영향. 가톨릭대학교 대학원 석사학위논문.

황성온(2006). 유아교사의 이직 결정 원인 조사. 중앙대학교 대학원 석사학위논문.

황윤세, 임미혜, 이혜원(2011). **유아교육기관 및 보육시설 운영관리**. 경기: 공동체.

황은지(2007). 유치원 교사의 이직의도에 한 분석 연구. 동아학교 교육대학원 석사학위논문.

황정규(1998). **학교학습과 교육평가**. 서울: 교육과학사.

Ainsworth, M. D. (1989). Beyond infancy. *American, psychologist, 44*, 709-719.

Ashton, P. T. (1984). Teacher's efficacy: A motivational paradigm for effective teacher education. *Journal of Teacher Education, 35*(5), 28-32.

Basadur, M., Graen, G. & Wakabayashi, M. (1990). Identifying individual differences in creative problem solving style. *The Journal of Creative Behavior, 24*(2), 111-131.

Beer, J. S. (2002). *Self-regulation of social behavior*. Berkely, CA: University of California Press.

Berg, H. P. (2002). *Remediating cognitive perspective-taking in children with autism*. Columbia University Teachers College, Ed. P.

Berk, R. A. (2005) Survey of 12 Strategies to Measure Teaching Effectiveness. *International Journal of Teaching and Learning in Higher Education, 17*, 48-62.

Berkowitz, M. W. & Grych, J. H. (1998). Fostering goodness; teaching parents to facilitate children' moral development. *Journal of Moral Education, 27*, 371-391.

Bodrova, E. & Leong, D. J. (2008). Developing self-regulation in kindergarten : Can we keep all the crickets in the basket?. *Young Children, 63*(2), 56-58.

Bonsutto, A. (1993). *Increasing job satisfaction among child care workers through the training of first-level supervisors*. Noba University.

Bredekamp, S. & Copple, C. (1997). *Developmentally appropriate practice in early childhood programs*. Revised Edition (Washington, DC: NAEYC, 1997).

Bredekamp, S. & Rosegrant, T. (1992). *Reaching Potentials: Appropriate curriculum and assessment for young children* (Vol. 1). Washington, DC: National Association for the Education of Young Children.

Bronson, M. B. (2000). *Self-regulation in early childhood: Nature and nurture*. New York:

The Guilford Press.

Broudy H. S. (1984). "The university and the preparation of teachers," in *Advances in Teacher Education* Vol. 1 eds Katz L. G., Raths J. D. (Norwood, NJ: Ablex Publishing Corporation), p.1-8.

Brown, W., Fritz, S. M., Lunde, J. P. & Banset, E. (1999). *Interpersonal skills for leadership*. Pearson.

Burden, P. R. (1979). Teacher's perceptions of the characteristics and influences on their personal and professional development. *Unpublished doctoral dissertation*. The Ohio State University.

Burke, P. J., Christensen, J. C., & Fessler, R. (1984). *Teacher career stages: Implications for staff development*. (Fastback Np.214), Bloomington: Phi Delta Kappa Educational Foundation.

Burns, R. B. (1979). *The seif-concept: Theory, measurement, development and behavior*. London: Longman.

Calderhead, J. & Robson, M. (1991). Images of teaching: Student teachers' early conceptions of classroom practice. *Teaching & Teacher Education. 7*, 1-8.

Campbell. M. (2000). *Teacher reflection: A comparison of novice and experienced Teachers. Unpublished doctoral dissertation*. The University of Alabama.

Carbonneau, N., Vanllerand, R. J., Fernet, C. & Guay, F. (2008). The role of passion for teaching in international and interpersonal outcomes. *Journal of Educational Psychology, 100*(4), 977-987.

Cho, B. K. & Saracho, O. N. (1997). The development of the early childhood teacher's role rating scale in Korea. *International Journal of Early Childhood Education, 2*, 19-36.

Clark, D. C. Smith, R. B., Newby, T. J. & Cook, V. A. (1985). Perceived origins of teacher behavior. *Journal of Teacher Education, 36*(6), 49-53.

Cohen, S. & Herbert, T. B. (1996). Health psychology: Psychological factors and physical disease from the perspective of human psychoneuroimmunology. *Annual Review of Psychology, 47*, 113-142.

Combs, A. W. (1965). *The professional education of teacher: A perceptual view of teacher preparation*. Boston, Mass; Allyn & Bacon.

Connelly, F. M, Clandinin, D. J. & He. M. F. (1997). Teachers' personal practical knowledge on the professional knowledge landscape. *Teaching and Teacher Education, 13*(7), 665-674.

Constantino, S. (2003). *Engaging All Families: Creating a positive school culture by putting into practice*. Maryland: Scarecrow Education.

Cooper, C. L. & Marshall, J. (1976). Occupational sources of stress: A review of the literature to coronary heart disease and mental ill health. *Journal of Occupational Psychology, 49*, 11-28.

Coopersmith, S. (1967). *The antecedents of self-esteem*. San Francisco: W. H. Freeman.

Costa, A. I. (1984). Mediating the metacognitive. *Educational Leadership, 42*(3), 57-62.

Cropley, A. J. & Urban, K. K. (2000). Programs and strategies for nurturing creativity. In K. A. Heller, F. J. Mönks, R. J. Sternberg, & R. F. Subotnik (Eds.), *International handbook of giftedness and talent* (pp. 485-498). Oxford, GB: Elsevier.

Crosswell, L. & Elliott, B. (2004). *Committed teachers, passionate teachers: The dimension of passion associated with teacher commitment and engagement*. Conference of AARE (Melbourne, Australia, 28th November-2nd December).

Csikszentmihalyi, M. (1996). *Flow and the psychology of discovery and invention*. New York: Harper Collins.

Cukur, C. S. (2009). The development of the teacher emotional labor scale (TELS): Validity and reliability. *Educational Sciences Theory and Practice*, 559-574.

Czerniak, C., & Schriver, M. (1994). An examination of preservice science teachers' beliefs and behaviors as related to self-efficacy. *Journal of Science Teacher Education, 5*, 77-86.

Day, C. (2004). A passion for teaching. 박은혜·이희란 역(2007). 열정으로 가르치기. 파란마음.

Deci, E. L. & Ryan, R. M. (1991). A motivational approach to self: Integration in personality. In R. A. Dienstbier (Ed.), *Nebraska Symposium on Motivation, 1990: Perspectives on motivation* (pp. 237-288). Lincoln, NE: University of Nebraska Press.

Decker, C. A. & Decker, J. R. (2001). *Planning and Administering Early Childhood Programs*(7th Ed.), NJ: Prentice-Hall.

Dellas, M., and Gaier, E. L. (1970). Identification of creativity: The individual. *Psychological Bulletin, 73*, 55-73.

Dick, B. J. & Duffy, R. D. (2009). Calling and vocation at work: Definitions and prospects for research and practice. *The Counseling Psychologist, 37*(3), 424-458.

Duffy, R. D., Dick, B. J. & Steger, M. F. (2011). Calling and work-related outcomes: Career commitment as a mediator. *Journal of Vocational Behavior, 78*, 210-218.

Elangovan, A. R., Pinder, C. C. & McLean, M. (2010). Callings and organizational Behavior. *Journal of Vocational Behavior, 76*, 428-440.

Eniola, M. S. (2007). The influence of emotion intelligence and self-regulation on strategies on aggressive behaviors in adolescent with visual impairment. *Development of Special Education, 1*(1), 71-77.

Feeney, S., Christensen, D. & Moravcik, E. (1983). *Who Am I in the lives of children?*. Columbus, Ohio: Charles E. Merrill Publishing Co., 22-28.

Feldhusen, J. & Treffinger, D. (1986). *Creative Thinking and problem solving in gifted education*. Debuque, IA: Kendall/Hunt.

Fiske, S. T. & Tayor. S. E. (1991). *Social cognition*. LA: McGraw-Hill.

Fuller, F. (1969). Concerns of teachers: A developmental conceptualization. *American Educational Research Journal, 6*(7), 207-226.

Gerber, E. B. (2003). Predictors of teacher sensitive caregiving in center-based child care. Unpublished doctoral dissertation, University of California, Berkeley.

Gerber, E. B., Whitebook, M. & Weinstein, R. S. (2007). At the heart of child care: Predictors of teacher sensitivity in center-based child care. *Early Childhood Research Quarterly, 22*(3), 327-346.

Gestwiciki, C. (2000). *Home, School, and Community Relations*. N.Y.: Delmar.

Gibson, S. & Dembo, M. H. (1984). Teacher efficacy: A construct validation. *Journal of Educational Research, 75*(4), 569-582.

Gibson, S. & Dembo, M. H. (1985). Teacher sense of efficacy: An important in school improvement. *The Elementary School Journal, 86*(2), 173-184.

Girolametto, L., Weitzman, E. & Greenberg, J. (2000). *Teacher Interaction and Language Rating Scale*. Toronto: The Hanen Centre.

Goleman, D. (1995). *Emotional intelligence*. New York: Bantam Books.

Gordon, T. (1974). *Teacher effectiveness training*. New York: Wyden.

Gronlund, G. (2006). *Make early learning standards come alive*. Redieaf Press naeyc. New York, Bantam books.

Gronlund, G. (2006). *Make early learning standards come alive*. Redleaf Press naeyc.

Grusec, J. E. & Lytton. H. (1988). *Social development: history, theory, and research*. NY: Springer-Verlag.

Halpin, A. W. (1967). *Theory and research in administration*. NY: MacMillan.

Hargreaves, A. & Fullan, M. G. (1992). *Understanding teacher development*. NY: Teachers College Press.

Hargreaves, A. (2006). The emotional geographies of teachers relations with colleagues. *International Journal of Educational Research, 35*, 503-527.

Hargreaves, A., & Fullan, M. G. (1992). *Understanding teacher development*. New York. NY: Teachers College Press.

Heck, S. F. & William, R. (1988). 21세기 교사의 역할(황기우 역). 서울: 원미사.

Hersey, P. & Blanchard, K. H. (1987). *Management of organizational Behavior: Utilizing human resources*. Prentice-Hall.

Higgins, J. M. (1994). *101 creative problem solving techniques: The handbook of new ideas for business*. NY: The New Management Publishing Company.

Hodgetts, R. M., & Hegar, K. W. (1990). *Modern human relations at work*. Hinsdale, IL: Dryden Press.

Howes, C. & Hamilton, C. E. (1992). Children's relationship with child care teacher: stability and concordance with parental attachment. *Child Development, 63*(2), 867-868.

Howes, C. & Smith, E. W. (1995). Children and their child care caregivers: Profiles of relationships. *Social Development, 4*, 44-61.

Howes, C. (1995). *Attachment Theory for Social Work Practice*. London: Macmillan Press.

Howsam, R. B., Corrigan, D. C., Denemark, G. W. & Nash, R. J. (1976). *Educating a profession. Washington*, D. C.: American.

Humphery, L. L. (1982). Children's and teacher's perspective on children' self-control: The development of two rating scale. *Journal of Consulting & Clinical Psychology, 50*, 624-633.

Ingersoll, R. M. (2001). Teacher and teacher shortage: An organizational analysis. *American Educational Research Journal, 38*, 499-534.

Jalongo, M. & Isenberg, M. (2001). *Creative Expression and Play in Early Childhood.* Merrill: Prentice Hall.

Jordan, P. J., Ashton-James, C. E. & Ashkanasy, N. M. (2006). Evaluating the claims: Emotional intelligence in the workplace. In K. R. Murphy (Ed.), *A critique of emotional intelligence: What are the problems and how can they be fixed?*. Mahwah, New Jersey: Lawrence Erlbaum Associates.

Jorde-Bloom, P. (1988). Factor influencing overall job satisfaction and organizational commitment in early childhood work environment. *Journal of Research in Childhood Education, 3*(2), 107-122.

Katz, L. G. (1970). Teaching in preschools: Role and goles. *Childern, 17*(2), 42-48.

Katz, L. G. (1972). Developmental stages of preschool teachers. *The Elementary School Journal, 73*(1), 50-54.

Katz, L. G. (1977). Talk with teachers. 이차숙 역(1992). 유아교사를 위한 제언. 서울: 양서원.

Katz, L. G. (1985). Research currents: Teachers as learners. *Language Arts, 62*(7), 778-782.

Katz, L. G. (1988). Where is Early childhood Education as a Profession? In Spodek, B., Saracho, O. N. & Peters, D. L. (eds). *Professionalism and the Early Child hood Practitioner (New York: Teachers College Press)*, 75-83.

Katz, L. G.(1977). Talk with teachers. 이차숙 역(1992). 유아교사를 위한 제언. 경기: 양서원.

Kepner, C. & Tregoe, B. (1967). *The rational manager*. NY: McGraw-Hill. education.

Kopp, C. B. (1989). Regulation of distress and negative emotions: A developmental view. *Developmental Psychology, 25*(3), 343-374.

Law, C. M. (2003). *Self-regulation in children with and without developmental delays: Roles of cognition, temperament and parenting*. The Pennsylvania State University.

Law, K. S., Wong, C. S., & Song, L. J. (2004). The construct and criterion validity of emotional intelligence and its potential utility for management studies. *Journal of Applied Psychology, 89*, 483-496.

Lazarus, R. S. (1993). From psychological stress to the emotions: a history of changing outlooks. *Annual Review of Psychology, 44*(1), 1-22.

Lickona, T. (1991). *Educating for Character: How Our Schools Can Teach Respect and Responsibility*. New York: Bantam.

Lickona, T. (1999) Character Education: Seven Crucial Issues. *Action in Teacher Education. 20*(4), 77-84.

Lin, Y. W. & Spodek, B. (1994). *Early Childhood Student Teachers' Images and Their Classroom Practice*. Presented at the Annual Meeting of the American Educational Reach Association, New orleans, April.

Lovelace, R. F. (1986). Stimulating creativity through managerial intervention. *R&D Management, 16*(2), 161-174.

Low, C. M. (2003). *Self-regulation in children with and without developmental delays: Roles of cognition, temperament and parenting*. The Pennsylvania State University.

Maxson, M. M. & Sindelar, R. (1998). Images revisited: Examining preservice teachers' ideas about teaching. *Teacher Education Quarterly, 25*(2), 5-26.

Mayer, J. D., Caruso, & D. R., Salovey, P. (1999). Emotional intelligence meets traditional standards for an intelligence. *Intelligence, 27*(4), 267-298.

OECD. (1982). In-service education and training of teachers. Paris: OECD.

Olson, R. W. (1980). *The art of creative thinking* (Vol. 508). Barnes & Noble.

Olson, S. H. & Kashiwagi, K. (2001). Teacher ratings of self-regulation in preschool children: A Japanese/U.S. comparison. *Journal of Applied Developmental Psychology, 21*, 609-617.

Parker, J. G. & Asher, S. R. (1987). Peer relation and later personal adjustment: Are law accepted children at risk?. *Psychological Bulletin, 102*(3), 357-389.

Pianta, R. C. (1999). *Enhancing relationships between children and teachers*. Washington, DC: American Psychological Association.

Pianta, R., Howes, C., Burchinal, M., Bryant, D., Clifford, R., Early, D. & Barbarin, O. (2005). Features of pre-kindergarten programs, classrooms, and teachers: Do the predict observed classroom quality and child-teacher interactions? *Applied developmental science, 9*(3), 144-159.

Porter, L. W. & Steers, R. M. (1973). Organizational work and personal factors in employee turnover and absenteeism. *Psychological Bulletin, 80*(1), 151-176.

Powell, D. R. & Stremmel, A. J. (1989). The Relation of Early Childhood Training and Experience to the Professional Development of Child Care Workers. *Early Childhood Research Quarterly, 4*(3), 339-355.

Printrich, P. R. (2000). *The role of goal orientation in self-regulated learning. In M. Boekaerts, P. R. Pintrich & M. Zeidner (Eds.) Handbook of Self-regulation*. San Diego, CA: Academic Press.

Richardson, V. (1997). Constructivist teacher education. Bristol: Falmer Press.

Rogers, C. (1961). *On becoming a person*. Boston: Houghton Mifflin.

Rosenberg, M. (1965). *Society and the adolescent self-image*. Princeton, NJ: Princeton University Press.

Rothenberg, A. (1990). *Creativity and madness: New findings and old stereotypes*. Johns Hopkins University Press.

Ryan, R, M. & Deci, E. L. (2000). intrinsic and extrinsic motivations: Classic definitions and new directions. *Contemporary Educational Psychology, 25*, 54-67.

Ryan, S. & Ochsner, M. (1999). Traditional practices, new possibilities: transforming dominant images of early childhood teachers. *Australian Journal of Early Childhood, 24*(4), 14-19.

Ryff, C. (1989). Happiness is everything or is it? Explorations on the meaning of psychological well-being. *Journal of Personality and Social Psychology, 57*, 1069-1081.

Salvey, P. & Mayer, J. D. (1990). Emotional intelligence. *Imagination, Cognition, and Personality, 9*, 185-211.

Salvey, P., & Mayer, J. D. (1997). What is emotional intelligence? In P. Salovey & D. J. Sluyter (Eds.), *Emotional development and emotional intelligence: Educational implications*(p. 3-34). Basic Books.

Saracho, O. N. (1984). Perception of teaching process in early childhood education through role analysis. *Journal of the Association for the Study of Perception, 19*(1), 216-229.

Schafer, W. D. (1991). Essential assessment skills in professional education of teachers. *Educational Measurement: Issues and Practice, 10*(1), 3-6.

Schickedanz, J. A., York, M. Z., Stewart, I. S. & White, D. A. (1990). *Strategies for teaching young children* (3rd ed.). New Jersey: Prentice-Hall, Inc.

Schneider, S. P. (1992). Functional properties and axon terminations of interneurons in laminae III-V of the mammalian spinal dorsal horn in vitro. Journal of neurophysiology 68: 1746-1759

Scott-Jones, D. I. A. N. E. (1995). Parent-child interactions and school achievement. *The family-school connection: Theory, research, and practice, 2*, 75-107.

Shavelson, R. J. & Bolus, R. (1982). Self-concept: The interplay of theory and method. *Journal of Educational Psychology, 74*, 3-17.

Shonkoff, H. P. & Phillips, D. A. (2000). *From neurons to neighborhoods: The science of early development*. Washington, DC: National Academy Press.

Spodek, B. & Saracho, O. N. (1993). *Professionalism and preparation of early childhood education practitionef, early childhood development and care*. Gorden and Breach science publisher S.A.

Spodek, B. & Saracho, O. N. (1994). *Right from the start: teaching children age three to eight*. Boston: Allyn and Bacon, 이윤경, 최석란, 신은수(역). 유아교육개론. 서울: 창지사.

Spodek, B., & Saracho, O. N. & Peters, D. L. (1998). *Professionalism and the early childhood practitioner*. New York: Teacher College Press.

Sternberg, R. J. (1988). *The nature of creativity: Contemporary psychological perspectives*. CUP Archive.

Stout, J. C. (1989). Teachers'views of the emphasis on reflective teaching skills during their student teaching. *Elementary School Journal, 89*(4), 511-527.

Tangney, J. P., Baumeister, R. F., & Boone, A. L. (2004). High Self-Control Predicts Good Adjustment, Less Pathology, Better Grades, and Interpersonal Success. *Journal of Personality, 72*(2), 271-322.

Thompson, R. A. (1994). The development of emotion regulation: A theme in search of definition. *Monographs of the Society for Research in Child Development, 59*, 25-52.

Torrance, E. P. (1977). *Creativity in the Classroom; What Research Says to the Teacher.* National Education Association. Washington, D. C.

Trowbridge, N. T. (1972). Self-concept and socio-economic status in elementary school children. *American Educational Research Journal, 9*, 525-537.

Unruh, A. & Turner. H. E. (1970). *Super vision for change and innovation.* Boston: Houghton Mifflin.

Urban, K. K. (1995). *Creativity-A componential approach. In Post conference China meeting of the 11th world conference on gifted and talented children.* Beijing, China, August (pp. 5-8).

Vonk, J. H. C. (1993, April). *Mentoring beginning teachers: Development of a knowledge base for mentors.* Paper presented at the Annual Meeting of the American Educational Research Association, Atlanta, GA.

Weber, S. & Mitchell, C. (1995). *That's funny, you don't look like a teacher's: Interrogating images and identity in popular culture.* Washington, D.C.: The Falmer Press.

Weinert, F. E. (2001). Concept of competence: A conceptual clarification. In D. S. Rychen & L. H. Salganik (Eds.), *Defining and selecting key competencies* (pp. 45-65). Seattle, Toronto, Bern: Hogrefe & Huber publishers.

Wong, C. & Law, K. S. (2002). The effect of leader and follower emotional intelligence of performance and attitude: An exploratory study. *The Leadership Quarterly, 13*, 243-274.

Wylie, Ruth C. (1979). *The Self Concept, revised edition vol. 2.* Lincoln, Nebraska: University of Nebraska Press.

Wynne, E. & Walberg, H. (1984). *Developing character: Transmitting knowledge.* Posen, IL: ARL.

Zeichner, K. (1986). Preparing reflective teachers: An overview of instructional strategies which have been employed in preservice teacher education. *International Journal of Educational Research, 2*, 565-574.

저자소개

■ **김정희**

가톨릭대학교 대학원(아동가족학 전공) 이학박사

현: 총신대학교 유아교육과 교수

■ **이용주**

서울여자대학교 대학원(유아교육 전공) 문학박사

현: 경동대학교 유아교육과 교수

■ **원혜경**

덕성여자대학교 대학원(유아교육학 전공) 교육학박사

현: 강동대학교 유아교육과 교수

개정 누리과정에 기초한

영유아교사인성론

초판 1쇄 발행 / 2020년 8월 30일
초판 2쇄 발행 / 2022년 2월 28일

•

공저자 / 김정희 · 이용주 · 임혜경
발행인 / 이 중 수
발행처 / **동 문 사**

•

서울특별시 서대문구 홍제원 1길 12
(홍제동 137-8)
Tel : 02)736-3718(대), 736-3710, 3720
Fax : 02)736-3719
등록번호 : 1974.04.27. 제9-17호
가격 : 20,000원

•

ISBN : 979-11-6328-210-5 (93370)
E-mail : dong736@naver.com
www.dongmunsa.com